U0526557

中国少数民族传统法律文献汇编

（第三册）

张冠梓 ◎ 编

中国社会科学出版社

总 目 录

第一册　法典法规

第二册　地方法规、乡规民约

第三册　习惯法

第四册　司法文书(一)

第五册　司法文书(二)

第三册 习惯法

目 录

赫哲族社会组织与习惯法 ……………………………………… (1)
    传统组织 …………………………………………………………… (1)
    政治和法律 ………………………………………………………… (2)
    战争和贸易 ………………………………………………………… (4)

赫哲族禁忌 …………………………………………………………… (6)
    世俗禁忌 …………………………………………………………… (6)
    捕鱼禁忌 …………………………………………………………… (7)
    狩猎禁忌 …………………………………………………………… (8)
    生育禁忌 …………………………………………………………… (8)

鄂伦春族禁忌与习惯法 ……………………………………………… (10)
    婚姻与家庭 ………………………………………………………… (10)
    生产 ………………………………………………………………… (14)
    对违反习惯法的处理 ……………………………………………… (16)

乌兰宝力格嘎查鄂温克族禁忌 ……………………………………… (17)
    宗教禁忌 …………………………………………………………… (17)
    世俗的禁忌 ………………………………………………………… (18)

烧锅朝鲜族禁忌与习惯法 …………………………………………… (25)
    禁忌 ………………………………………………………………… (25)

习惯法 …………………………………………………… (26)
达斡尔族禁忌和习惯法 ……………………………………… (28)
　　禁忌 ……………………………………………………… (28)
　　习惯法 …………………………………………………… (31)
锡伯族习惯法 ………………………………………………… (34)
　　哈拉莫昆、社会礼仪、道德规范 ……………………… (34)
　　生产劳动 ………………………………………………… (35)
　　财产继承 ………………………………………………… (36)
　　婚姻 ……………………………………………………… (36)
　　惩罚措施 ………………………………………………… (38)
满族萨满教习惯法 …………………………………………… (41)
　　神判 ……………………………………………………… (41)
　　卜术 ……………………………………………………… (43)
蒙古族大札撒 ………………………………………………… (46)
东乡族习惯法 ………………………………………………… (49)
　　日常禁忌 ………………………………………………… (49)
　　婚姻禁忌 ………………………………………………… (54)
　　殡葬制 …………………………………………………… (57)
　　家庭、继承及债权制度 ………………………………… (59)
保安族丧葬与禁忌 …………………………………………… (63)
　　丧葬 ……………………………………………………… (63)
　　禁忌 ……………………………………………………… (64)
土族礼仪、禁忌与习惯法 …………………………………… (66)
　　礼仪 ……………………………………………………… (66)
　　禁忌 ……………………………………………………… (68)
　　习惯法 …………………………………………………… (69)
新晃侗族习惯法 ……………………………………………… (73)
　　寨规垒 …………………………………………………… (73)

广西三江侗族款约法 ……………………………… (76)
　　序词 …………………………………………… (76)
侗族婚规九十九公款 ……………………………… (179)
侗族石根款 ………………………………………… (228)
怒族习惯法 ………………………………………… (236)
　　继承 …………………………………………… (236)
　　债务和契约 …………………………………… (237)
　　械斗和偿命价 ………………………………… (238)
　　裁判 …………………………………………… (239)
　　神判 …………………………………………… (239)
布朗山章加寨布朗族社会习惯法 ………………… (241)
　　习惯法 ………………………………………… (241)
　　父系大家族组织 ……………………………… (243)
美姑县巴普区彝族习惯法 ………………………… (245)
　　土地财产所有权 ……………………………… (245)
　　土地财产继承权 ……………………………… (247)
　　等级关系 ……………………………………… (248)
　　租佃关系规则 ………………………………… (253)
　　债务 …………………………………………… (255)
　　投保制 ………………………………………… (256)
　　刑事规定 ……………………………………… (258)
　　婚姻 …………………………………………… (266)
　　司法规定 ……………………………………… (267)
普雄彝族习惯法 …………………………………… (270)
　　家支 …………………………………………… (270)
　　等级 …………………………………………… (272)
　　财产继承 ……………………………………… (274)
　　调解与神明判决 ……………………………… (274)

昭觉彝族习惯法 (278)
- 土地财产所有权 (278)
- 土地财产继承 (280)
- 等级关系 (282)
- 租佃法 (285)
- 债务 (287)
- 投保制 (289)
- 刑事规定 (290)
- 婚姻法 (297)
- 司法 (298)

融水苗族埋岩理词 (300)
- 总纲 (300)
- 禁偷盗抢劫 (303)
- 婚姻彩礼 (304)
- 防御外来侵扰 (306)
- 界石放债买卖 (307)

融水苗族埋岩歌 (310)
- 埋岩由来 (310)
- 整高汪欧埋岩 (312)
- 族外婚 (314)
- 结婚彩礼 (314)

从江加勉苗族习惯法 (317)
- 习惯法主持执行者 (317)
- 立石的传说及其作用 (320)
- 加勉苗族习惯法 (323)
- 生产禁忌 (330)
- 生活禁忌 (332)

赫章海确苗族习惯法 (335)

习惯法执行者 …………………………………………… (335)
　　婚姻纠纷 ………………………………………………… (336)
　　家庭纠纷 ………………………………………………… (337)
　　其他纠纷 ………………………………………………… (337)
那劳乡约与习惯法 …………………………………………… (339)
　　乡约 ……………………………………………………… (339)
　　习惯法 …………………………………………………… (340)
喜乡乡约与习惯法 …………………………………………… (344)
　　乡约 ……………………………………………………… (344)
　　习惯法 …………………………………………………… (345)
贵州苗族汤粑理词 …………………………………………… (351)
　　叙古理 …………………………………………………… (351)
　　道新词 …………………………………………………… (352)
贵州苗族油汤理词 …………………………………………… (355)
贵州苗族烧汤理词 …………………………………………… (358)
门巴族习惯法 ………………………………………………… (367)
　　习惯法的渊源 …………………………………………… (367)
　　习惯法的主要内容 ……………………………………… (370)
毛南族禁忌与习惯法 ………………………………………… (375)
　　婚姻方面的习惯法 ……………………………………… (375)
　　丧葬中的禁忌与习惯法 ………………………………… (379)
　　祭祀活动中的禁忌与习惯法 …………………………… (382)
　　还愿活动中体现的习惯法 ……………………………… (383)
　　生活方面的其他禁忌与习惯法 ………………………… (391)
　　生产禁忌 ………………………………………………… (392)
　　宗教禁忌 ………………………………………………… (393)
　　族规、家规方面体现出来的习惯法 …………………… (393)
　　家庭财产和权利继承中体现的习惯法 ………………… (396)

赫哲族社会组织与习惯法

传统组织

氏族为赫哲社会的基本组织。住在松花江下游的赫哲族，尚有七个氏族：[pirdakʻihala]，[luirəhala]，[sunmnhala]，[udinkʻəhala]，[futʻəhahala]，[kəikʻəhala]，[jukʻəŋhala]。他们称氏族和满洲人一样，有两个：（一）哈拉[hala]，（二）木昆[mɔkʻun]。哈拉与木昆的意思分别是：一个哈拉可有一个或许多的木昆，而一个木昆却只有一个哈拉。早先只有哈拉，因后氏族人口繁殖而迁移至他处，形成一新氏族组织，叫做木昆。汉人的同姓不同宗，犹赫哲人的同哈拉而不同木昆。

至于各氏族名称的起源大都因氏族住的地方起名。如[pirdakʻi]之从[pira]河而来，[jukʻəŋhala]又名[kilənhala]之从[kʻimuin]河而来。亦有因图腾而起名的：如[sunmun]本为〔独角龙〕之义，[futʻəhahala]又名[mariŋkʻahala]，[marə]本为"虎"之义。

同一哈拉或木昆的人，崇拜同一祖先，守同一族规，并不得结婚。每氏族有一姓长，赫哲语"哈拉达"[halada]，或族长"木昆达"[mɔkʻunda]，由族人公举，大抵德高望重者当选，有财势的或有神术的萨满亦常有当选的。姓长或族长总理一姓族的司法，行政等事宜。《西伯利东偏纪要》云："其一姓一乡各有长，有不法不平诸事则投姓长乡长集于证公议处置。其法杀人者死，余则视事之大小，定布帛服物之多寡，令理屈者出之，名'纳威勒'，至十头为止，小事纳一头二头，大事则纳十头，约值银数两至百两以内。公议云然，两造心服，姓长乡长始以杖叩地遂成铁案。否则再议，有至数日数月不决者。"又如离婚之事，两造愿离，须报告姓长或族长，设有一方不愿，则由姓、族长判断。姓、族长有不法行为时，全氏族集议，另举他人为姓长或族长。

许多氏族聚居的地方，小者称之为屯，大者为城。屯，赫哲语叫做"嘎深"［gaʃɛ］；屯有长称为嘎深达［gaʃɛda］，由各氏族的姓长及族长选举，管理一屯之事。屯之大者有人家三百余户，人口多至二千余。大屯因人口众多，为防御邻族的侵入，常筑较坚固的土城，赫哲人称这种土城为霍通［hɔtˈó］，城主称为竹深达［tsuʃɛda］。

政治和法律

在某地方出了一个英明的城主或屯长，征服了许多的屯城，即渐成为一个部落。人民称部落之主为"额真汗"［ɜtʃənhan］，或简称为"汗"［hcn］。在土如高故事中说，古代赫哲族依陇，松花，乌苏里三江分北、中、南三大部落，南部落有十九城三十六屯，中部落九城十二屯，北部落不详城屯数目，共有人口百万，这三个部落从没有统一过，各争雄长，互相讨伐。

部落为赫哲族最高的政治组织。他们称衙门为"界级新"，有"大当户界级新"（管人口），"评讼界级新"，"干粮界级新"，"兵马界级新"，"监造界级新"。官职：文官有"设章京"，司内务；"平章"，管评议兼交际；"安邦"，司汗都事宜。每城置"竹深达章京"由汗委任；又有"竹深达"，受竹深章京节制。每屯有"嘎深达"，大都推选后，由汗委任。有时把部落分成好几个牛禄（区域）章京治理，官名"牛禄章京"。武官有"巴图鲁"、"哈番"、"布什户"等。

军队的组成：如全军士兵一万名，则分成十大队，领队官为"哈番"，率领一千名；每大队分四中队，领队官名"图山布什户"，每人率领二百五十名；每中队分四小队，领队官为"阿尔什布什户"；每五大队，合为一个集队，领队官为"安邦巴图鲁"；全军分两个集队，一为先锋，二为后援。

士兵由征集而来，一户只有壮丁一名免征，二名征一名，三名征两名，四名亦征两名，五名征三名，六名亦征三名；在必要时尚得多征。

赫哲人的刑罚：罪轻者罚牲畜，杀人者死。赫哲族的死罪是用活埋之刑，较死罪轻者，处以流配。

财产有私人、家族、部落三种财产的分别。日用品以及渔猎的武器，个人有全权处理，为私人财产。房屋、家具、奴婢、牲畜等物，一家有全权处理，为家族财产。城屯人民，一部落有全权处理，为部落财产。部落的财产，以人民为最要，所以在他们的故事中，征服了一屯或一城，常把全屯城的人民，悉数运到征服者的故乡去。

财产的获得，有的是承受遗产，有的是赠送妆奁，大都是由个人工作而得来。赫哲人合伙打围所得的野物，须平均分派，如十人为一伙，则分为十份，不论老幼均各得一份。其法：以野物在地上先分成十份，做好标记，再用小木板十块做同一标记，放在一皮口袋中，各人摸出一木块，凭标记对号而取物。不过大的野物如熊鹿等方法略异：谁先发见熊的所在地，则熊皮熊胆归发见者，得鹿则茸角与鹿公分，鹿皮须归打倒鹿的炮手。猎户得鹿必须对天叫［anihɜ］，表谢天之意，其从人亦随之同叫一声。如在同场有非本伙的猎户，亦叫［anihɜ］，将来分派此鹿时，此人亦可得一份。此外恃强而侵略他人的财产，萨满赖神术而取财，这都是用不正当的方法而获得多量的财产。

他们对于土地，毫无所有权观念，即对于狩猎的山林，亦不视为可以占有的财产。不过在每次出发打围的时候由一族或一屯的人公议，某伙到某处打围，如有争执则由族长或屯长决定。到了山中又分某一小伙到某一山头打围。此并非分配土地，只能视为暂时分配猎区而已。自汉民族移殖黑龙、松花、乌苏里三江流域以来，赫哲人的猎区日蹙。政府为该民族将来生活计，在他们住处附近，计口授田，每人所得田亩数甚多；然赫哲人不知农业，有田无用，悉数售与汉人。后来因与汉人相处日久，渐谙耕种田地的方法，而已无田可种，遂多佣于汉人以谋食。

战争和贸易

两民族或同一民族的两部落之间，在和平时候的关系是贸易，赫哲人的贸易是以物易物，妇女亦是交换物品的一种。两部落仇视的时候，就发生战争；他们能发生战端的原因，不外乎下列几种：（一）亲族报仇；（二）因本部落人口稀少，征伐各部落掳掠人民；（三）年少的英雄，欲物色天下的美女，解决他们的婚姻问题，亦常引起战端。战败的人民为征服者视为战利品，常悉数运走——这是他们民族迁移最大的原因。因此他们的社会生活，时起变化。

一民族被外来的民族征服后，其社会生活最先同化，因征服者常从他们自己的政治和法律的观点，去治理被征服的人民。赫哲族自十二世纪以来，被辽、金、蒙古、汉、满诸族及政权，更迭地征服，其社会的组织久已非其原来的制度；近数十年来，汉民族移殖斯土，如潮涌而来，与此民族杂处，并互通婚姻，所以他们的社会生活，可说已是变化较大了。

赫哲族禁忌[1]

世俗禁忌

赫哲族相信万物有灵，万物都是由神在主宰，天地、日月星辰、山川河流，乃至岩石、草木、水等处处有灵，因而在生产生活中形成了许多禁忌，街津口乡的大多数渔民至今仍相信这些禁忌。

孕妇或月经期的妇女不准到渔场或捕鱼船上，怕"败了兴"，捕不到鱼。

参加捕鱼的人，如果家中有人死去，到渔场后，要在网滩上烧起一堆火，让他跨过去，熏熏"晦气"。

捕鱼和狩猎生产时，不准说大话、怪话、谎话，怕触犯了神灵，捕不到鱼、兽。

狩猎时，在山里不能坐在锯下的大树根桩上休息，认为这个树根桩子是"山神爷"坐的位子，凡人不能坐于此处。

妇女不能坐和跨过猎枪、子弹及其他各种捕鱼、兽的工具。不许妇女坐和跨过男人的衣物，怕晦气。

男女老少都不能跨火堆，烧柴根朝里，如梢朝里续柴，妇女就会难产。

---

[1] 选自黄泽、刘金明主编《赫哲族——黑龙江同江市街津口乡调查》，云南大学出版社2004年版。

做饭时，不能用勺子敲打锅边，也不能用筷子敲打碗边，怕当乞丐。

孕妇不能劈鱼头，怕生畸形婴儿。

妇女不能脚踏锅台，怕得罪灶神，没有饭吃。

妇女不能坐在船头，怕把福气压下去。

这些禁忌主要是20世纪50年代以前形成的，如今已发生了较大变化，如夫妻船出江捕鱼，妇女坐船头是很常见的。

捕鱼禁忌

撒网中捕到鱼后，不许说："这一网怎么捞到这么多的鱼呢？"

吃鱼籽时，不许说："这一下子吃多少鱼啊！"

捕不到鱼时，不许说怪话如："他妈的，怎么打不上鱼来呢？"等。

叉住的鱼，不许用刀子割开鱼泡，否则下次会叉不到鱼，或者鱼易脱钩、脱叉跑掉。

寡妇不许到渔船上和下网滩地去。

过去一般不许妇女上船打鱼，20世纪80年代后，随着夫妻船的出现，大量妇女直接参与到渔业生产中。

随着近年来中国移动、中国联通在街津口乡的开通运行，年轻人普遍用上了手机，外出打鱼时用手机与家人联系，但在发生了一起打手机引发船上渔民遭雷击身亡事件后，产生了遭雷雨天外出渔民不准用手机或关机的新禁忌。

狩猎禁忌

猎人进山狩猎，必须遵守狩猎规矩，不得随便违犯。每到一个新的猎场，把头（狩猎领头人）得领着大伙给山神爷磕头，在树上挂红布，插上几根从篝火中烧剩的冒烟的木棍当香火，在地上供一些食物，往空中用手指洒一点酒，向山神爷念叨："保佑我们打围顺顺当当的，多得猎物。"

进山后，不许说怪话和谎话。

冬天在山里狩猎，遇到另一伙打猎人的脚印，不许踩，应该绕道走，否则就会被认为不遵守山规，不尊重别人，引起两支狩猎队的不和，甚至引起武斗。

在狩猎的帐篷里吃饭后，要把篝火堆堆好，锅要扣得平稳些，吊锅子挂在树桩上不许乱摇晃。不许敲打有声的器物。用刀子翻锅、铲锅绝对禁止，如这样做被认为是割断了打猎的好运气。

同时狩猎的人在山中相遇，必请到自己的住处吃一顿饭，否则会被人看不起。

狩猎中碰到不顺手捕不到野兽时，可以到别人的帐篷里拿点食盐或烟叶，这叫偷点"顺当气"，再打猎就会有好运气了。

生育禁忌

在调查人口与计划生育问题时我们了解到如下禁忌：

孕妇犯忌，生孩难产。

孕妇不能迈过扁担、斧子、骡马套，否则会难产，孕妇不能砍河网桩子，因为河网在水里摇动，怕将来生的小孩眼睛晃动。

烧柴时必须顺着架火，不可倒头烧，这样怕婴孩倒生。

孕妇不能将口袋口缝死，否则会难产。

孕妇不能劈鱼头，怕将来生歪头小孩。

孕妇不能笑话别人长得难看，怕将来自己的孩子长怪样。

孕妇不能从窗户眼向外看人，怕生的小孩变斜眼。

妇女生孩子时，早年不管是严冬还是酷暑，都必须在屋外新搭建的撮罗子中分娩，以免生孩子的"脏气"触犯神灵和祖先。

产妇在撮罗子里一直住到满月。只有妇女可以进这个撮罗子，男子不能靠近，丈夫也不能去。

月子里产妇不能吃生菜，否则会使产妇、孩子都泻肚。

孕妇不能进产房撮罗子，不能从产房借物品或拿东西，恐怕将产妇的奶带走。

鄂伦春族禁忌与习惯法[①]

在传统的鄂伦春族社会里，禁忌和习惯法经常是连在一起的，有些很难分开。在长期的游猎生产生活中，鄂伦春族社会内部形成了很多禁忌，并逐渐形成了一套较为完整的习惯法。

婚姻与家庭

传统鄂伦春族这方面的禁忌与习惯法内容十分丰富，涉及个体家庭的组成、家庭内部物品占有、财产继承、婚姻、丧葬以及特别针对女性的方面。在传统的鄂伦春族社会构成中，构成"乌力楞"、"穆昆"等社会组织的是个体家庭。虽然个体家庭通常不具有单独生产的能力（尤其是在早期），但是在一个统一生产的单位中，个体家庭又是构成这些统一的生产单位的单元。从这方面的禁忌与习惯法的丰富程度，我们可以窥视传统鄂伦春族社会中这一层面在整个社会生活中的地位和分量。这方面的内容主要包括以下几个方面：

（一）有关家庭组成及生活方面

如父亲年迈或已死亡，长子可成为一家之长。入赘者不改

[①] 选自郭建斌、韩有峰主编《鄂伦春族——黑龙江黑河市新生村调查》，云南大学出版社 2004 年版。

变原来的姓氏。居住在"斜仁柱"①中的人，不准向"斜仁柱"里的火堆吐痰、洒水，不准烧进火星的木柴。每次进食要先敬火神。

（二）有关家庭内部物品的占有方面

家庭内部物品，个别的有不同的使用者之分，如：马匹在家庭中一般是分开专用的，男人和女人分别有各自使用的马，还有驮神像的马。怀胎的骒马不准驮运猎获的熊或狍子。

（三）有关财产继承方面

在财产继承上，一般情况下是传男不传女。（个别情况也有例外，如死者无近亲男性时，其未出嫁女儿可以继承其财产。）在男性继承财产时，又有这样几种情况：兄弟分居，由父母主持分配财产，如果发生争执无法解决时，由舅父决定；死者如无儿子，其财产可由氏族内部五代以内的近亲男性继承；长期入赘者有权继承其妻父母的遗产；养子有权继承养父的遗产。此外，对于死者生前有遗嘱指定者，有权继承其财产。

（四）有关婚姻方面

由于这方面禁忌与习惯法涉及整个婚姻过程的不同环节，因此我们在此分几个环节来叙述。

1. 择偶。氏族内部严禁通婚，辈分不同者一般不能通婚。在呼玛河流域（原库玛尔路）的玛拉依尔（孟姓）和吴卡尔康（吴姓）曾是同一氏族，传说孟、吴两姓原是兄弟，孟姓为老大，吴姓为老二，彼此不能通婚；另外，居住在同一区域里的魏拉依

---

① 斜仁柱：鄂伦春族人的传统住宅，用30多根木杆搭成圆锥形二架子，夏天用桦皮或芦，冬天用狍皮做覆盖物。

尔（魏姓）、古拉依尔（关姓）和葛瓦依尔（葛姓）也曾是同一氏族，传说魏、关、葛三姓是兄弟，也是彼此不能通婚。

2. 婚约缔结及订婚、成婚。婚约缔结由父母做主。一般情况是男女到六七岁时由父母给定下婚约，到15—16岁时可以成婚。（传统鄂伦春族也有指腹为婚的习惯，在孩子出生前由双方父母说定，如果生下一男一女就结为夫妻，若是同性就结为义兄弟或姐妹。）订婚后男女一方死去，男方家庭不能提出索还已送彩礼。结婚时，女子从娘家带走彩礼和娘家送的东西，但不能带走剪刀、镜子、茶壶等。

3. 婚后生活。结婚后妻子不能生育，丈夫可以续娶第二个妻子。男方主动提出离婚时，男方无权索还已给女方的彩礼，女子则有权带走自己所带来的马匹和其他财产；若是女方主动提出离婚，男方除了有权索还已给女方的彩礼外，并要求女方赔偿一匹马，作为叩头的抵偿。寡妇再嫁，如其娘家要向再嫁的男方要彩礼时，原夫家有权向女方家要还彩礼。姐姐死后，妹妹可以嫁给姐夫，但妹妹死后，姐姐不能嫁给妹夫；哥哥死后，弟弟可娶其嫂为妻，但弟弟死后，哥哥不能娶其弟媳为妻。

（五）有关丧葬方面

一般死者只实行风葬或土葬，只有孕妇死后才实行火葬。

服丧期间，不准理发，不准穿新衣服，不准参加娱乐活动，不准同别人吵架，不准再娶或再嫁；服丧期满后，服丧者不能自己脱孝衣，须请其他氏族的一男一女两人帮助脱掉孝衣。

（六）特别针对妇女的

为什么要把这一点单独提出来，一方面是传统的鄂伦春族禁忌和习惯法中有诸多这方面的内容，其次这样的梳理便于我们观察一个特定社会中的特定问题。

　　传统的鄂伦春族各个体家庭所居住的"斜仁柱"内部外部有严格的区域划分，我们在新生村访问时，吴瑞兰给我们画了一个示意图，标出了"斜仁柱"内外禁止妇女进入的区域。

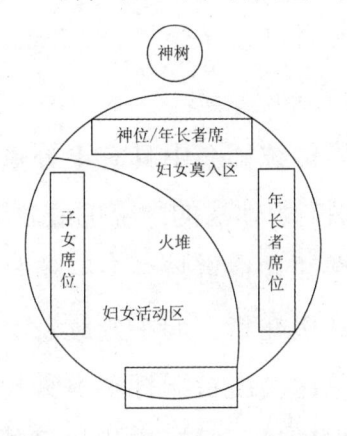

```
                    神树
           ┌─────────────────┐
           │  神位/年长者席   │
           │   妇女莫入区     │
    ┌───┐  │                 │  ┌───┐
    │子 │  │                 │  │年 │
    │女 │  │      火堆       │  │长 │
    │席 │  │                 │  │者 │
    │位 │  │                 │  │席 │
    └───┘  │   妇女活动区    │  │位 │
           │                 │  └───┘
           └──────┘  ┌───────┘
```

"撮罗子"内部及周围大致环境构成

　　在下图中，"斜仁柱"（或"撮罗子"）内部靠右上的大片区域，妇女是禁止进入的，这些位置主要是家里的男性长者坐席或床铺，与门正对的还是家庭中的神位"玛路"；另外，在"撮罗子"正背后，有一棵神树，树上挂有神像，那一区域也是女性不能去的地方。

　　我们前面说过马匹在一个家庭中是分开使用的，其中用来驮神像的神马绝对禁止妇女骑用。

　　妇女不能吃熊的前半身。妇女在月经期和产期，也不能吃其他野兽的头和心脏。

　　另外还有很多针对女性的禁忌与习惯法，是与婚姻有关的，如：寡妇有儿子，一般不能再嫁。如其娘家坚决要她再嫁，须把儿子抚养大才行。寡妇再嫁时，须把男孩和一切财产留在夫家，女孩可以带走。对于孕妇，要求极为严格：孕妇不准在"斜仁柱"内分娩。分娩时必须在"斜仁柱"外东南方搭一产房。男子和其他孕妇均不得进入这个产房；孕妇不许铺熊皮或獐子皮。已出嫁的妇女回到娘家不许刷锅等。

生产

狩猎在鄂伦春族传统社会中具有十分重要的地位，因此体现在这一方面的禁忌与习惯法的内容也最为丰富。

过去鄂伦春人有许多狩猎禁忌，后随着社会的发展进步虽大多消失，但仍有许多在猎人们中延续着。如：猎人们出猎前不能做计划，不准说这次出猎能打多少猎物。他们认为能不能打着猎物是山神"白纳恰"早已安排好了的，说大话会触犯神灵，就什么也打不着了。

出猎的人如路经山神"白纳恰"（在大树的根部用刀斧砍雕成的人脸形）必须下马洒酒、敬烟、磕头祷告，否则不仅打不着猎物，而且还会倒霉的。

打猎的人路经坟头时都要下马牵着走过，忌讳骑马匆匆走过。如果坟内的是老年或长辈人，还要洒酒、敬烟、磕头。不这样他们认为死神就会把野兽全部赶跑，使你什么也打不着。

打猎的过程中，禁止吵闹、打架，只有猎人间和睦相处、愉愉快快，山神"白纳恰"才愿意赐予野物。

打猎时不能咒骂野兽，如说"一定把它的头割下来"或"把它的腿打断"等此类的话，否则会遭到报应。

当猎打虎、熊、豹、狼等凶猛野兽时，不准说"打"，而要说"旷迭任"（打虎、熊等凶猛野兽的专用名词），也不能说死了，而要说睡觉了或休息了。

不能猎打正在交配中的野兽；如果打了会受到兽类的诅咒，后世不得安宁。

不准捕打正在孵卵或哺乳的雌性禽兽；如果谁打了，以后就再也不会打到猎物了。

猎到鹿、犴、野猪或熊等大的野兽后，开膛时必须使心脏和食管、舌头等连接在一起，不准割断；否则就割断了"买因"（即好运气），以后就再也打不着野兽了，只有煮熟了之后才能割断。

用狍哨引来而猎得的狍子不能割断脖子，否则以后再也叫不来狍子了。

猎人猎到熊、虎、豹、狼之后，必须首先将它的嘴撬开，然后用一根小木棍支起来，使其张着嘴，他们认为这样做以后再猎熊、虎、豹、狼等凶猛野兽时不会受到伤害。

猎人猎打到熊之后，将其头割下来之后必须安放在树杈或树墩上，不准驮回家来，更不准独自吃熊头，否则会受到惩罚的。

鹿、犴、野猪、熊等大动物的内脏，除大家共同享用之外，都留给自家人吃，不能送给他人，更不能卖给外来人；如果送或卖给他人，以后再也打不着猎物了。

狩猎过程中不准把木头横放在人经常走动的过道上；否则狩猎就会不顺利，只有顺着放狩猎才会顺利。

在狩猎的过程中，忌讳烧长木柴，尤其是整根原木；认为烧的木头越长，距动物越远，出猎的人日子也就会更长。

此外，在传统的鄂伦春族社会中，有血族复仇的做法。氏族内部如有人被杀害,被害者的近亲有义务对凶手进行同样的报复。

对违反习惯法的处理

对于违反禁忌和习惯法的人,视性质和程度的不同有相应的处理方法,其中有的要送交当地官府处理。违反日常生活习惯的人,一般由老年人说服教育。斗殴者,双方都要受到棍打。

已婚妇女因和丈夫的感情不好而逃离时,抓回后要被痛打;未婚男女因恋爱而私奔,抓回后都要受到棍打,或用马拌绞大腿,严重者可以处死。同一氏族的男女发生不正当关系,从严处理,甚至要被绞死。

借债期满不还者,债权人可以拉走欠债者的马匹,但只限于骟马,不能拉走骡马及种马。

家中无马而偷了别人的马,只要承认错误,将马送还了事。如果偷的马已经逸去,也可不予追还;家中有马又偷了别人的马,如果偷者不承认,要送交官方处理。

误杀了人,杀人者要抚养被杀害者家庭成员到能独立生活为止,或者用一定数量的马匹来作抵偿;故意杀人者要偿命,或交官方处理。

乌兰宝力格嘎查鄂温克族禁忌[①]

禁忌是法律的起源。乌兰宝力格嘎查的鄂温克人有许许多多的禁忌,其中很多都体现出鄂温克民族的特性。随着社会的发展,有的禁忌逐步发生了改变甚至消失;但有的仍然在嘎查牧民的生活中起着重要作用,一旦有人违犯就会受到全体牧民,特别是老年人的谴责。

宗教禁忌

乌兰宝力格嘎查的牧民大多信仰萨满教,认为万物有灵。如果放在房外或车上的衣服被牲畜踩了,牧民们认为这会对本人或家人不吉利,非死即病,这时就必须请萨满跳神破除。

(一)埋葬萨满时的禁忌

萨满死后,要将其装进棺材,然后举行隆重的送葬仪式。但不能马上将装有萨满尸体的棺材埋在坟墓里,而是要把棺材放在坟地上。当棺材和尸体都腐化后,人们再去墓地堆上一些石块。萨满法器和法衣要留在家里并放在木架上,等着交给新萨满。继任的萨满也去世后,要将其安葬在前任萨满墓地的旁边。另外,献给前萨满的"温格"马,虽然可以像普通马一般

[①] 选自孛·吉尔格勒、罗淳、谭昕主编《鄂温克族——内蒙古鄂温克族旗乌兰宝力格嘎查调查》,云南大学出版社 2004 年版。

对待，但不能让妇女骑，也不能杀掉或卖掉。

（二）对"吉亚奇"（牲畜之神）的禁忌

"吉亚奇"是在一块方形的毡子上，用偷来的不同姓氏人家的种马的鬃尾，绣成两个人形，并且在中间缝一个口袋，以放贡物。嘎查里的鄂温克人将每年剪羊耳所剪下的部分，悬挂在"吉亚奇"神的两旁；将卖出的牲畜所留下来的鬃尾和小孩满一周岁时的头发弄成一个圆团悬在"吉亚奇"神两边。每年秋季贡佛时将所宰羊的肩胛骨和骨髓挂在神像的下边，将杀掉的羊的胃口切下并煮熟后放进神像的口袋里，在正月十五或牲畜满膘时进行供奉。嘎查牧民认为只有这样做，才能保证牛羊成群，家中人丁兴旺。

（三）祭敖包时的禁忌

每年的敖包祭祀一般都在五、六月间选吉日进行。每祭一次都往敖包上添一些石头，请萨满或喇嘛念经。敖包一般在地势较高的山头，敖包山上一般是禁止妇女上去的。但是有专供妇女祭祀的敖包，不能生孩子的妇女到那里去祈求怀孕。嘎查里各个家族都有各自的敖包，妇女作为家庭成员之一，被允许祭拜家族的敖包。

世俗的禁忌

嘎查牧民在日常生活中有许多禁忌，禁忌的内容主要是关于礼仪、丧葬、饮食等方面，而且妇女在生活中很多方面都有禁忌。

（一）礼仪方面的禁忌

鄂温克族是一个非常讲礼貌和孝道的民族，乌兰宝力格嘎查的鄂温克人更是其中的一个典型。在嘎查里，晚辈在长辈的面前有许多礼仪方面的禁忌。

1. 晚辈不能称呼祖父、祖母、父母、叔婶、舅舅和舅母的名字；当别人要问父母姓名时，只可告诉父亲的名字，不许告诉母亲的名字。

2. 父母在世时，儿子不能留胡须，因为留胡须会被认为是对父母的不孝顺。

3. 一旦父母去世，三个月内儿子不许刮脸和理发，在老人死去的周年日上，禁止向别人借用东西，以及参加娱乐活动，否则认为不孝。

4. 严禁打骂父母，嘎查人认为打骂父母是最不道德的，打骂父母的人会受到嘎查牧民的普遍谴责。而且牧民们总是尽力为老人创造良好的生活条件。在嘎查里，若牧民家中有老人，他们一般会将其送到南屯去居住，因为那里的条件较好，尤其是冬天没有嘎查冷。

5. 青年人不能在老人面前来回走动，也不能倒背着手走，更不能和老人并肩坐在一起。

6. 青年人在途中遇到长辈或老人时，必须下马请安，才可继续行走。

7. 晚辈到各个长辈家去拜访时，应该先去辈分长的长辈家。例如两个姑姑家挨着，这时就要先到大姑姑家拜访，然后再去小姑姑家。在调查时我们偶然遇见鄂亚荣书记的两个女儿去拜访她们的姑姑，她们先路过小姑姑家但却没有进门，而是去了住得稍远的大姑姑家，然后再折回到小姑姑家。

8. 大年三十晚上祭完祖坟以后，子女一般不允许出去串门，而是要在家里陪同父母。初一这天先在家里给佛叩头，然后再给老人叩头，最后给兄长叩头，以后才到各家拜年。来到各家后要先拜佛，再给长辈叩头。

除了晚辈们在长辈们面前要遵守上述这些礼仪方面的禁忌外，一般人还必须遵循以下禁忌：

1. 禁止用有刃的刀子、剪子、镊子在别人面前晃动，因为有刃的器具可能会伤害到人。

2. 在饭桌上，要把割肉的刀递给别人时，严禁将刀刃、刀尖冲着对方。茶壶的茶壶嘴也不可以对着他人。

3. 不许背后说别人坏话，否则的话不仅本人要受到报应而且子孙也会尝到恶果。

（二）关于丧葬方面的禁忌

1. 一般禁忌：

（1）在语言方面的禁忌：嘎查里如果有人去世的话，牧民们通常不会直接说死了，而是要另找一些词语来代替，特别是对小孩子和老人或长辈的死亡。如果是小孩子死了，就要说"丢了"或"少活了"；如果是老人或长辈死了，则要说"成佛了"。

（2）在婚姻方面的禁忌：儿媳亡故时，婆家首先要通知娘家，娘家不到场不能入殓出殡，发丧的一切程序均须娘家满意才行。

（3）其他禁忌：不得将死者过河安葬，必须过河的，则须在死者脚下连上一根长竿儿当作灵魂过河的桥。下葬时，一般是将死者的头朝北，脚朝南，切忌将死者头部朝向东方。在忌日里，死者家属不准进行牲畜买卖和金钱交易。

2. 坟墓选择方面的禁忌：禁止将老人的坟墓选在洼地或者峡谷中，认为这样老人将不保佑后人，对后代不好。

3. 入殓时的禁忌：入殓时，棺材里必须铺上干草，在棺壁东侧贴上日，西侧贴上月，再用布袋盛上一点五谷，连同小船和小桨，以及锅、碗、筷、烟袋和烟放在棺材里。将死者抬到棺材里时，须用被子或毯子为死者遮住日光，然后揭开死者的面纸让亲人见最后一面。

4. 送葬时的禁忌：父母和长辈去世后，为他们送葬时禁止顺河流而走。

5. 非正常死亡人群的葬法：

（1）小孩死后，用一白布口袋将其装起来扔在山坡的阳面，草木长得旺盛的地方，不埋葬。

（2）被雷击死的人，不能埋葬。而是用白布裹起风葬，牧民认为雷来之于天，应还雷于天，不能埋进地里。

（3）对疯病或难产死的人，不能将其埋葬在族人坟地里，而是要实行火葬，牧民们以为这样死去的人常常会变成鬼，为了防止他/她害人，所以一定要把尸体烧掉，让其化为灰烬。

（4）缢死的人，要就地埋葬，但不举行葬仪，如果是吊死在树上，则要将那棵树砍断，将另外一样有生命的东西挂起来；这样做是因为牧民们认为这人是命中注定要缢死，为了不违背天意，所以挂一个有生命的东西。

6. 老人逝世后埋葬的禁忌：老人去世后，首先必须让其闭上双眼，合上嘴巴，因为如果眼睛不合，怕死者灵魂不安心去，惦记着儿女，而给儿女带来灾难；其次，须把死者的手和脸洗净，如果死者是男性，还需要死者的长辈或同辈为其理发，如果死者为女性则要她的长辈或同辈为她梳头；再次，要给死者穿上新衣服，并戴上帽子，穿上长靴，但要注意的是衣服和帽子不能是毛制品和皮制品，牧民们认为皮和毛是有灵之物，他们担心这个有灵之物会侵害死者；最后，用呈文纸蒙上死者的脸和手，将其双脚并拢，安放在铺上了褥子、枕头的板子上。

7. 死者入葬后的禁忌：在送完葬三天后，要将死者家所扎的蒙古包向前移动一下，同时在原来死者铺位的地方放一块石头，撒一些稷子，牧民们认为这样对子孙后代吉利。若死者是在蒙古包里去世的，那么这个包址就决不能再用，如果死者是在土房里去世的，则要请萨满来房屋里清除污物。在死者去世后三年内，每到春节，亲属们要将一红色或黄色的方形褥子放在老人在世时的铺位上，并在铺位前放上桌子，摆上供品，儿女们叩头祭祀。

8. 死者家属的禁忌：

（1）父母死后，儿子、儿媳以及出嫁的姑娘都要穿白色孝服、扎白腰带。扎腰带时有严格的扎法：如果去世的是母亲，那么儿子的白腰带的一端从腰间向上，通过右肩而夹到背面的腰带里，因为他们认为母亲是解开右边的衣扣来哺乳自己，所以以此来感激母亲；如果去世的是父亲，那么儿子的白腰带的一端要从腰间通过左肩夹到腰背上，这是为了感激父亲用肩膀负担起了对自己的养育。而儿媳和未出嫁的姑娘扎的白腰带不能通过肩。女婿和孙辈的人则只需扎腰带而不用穿白色孝服。

（2）如果是丈夫去世了，妻子要为丈夫戴孝三年，在这期间不能改嫁。

（三）饮食与居家禁忌

1. 乌兰宝力格嘎查牧民忌讳吃狗肉，他们认为狗是人类的忠实朋友，帮助人们看家、打猎等，所以不能吃。病人禁止吃鲇鱼和狗鱼；所有的人都不允许吃病死的家畜肉，认为病死的家畜会将病毒传染到人；他们也不吃牲畜的淋巴腺和膝下骨髓。

2. 牧民们认为奶是宝贵的，象征着福气，禁止扔掉奶类食品，如果不慎把奶洒掉，应把所洒之奶涂少许在前额，以防丢失福气。

3. 外来人不能骑马或坐车进入院内，也不能踩着门槛进入蒙古包和屋里，否则会被认为是没有礼貌。牧人进入他人的蒙古包时，不能将马鞭带入，否则将被看作是来教训主人或吵架的。进屋后，客人禁止坐在蒙古包右边主人的床上，而应坐在左边客人的位置，不过对这一点人们现在也不太讲究了。

4. 不许小孩玩火。如果有小孩玩火，家中牲畜就会走得远或得疫病；不让孩子吃羊肥肠，否则会找不到好的草场；不能用刀子捣火，火钳和剪子不准许张着放，而应该闭合放，不许空剪，否则会被人说坏话或被控告；不准带刀子的人进入牲畜圈内，认为刀子会威胁到牲畜；春季禁止用腮骨做游戏，认为春天是牲畜生崽的时期，如果玩腮骨，生下的牲畜崽会变成歪腿。

（四）关于妇女的禁忌

嘎查的索伦鄂温克人里和妇女有关的禁忌很多。例如，绝对禁止女人摸男人的头，认为男人头上有神灵，不能侵犯；女人不能从斧子上跨过，否则会生一个傻子；家庭主妇在蒙古包内有固定的活动区域，一般在灶前和碗柜的前方，不能随意从客人或老人面前穿过。男人用的马鞍和套马杆，禁止妇女踩过去，也不准妇女用男人的马鞍。姑娘站要腰直腿并，坐时也要端正，不能叉开双腿，走路时要小步且不能东张西望，穿戴要求干净利索，对长辈要温顺，要和兄嫂姐妹和气、热情。姑娘不能独自出游，要出游时必须同姐妹结伴而行。也不能和外来青壮年说笑，否则会遭到父母的责备和批评。正月初一到初五姑娘们不准用针线。妇女生孩子不能直接说"生孩子"，而要说成"有孩子了"或"添孩子了"。产妇三天内不许拨火，火里也不允许扔腥辣的食物；产妇未满月前，不准带钥匙的外来妇女进入产房，以防止产妇断奶。

（五）其他禁忌

1. 和牛羊有关的禁忌：不准宰杀脖子上带着绳索的羊，要杀羊时须先去掉绳索；禁止谩骂牲畜，否则会变得赤贫；不宰杀未停奶的母牛或母羊，认为这样是不吉利的。

2. 出远门回家时的禁忌：出远门的人回家在进家门之前，须把点好的火扔一点到门外，以防妖魔跟进来。

烧锅朝鲜族禁忌与习惯法[1]

禁忌

在人类生活的早期，由于社会生产力和文化不发达等因素，人们对某些无法解释的生物、生理现象产生了非理性的敬畏感，在这种精神意念的支配下，为体现其神秘性和尊重性而出现了一些忌讳做法，逐渐形成了传统的禁忌。在烧锅朝鲜族村中，也同样残存着这方面的原始禁忌，主要表现在如下几个方面：

（一）生育

1. 孕妇禁用有豁口的瓢、碗饮水，以防婴儿出生后五官不端正。

2. 孕妇怀孕期间，禁止家中有亲属死亡的人去串门，以防带来不好的运气。

3. 孕妇不能主动到有人去世的家庭中串门，认为这样对胎儿不吉利，容易给胎儿带来灾难。

（二）婚姻

1. 三代以内直系血亲禁止结婚。

2. 没有结婚的女人不能当伴娘。

---

[1] 选自瞿健文、崔明龙主编《朝鲜族——吉林磐石市烧锅朝鲜族村调查》，云南大学出版社2004年版。

3. 未婚或离过婚的男人不能当伴郎。

4. 结婚之日，新郎把新娘接回家时，新郎的父母要暂时避开，不能与新娘见面。

（三）丧葬

1. 供奉给死者的米饭，在蒸煮时不能用勺子翻动。

2. 举行葬礼当天，从屋里往外抬出棺材时，只允许从窗口抬出，禁止从正门跨越门槛抬出，认为不吉利。

3. 出殡时，抬棺之人如遇河流、沟渠，禁止直接行走，必须退三步进两步之后才能继续前行。

习惯法

烧锅朝鲜族村是一个具有悠久文化历史的朝鲜族世居村庄，在长期的社会发展过程中孕育形成了确定化的习惯法控制体系。这些习惯法主要是不成文习惯法，由人们口头传授或由长辈以自身行为向晚辈进行言传身教。烧锅朝鲜族村现在的不成文习惯法主要体现在以下两个方面。

（一）日常生活

1. 尊重老人和长辈，爱护儿童。长辈在家庭中具有绝对的权威，年轻人无论在语言和行为上，都必须充分体现对老年人的敬重。村中如遇孤老有难，邻里之间必须相互帮助，使他们顺利摆脱困境。除了孝敬老人外，村民对儿童也给予了特殊关照，人们都非常爱护幼小者，为他们提供了良好的生活和教育环境。

2. 在婚宴举行过程中，长辈要对新婚夫妇予以训诫，要求他们在以后的生活中，必须孝敬老人，与家人和睦相处，勤俭持家，夫妻双方应互敬互爱，共同维护和谐的家庭关系。结婚后夫妻如果与老人分开居住，其仍有赡养老人和抚养年幼弟妹的义务。

3. 朝鲜族非常尊重来访的客人，一旦家中来了客人，都会拿出最好的食物进行招待，当客人离去时，全家必然亲自送到门外。

（二）保护环境资源

1. 不允许在室内吐痰，严禁砍伐村边、房前屋后的树木，街道上不得乱扔垃圾，杂草必须统一堆放，不允许随便摆放，影响环境卫生。

2. 必须经常打扫室内卫生，保持窗明几净，院内栽种各种花草蔬菜，实现家庭绿化。

3. 为了保护野生动物，老人经常教导年轻人，不要在动物繁殖期打猎，以利于野生动物的增长。

达斡尔族禁忌和习惯法[①]

禁忌

（一）生产

1. 猎人在出猎期间不说熊（"博博克"）和虎（"塔斯哈"）的真名，把熊叫作"额特尔肯"（老头之意），把虎叫作"诺颜故热斯"（兽王）。

2. 不许妇女去渔场，认为妇女是脏的，去了会把鱼"冲"走，影响渔人的收成。据说，19世纪末的一个冬天，打鱼的人在登特科附近下了大网，快要起网的时候，有一个妇女沿着经过渔场的道路走来了。打鱼的人看到这种情况很着急，"网达"（即网头）前去求她，让她在原地等了一天。结果得鱼很多，打鱼的人送不少鱼酬谢了那个妇女。

3. 在渔场不许拿鞭子走，认为那样会把鱼赶走。

4. 禁止戴孝的人去渔场，认为打鱼是喜事，带孝的人去了不吉利。

5. 在渔场不许背着手走，认为那样鱼网会被拖在河里。

6. 萨满不能去渔场。

7. 忌在鼠日和火日开犁播种。

[①] 选自毛艳、毅松主编《达斡尔族——内蒙古莫力达瓦旗哈力村调查》，云南大学出版社2004年版。

8. 不许砍倒祭祀过的树木，不许烧"珠尔登"树。

9. 不用白桦和榆木盖房子，不用白桦做木排之舵，在房木上不许用刀"拉"出痕迹。不许钉铁钉子，不许敲打房梁。

10. 三岁的母马下驹时就把它卖掉（认为饲养这样的马不吉利），但要把它的尾和鬃剪一小部分留下，以免将福气带走。献给"巴尔肯"的"温古"马（认为被咽吉雅其神看中骑用的马，通过一定的宗教仪式，在鬃和尾上挂一小条红黄绿白色布条，此种马称为"温古"马），既不能出卖，也不能杀掉。

（二）婚丧

1. 女子在偶数年龄（如十六、十八、二十等）不能结婚。

2. 送亲喜车要在日落前赶到，万一在日落后到达时，要在大门的西侧挂一面镜子，以代替太阳，否则婚后不顺利。

3. 套送亲车之牛马，必须是去势的。

4. 不许在别人家结婚或生小孩。

5. 人将咽气时，全家人都不准睡觉，怕死人的灵魂把睡者的灵魂带走。

6. 停灵以后，禁止猫接近尸体，以免使尸体坐起来。

7. 忌用铁钉子钉棺材。

8. 外姓人死后不能从门抬出，必须从窗户抬出。

9. 莫昆的坟地不能埋葬患传染病死的人、没儿没女的人、姑娘和小孩。

10. 在服孝期间，不参加娱乐活动，不剃头，不和别人吵嘴，不接受别人磕头，不贴红对联（可贴蓝对联）。

（三）日常生活

1. 不许妇女从车后边上车，不许妇女坐套"温古"马的车。

2. 不许妇女上房顶。不许妇女睡在西炕上。不许妇女面对灶坑坐着，不许孕妇往灶坑里看。

3. 不许孕妇铺熊皮，怕流产，不许吃驴肉，怕生出小孩像驴，孕妇不能坐驴车，怕误产期。

4. 产妇一个月内不出大门，怕污染了门神，不许到屋内西北角去，怕污染了神龛里的神，不许到井边，怕污染了井水。

5. 产后三天内，夫妇都不许上烟囱脖子，院内不许进来驴，不许推碾子，不许移动室内的缸罐等。

6. 妇女生产后忌门，在门前横放车轴作为标志，外人不能擅入屋内。如非进不可时，在屋门外边放一铲子火，让进来的人从火上跨过。忌门期间，外地来的车马或出汗的马，都不许牵入院内。

7. 囤底和囤顶的粮食，不得给别人。日落后，不得把粮食运出大门。

8. 夜晚不许小孩在炕上顺着炕洞睡觉。小孩不许坐在门坎、窗台上或站着走着吃饭，怕长粗脖子，怕乳牛立着下犊。

9. 不许用刀、剪、筷子等尖东西指点人。

10. 不许把锅放在地上拉着走（不管远近），怕马拉不动载。

11. 闹伤寒或生天花时，不许把这一灶门的火引到另一个灶门里去，不许炒菜，不做针线活，不抓虱子，不打猫狗。孩子出天花期间夫妇不合房。

12. 在供神时，不许背向神像坐着，在供神的神龛里不许放别的东西。

13. 不许在火盆上烤脚，怕受穷。

14. 不许把自己东西，放在别人家里过年。

15. 除夕天黑前，将门窗缝隙糊好，不许从外边向里招唤人的名字，怕魔鬼附体于被招唤的人，或摄去被唤者的心灵。

16. 初一清早自动起来，不能让别人叫醒，否则，懒一年或生很多虱子。

17. 初一到初五，不许把垃圾扔出去，怕把福气扔掉。

习惯法

习惯法虽然是达斡尔人的祖传规矩，但实际上随着社会的发展，也在不断地变化。尤其是随着政治、经济、文化、宗教等各种活动和交往扩大，出现许多复杂的情况，习惯法的内容也随之变化。

（一）社会组织

早期达斡尔人社会组织是"哈拉"，然后又发展到"莫昆"。莫昆组织的职能由成年男子组成莫昆会议，这是最高的权力机关。莫昆会议由成年男子参加，民主推选有办事能力、为人公正、关心莫昆利益的人为莫昆达。莫昆达遵照莫昆会议授予的权限，处理莫昆内部事务和对外代表莫昆办理交涉事务；主持召开莫昆会议，管理和保护莫昆的公共财产，如山林、牧场、渔场、莫昆的公墓等；保护莫昆成员的财产和各种正当权利；对莫昆内无人抚养的鳏寡、孤儿、病残者给予救济；对违法事件进行裁决，调解民事纠纷，维护莫昆的安定，安排并组织生产；举行祭祀，办理莫昆内的婚、丧喜事等事务。作为莫昆的成员，要维护莫昆组织的职能，执行会议的决定，支付各种费用，如祭敖包、修家谱等，莫昆成员盖房要给予劳力和物力的帮助，参加莫昆会议，分享莫昆公共利益，保护莫昆的公共土地，如违反按习惯法，则要加以处罚。

按习惯法的规定，要祭祖、修家谱。最早是修哈拉的家谱，后来修莫昆的家谱。修家谱的费用由哈拉、莫昆的成员负担，把写有各代祖先的家谱供于桌上，举行隆重的祭祖仪式。修家谱是为了尊敬祖先，辨明辈秩。二十世纪四十年代，鄂嫩哈拉的家谱已传至十七代，莫日登和精奇日两哈拉的家谱也有十七代；而莫昆的家谱年代就比较短了。家谱规定，所记载的仅男性之名，女性名不列入。这正是旧社会中以男性血缘为中心的反映。

（二）生产与分配

达斡尔人很早以前就组织集体劳动生产。随着社会的发展，逐步出现以个体劳动为主的农业生产。然而在远出狩猎、采伐森林、放木排等生产劳动中，又临时组成集体。不论技术高低、劳动强度大小、分工不同，集体的收益均采取按人平均分配的制度。莫昆公有的渔场所捕捉的鱼，也按户平均分配，如公有的渔场被其他人捕鱼，所收的鱼份子，也要按户分配；在祭祀活动中所花的费用，也都平均分摊。在分配上采取平均分配的形式也是习惯法所规定的。

（三）婚姻与财产

达斡尔族实行严格的族外婚姻制度，凡属于一个始祖后裔的同一哈拉莫昆的人不能通婚，而且保持着等辈婚的原则。在本氏族内婚，要受到氏族习惯法的惩处。兄亡弟不能取嫂，弟娶嫂被看成是有伤风化。关于财产继承的习惯法规定，家庭财产由儿子继承，没有儿子的由养子或终身入赘的女婿继承，如无养子和入赘女婿，则由侄子继承，如果没有侄子，女儿才能继承。如果有男子继承的情况下，女儿也要继承，莫昆达根据习惯法可以进行干预。其次莫昆内的鳏寡孤独，如因贫困，不能自理生活，习惯法规定应有近系族人抚养。

(四) 违法的处罚

达斡尔族的习惯法，主要由莫昆达或长老来执行，谁违反了习惯法便要受到处罚。凡是莫昆内部发生的重大违法事件，由莫昆会议民主讨论作出裁决，而行使权是莫昆达或德高望重的长老。一般性的违法者，经莫昆达或长老进行调解或按理处罚，给违法者以谴责，使其取得教训；严重者逐出莫昆。偷窃违法者，由莫昆达派数名青壮年，带着偷盗者和被偷物品到失主面前让他承认错误，并把赃物送还原主；盗伐莫昆山林者，进行罚款；对不执行莫昆的决议者，脱掉其外衣，在众人面前以鞭打臀部处罚；对目无莫昆职能、不尽莫昆义务、通奸等违法者，开除其莫昆籍，并从莫昆家谱上勾销除名；对强奸犯和无恶不作的违法者，处以绞刑。达斡尔族利用习惯法来惩处违法者，是为维护社会秩序，保护集体、个人权益和财产。他们利用习惯法来约束和支配人们的行为，形成良好的社会道德风尚，对社会的安宁起着促进作用。

锡伯族习惯法[①]

锡伯族的习惯法涉及生产活动和社会生活的各个方面，如哈拉莫昆组织、生产劳动、财产继承、婚姻等。新民村村民在日常生活习惯中，还残留有部分习惯法的内容，但由于社会的发展，时代的变迁，习惯法已经失去了它曾经应有的作用，而是以一种变异了的形式与民间习俗融合在一起。

哈拉莫昆、社会礼仪、道德规范

锡伯族长期在军事、行政、生产合一的八旗组织中生活，在军事、政治、经济等方面受八旗制的制约较多，而在社会活动、道德规范等方面则受哈拉莫昆制的影响较大。

哈拉是具有同一父系祖先的血缘共同体，是一个内聚力很强的氏族组织。辽宁的锡伯族中有50多个哈拉。哈拉发展到五六代，从中分出数个莫昆。莫昆的主要职能是设立莫昆公共基地，组织莫昆成员祭祀祖先，修订谱书和制定莫昆法规，保护莫昆成员的正当利益不受侵犯，抚养鳏寡孤独和老弱病残者，惩罚悖逆之徒。

行使上述职能的莫昆会议是莫昆组织的最高权力机构，也

[①] 选自王皎、江帆主编《锡伯族——辽宁沈阳市新民村调查》，云南大学出版社2004年版。

是习惯法的执行机构。它对于莫昆内部发生的犯罪案件有裁决权，对于失职的莫昆达（氏族长）有罢免权。莫昆达一般在全体成年男子参加的莫昆会议上选举产生，多由德高望重的男性长辈担任。莫昆会议的内容主要是整理内部事务、教训悖逆之徒、调解民事争议等。莫昆会议还要在每年正月举行一次，对一年内违犯家规者及发生的民事争议进行惩罚和调解，甚至攸关人命的重大案件，也可以在会议上解决。

以上哈拉莫昆方面的传统在新民村早已消失，而且已经完全退出了人们的记忆，接受访问的锡伯族老人甚至没有听祖辈提起过，村内也从没有通过以上方式解决争议及案件。

在尊重老人等方面，新民村的有些礼仪可以反映出习惯法的痕迹。如晚辈要尊重长辈，不能和长辈抢道、抢门，不能直呼老人的姓名，长辈进门要起立相迎等。当然这些也仅仅是礼仪，即使没有严格遵守，也只会招来老人的训斥，不会有任何惩罚的措施。

生产劳动

锡伯族长期处于军政生产合一的组织中，出则为兵、入则为民，虽然其土地的分配与使用受八旗制的制约，但在生产劳动方式上仍按习惯法来进行。如较为典型的有农业上的"岳喜制"（意为合作耕地之意）。这种生产法，由官方分配地亩，耕种者合伙，共同出生产资料、籽种、劳动力，年底不分劳动力强弱、生产技术高低，平均分配收获物（多在耕种山地时实行）。

新民村地处辽河平原，自然环境较好，清朝灭亡前后，八旗制度基本瓦解，成为普通农村，八旗制度中的生产方式转变为一家一户的小农经济，类似于上面的生产方式，从未出现过。

锡伯族原是狩猎民族，从八旗驻防开始逐步转化为农业民族，狩猎和捕鱼的传统也基本消失。特别是新民村的自然环境决定了居住在此的锡伯族群众不可能从事这些生产活动。因此狩猎、捕鱼中的禁忌及平均分配原则在新民村消失得更早。

财产继承

私有制产生后，长辈遗留的家庭财产应由谁来继承，已成为涉及后代切身利益的重要问题。锡伯族崇尚宗祖，为了使本族支留下的遗产不向外哈拉流散，长期以来一直实行男系继承制，妇女没有继承权。若无子嗣，可由赘婿继承；若无儿无女，则在莫昆内部协商处理。

据新民村的一些老人回忆，在20世纪30年代以前，新民村锡伯族的大家庭分家，要立"分家契约"。契约多包含以下内容：陈述分家之缘由及分家的办法；列明所分田地、房产的座址、四邻、面积；家中的主要农具、家具及钱财；物品的名称、数量；明确各兄弟所得的份额；规定分家后父母的权益和赡养方法，等等。20世纪40年代以后，新民村锡伯族分家便不再立分家契约了，继承方式也与传统习惯法有了很大区别。

婚姻

锡伯族传统上实行一夫一妻制，当然也有个别富有人家纳妾或因妻子不育而纳妾者。婚姻范围主要在本民族内通婚。清代时，锡伯族被编入八旗，按照八旗制度中的禁令，"旗民不能婚"，锡伯族不得与旗外平民通婚。同时，严禁与同姓通婚，即同一哈拉与莫昆内绝对不允许通婚，父系亲属的子女间也不许通婚。此外，锡伯族习惯法中还有"骨血正流可婚，骨血倒流禁婚"的规定，即舅父家的女儿可以嫁给姑母家的儿子，而姑母家的女儿却不能嫁给舅父家的儿子。

锡伯族的青年一旦订婚，不得单方面撕毁婚约。虽然订婚不履行任何法律手续，但由于长期以来形成的习惯法具有很强的约束力，撕毁婚约的一方会受到社会舆论的严厉谴责。凡悔婚退婚者，如果出自女方，男方有权索赔彩礼，若出自男方，则无权向女方索赔彩礼。

过去，新民村锡伯族中有"蛋婚"（"指肚婚"）的婚姻方式，未出世的两个孩子一旦订婚，无论将来有无感情，都必须厮守终生，不得单方毁约。以这种方式促成的婚姻弊端较多，往往造成家庭不睦，以至发生不幸事件，已为锡伯族群众所废弃。有些锡伯族家规明确规定"禁止"指腹为婚，如果不顾家法背道而驰，则要治罪。

另外，锡伯族习惯法对妻随夫居有严格的规定，夫妻之间丈夫有至高无上的权力，妻子绝对服从丈夫的意志。丈夫可以任意休妻，而妻子则无权提出离婚。寡妇可改嫁，但与前夫所生子女及财产不得带走。

从我们在新民村了解到的情况来看，以上习惯法还部分地保留在锡伯族的社会生活中，只是逐渐与民间习俗融合在一起，潜移默化中仍发挥着约束和规范人们行为的作用。

惩罚措施

为了让习惯法在社会生活中得到不折不扣的遵守，锡伯族各哈拉莫昆对违法行为都制定有相应的惩罚措施，虽然惩罚有轻重之分，但惩罚种类和形式基本一致。惩罚措施有以下几种：

舆论谴责。它具有教育性质。首先由哈拉达或莫昆达召集其成员，将犯者的罪过晓以众人，意在让大家谴责。舆论谴责效力颇大，一旦某人的罪行为人周知，就会成为众矢之的，处处受到人们的讽刺、挖苦、指责，犯者无脸见人，使之反悔自省，往往托长者或家长向哈拉达、莫昆达赎罪、求情，或者亲自向哈拉达、莫昆达跪求赎罪。经过一段时间，哈拉达或莫昆达再次召集哈拉莫昆成员，将犯者的认罪表现晓以众人，要求终止谴责。会上，犯者还向大家表示自己的态度，并保证不再重犯。但是，舆论谴责只限在哈拉莫昆范围内进行，严禁家丑外扬，即不准传到别的哈拉莫昆，否则，传播者要受到惩罚。舆论谴责的对象主要是罪过轻微或是不适宜用其他惩罚措施的人。

登门认罪。主要是对偷盗者的惩罚措施。一旦偷盗行为被发现，哈拉达或莫昆达立即召集其成员，先把犯者及其赃物都带到会上示众，让大家谴责其不法行为，然后指定人将犯者及其赃物带到被盗者家里，向主人跪求赎罪，并把赃物还给主人。

罚款罚物。这一措施主要对老年人施行。在锡伯族社会，老年人一般都被尊崇，死去的老人甚至被当做祖先的象征加以崇拜。对他们施以惩罚措施，本身就不合乎传统的习惯法，甚至是违法的。但是，为了维护哈拉莫昆制定的规章制度的严肃性，对他们的违法行为特别规定了罚款罚物的条款：所罚款物（主要是羊只）由哈拉达或莫昆达掌握，主要用于公共事业支出，如修谱费用、公共祭祀费用等，羊只则用于节日或其他公共场合共食。

肉体惩罚。主要对青壮少年及青壮妇女施行。具体有如下几种：(1) 罚跪。主要对少年和小媳妇施行。罚跪有一定时间，一般都是一小时以上，或者面向祖先跪，或者向父母跪，媳妇则向公婆跪。(2) 顶砖。砖头数目视违法程度和体力状况而定，弱者或罪轻者顶二至三块，壮者或罪重者顶三至五块。顶砖后有的还要同时罚跪。顶砖罚跪期间，砖头不可落地，需用两手托住。受罚时间视罪行轻重而定。(3) 扇脸。主要对妇女（孕妇）施行。(4) 鞋扇。主要对行为不轨的媳妇施行，而且要扇臀部。(5) 柳枝签。主要对青壮男子施行。视违法程度，一般打五条、十条、十五条、二十条不等。签打部位主要是臀部，严禁签打头部。(6) 鞭打。主要也是对青壮年施行。一般打五鞭以上，最多不能超过百鞭。鞭打部位与上同。(7) 杖打。主要对情节恶劣的青壮年施行。杖要选柳树枝制作，一般打五杖以上，最多五十杖左右。杖打部位主要为臀部，严禁打上身和头部。

羞辱惩罚。对孕妇（主要是不轨行为）和其他不适宜肉体惩罚的人使用。其形式，一是吐脸，二是乱语刺激，以期自羞自悟，改掉其违法行为。

劳动赎罪。主要在春耕、夏耕和秋收的劳动场合施行。这时，因劳动繁忙，不宜召集哈拉莫昆成员施行其他措施，故在有限的范围内采用这一形式，就是让犯者到本哈拉莫昆无劳动力或生活困难的人家去无偿劳动，其劳动时间视违法程度而定，一般为一天以上。

　　以上这些惩罚措施，在新民村早已不复存在。1948年以前，还曾有过肉体惩罚发生，但也只限于本家庭内部，而且数量非常少，惩罚也较轻。1948年后即基本消失。新民村社会治安情况良好，村民的法律意识较强，村内对于违法行为也有舆论谴责，但与习惯法中的舆论惩罚有着天壤之别，其主要意义也只是表达人们对违法行为的愤慨，而不再具有任何惩罚作用了。

满族萨满教习惯法

满族有悠久的历史渊源。其直系认为为明代女真（亦称女直）。满族信奉萨满教由来已久，影响深远。萨满教被视为我国东北各民族宗教信仰的"集大成"，满族的习惯法也深深受到萨满教的影响。

神判

神判，或称"神验"、"神断"，是萨满教中一项庄严的祭程。"神判"就是本氏族中所发生所遇到的任何重要事宜，要经过极其隆重庄严的祭祷仪式，祈神进行公正的裁决评判，而确定氏族部落中一时无法解决和认定的问题或事物。神判的祀祭手段，主要是通过神卜。尽管方法与形式各氏族、部落有许多不同，有通过卜筮占卜，有通过火、水、猛兽等，但其目的只有一个，通过所谓的神帮助人来判断是非吉凶，从而确定行止。一般是由于这样几个原因，才举行"神判"：（一）氏族内发生重要的争执与械斗，氏族诸首领众说不一，难以统一，关系重大，要通过神判断明曲直；（二）几个分支部落分配不匀，争执不下，请神以神判方法予以财物分配，各支以神谕办理；（三）氏族确定各分支的住地、猎获地址、水源分配，以神判方式固定下来；（四）氏族新推举的首领人数与任人不统一，或突然来客和入伙的外来人，不知其心迹真伪，举行神判决定后，族人信服而号令统一，等等。这些情况产生后，便要由穆昆（氏族）主持，萨满祭神，举行神判。也有的小氏族由氏族担任专门卜筮的人进行神判，如火祭中各分支族人的住址选择，用野鸡飞落办法神判营址；如全氏族迁徙一地后，以鸟飞翔办法确定在哪里安家落户好。又如，双方长期不睦、争战，用过火池的办法，双方都要从烈火中穿过，用火的神判洗净身上的邪秽，烧除互不信任、互相攻讦的魔鬼心理，变成团结勇武的大部落。再如，东海窝稽部的满族人纽姑录氏（郎姓）往昔每年春雪融化后，便到石岩中捕捉巨蟒数条，拿回部落，与本姓中之年轻人进行斗蟒祭礼。据传春天的巨蟒，刚苏醒不久，急着想吞吃食物，性情暴烈，性喜厮斗，林中小兽类都十分惧怕。全族人经过祭祀、焚香、击鼓，年轻壮士突然抓住巨蛇，将其皮与肉分开，巨蟒死去，由此卜定全年是否风调雨顺。蟒弱易死视为年景不好、多有瘟情。若年轻壮士与蟒搏斗，蟒猛缠人身，束紧如铁环越缩越紧，而人力不能支，便有另外壮士冲上去，将米酒与烟火烧烤掐着的蟒头，蟒便舒展长躯，放其生还荒野。凡这种形态便视为大吉，说明今年年景好、人畜无灾。这种蟒蛇卜便是神判，判定一年是否顺利。而与蟒蛇搏斗的年轻壮士，经神判后便被视为非常人，可选为首领，族人诚服。

据满族长篇英雄传说《两世罕王传》书中介绍，满族先民女真人伏猪伏熊力士甚多，并窖捕成群"米哈仓"（野猪崽）在部落中驯养食肉，还常以智擒猪熊为卜戏。年轻的巴图鲁（勇士）们，用亲手杀取的野猪牙，披挂一身，备受族人敬慕。东海窝稽部女真屯寨中,有斗熊、斗野猪、斗蟒蛇习俗,其中斗野猪最为惊险,非遇重大族事不办。部落达(首领)或萨满达以斗猪或斗熊卜岁,或借此驱避瘟邪,或氏族间因得失围场与水源的复仇,举行时由萨满或部落首领或选举出来的猎手承担与野兽拼斗,称谓"神验",也即是宗教许愿形式。兽毙曰吉,人伤曰凶。大祭时,先请萨满请神,族众呐喊为斗者助阵。斗者赤胸赤脚,只握一把石匕,立于木栅内。在神案前头焚香,萨满击鼓唱神歌迎神。忽尔,一人突开窨笼,野猪獠牙如刃,窜向斗者。斗者猛然从神案前跃进,跳上猪身,野猪惊吼,獠牙豁地成沟。斗者挥石匕刺瞎猪眼。野猪疼跳张口扑来,斗者早仰卧猪下刺向猪心窝,很快掏出猪心肺,猪死,击掉獠牙供于神案前,为大吉大顺。胜者视为神助,死兽看作是神把魂取走了,因此凶猪败亡。猪的双牙,由萨满穿孔戴在斗者胸前。族人争抢猪的肋骨等,磨制各种佩饰,系于腰间,认为经过神验毙命的野兽灵骨,同类兽遇到或嗅到都要匿声逃遁。

卜术

满族萨满教以氏族为传承单位,各姓萨满有各自相袭已久的卜术,故而卜术的具体形态是异常丰富的,这里择要介绍。

卜异兆或异候、异象,是满族萨满较原始的观验性证候法。它主要凭借着人的视觉、嗅觉、触觉对某一客体的观察检验,依据平常的一般性特征来鉴别其偶发性的异态、异征、异候、异象,确定事物的反常和吉顺凶险。如江河生泡沫卜为涨水;

地穴生蛙为湿象，久居则生疗疫；地穴蛇蚁聚亡卜生有鬼气（沼气类），必速远徙；巢居无鸟，树叶卷萎为时疫候，三日不迁则染疾；鱼群浮水面有沼毒，不可饮，卜为凶地；穴屋无火而燥热，黄鼠、蛇、蜥、貉、鼬有穴不居，尾长驱远遁，十日内必地动溢水，卜为凶兆；虎栖沃地，卜人宜居宜狩；深谷常雾，日阳无芒，卜为灾象，只可猎狩，不可安宅；鸟群飞噪，连日不宁，必生灾异，凶象可断；黄花生，卜鹿獐；芍药白，熊罴来；虎食人，洞中骨；豺食人，冈上骨；鹫蟒害，树上骨；白骨陈野卜刀兵；草如柴，叶焦落，虫蝶死，塔头热，地生烟，五日不过卜流火；头跳风，脖跳惊，乳跳痈，腋跳臂乳下跳生，乳下静死，女腹跳子，男腹跳胀，虫泻可卜；猪鹿惊遁，必有水火；山窝炸雷，卜火卜亡，等等。许多萨满源于师教，口若悬河，皆能背诵不差，平时告诫族人，为特殊情况时所应急的预防卜语和医治急症卜方。

卜术中有一种为骨卜。作卜器的骨类多用动物的骷骨，如虎、豹、熊、狼、獾、猞猁、鹿、狍、野猪、犴、驯鹿、刺猬、山羊、穿山甲、大蜥蜴、狸、蝙蝠、鹫、鹰、雕、雉、雁、鹤、牛、马、猪、羊、犬、鸡、鸭、鹅、鱼、水獭、水蛇、龟、巨蟒，等等。采用骨卜者，兽类多用牙、掌、骨、肋骨、胛骨、头骨、胫骨、尾骨、膝胫碎骨；鸟禽类主要用全身主要骨骼，用线穿成的白骨完鸟，或用胸丁字骨、足髂管骨以及新鲜脏腑；鱼类主要用其喉牙、大鱼鳃片、鳞片、脏腑等鲜骨物等；龟用其甲壳。据某些姓氏的萨满神本记载，古代还有人骨卜，主要是用远祖萨满的头盖骨，非重大事情不能用占卜。骨卜的方法有多种，主要是依据同片的纹路，抛掷的方位来卜测，最普遍的是火灼法，主要是用火灼烧各种兽类或牛、羊、猪的肩胛骨，然后看烘烧后的薄骨片部出现的裂纹，纵、横、斜、直、分叉等形杰布象，用以释译，猜断其"示语"、"昭告"，以判断未来会发生的事。

蒙古族大札撒

一、通奸者无论有无妻家，均应处死刑。

一、犯鸡奸者亦处死刑。

一、故作妄语或施妖术者，或密窥他人行动者，或介入他人相斗而援助一方者，均处死刑。

一、向水中或灰中放尿者，亦处死刑。

一、从事商贩而三次破产者，处死刑。

一、未经许可擅与俘虏衣服或食物者，处死刑。

一、发现逃亡之奴隶或脱逃之俘其带回主人处者，处死刑。

一、吃野兽时，应先缚住兽的四肢，然后开腹，以手握兽心，然后吃兽肉。像伊斯兰教徒那样屠杀者，应将他也杀掉。

一、在战斗进攻或退却时，失落驮物、弓或其他携带物件者，其后的人应下马找回失落物，还给原主。若不下马或不返还原主者，处死刑。

一、成吉思汗免课阿里别克、阿仆达勒布子孙之全部赋税及差役。并免征□□僧、诵古兰经者、法官、医师、学者、献身祈祷与居逃遁生活之赋税及差役。

一、汗规定不仅敬重一种宗教而是敬重一切宗教，应以适合神意的方法待之。

一、汗命令其人民凡他人所给之肉，在给肉人食肉前，禁止食用，即令给肉者□公、受肉者为俘虏，亦同。

一、汗规定凡客人来时，禁止在招待客人前，（主人）先吃饭，禁止在朋友吃饭前，先饱食。

一、禁止跨跃灶火及饭桌，以及盛食物的任何器具。

一、乘马经过饥饿人身旁者应下马，不待该人同意应即给予食物，共食的不拒绝做过路人的朋友。

一、汗禁止人民将手伸入水中，汲水时应使用器皿。在衣服完全穿破以前，禁止洗濯衣服。

一、汗肯定一切物都是洁净的，禁止人民说某物不洁净，不设净与不净的区别。

一、汗禁止人民偏崇一种宗教，禁止豪言壮语，禁止使用敬称。无论对苏丹异端或其他任何人，都应直呼其名。

一、汗命令其子孙，出阵时必须躬自检查军队及武器，补充远征所需一切物品，小至一针一线，倘士卒中有不备必要物品者，应受到处罚。

一、汗命令随军征之妇女，当男人战斗退却时，应代之履行义务与劳动。

一、汗命令出征胜利归来之士卒，应为苏丹执行一定的劳务与义务。

一、汗命令其人民于年初将姑娘们送到苏丹处，供苏丹为自己或其子挑选妻子。

一、汗任命太守（埃米尔）为军队首领，设置千人长、百人长及什人长。

一、汗规定最老年的太守失职时，君主派遣处罚他的使臣，纵令是最低级的臣子，老太守应一身委之使臣，仆伏于使臣面前，纵令是处死刑，亦应仆伏受刑。

一、汗禁止太守等与君主以外之任何人发生关系，违者应处死刑。

一、未得许可而变更所任职务者，处死刑。

一、汗命令常设驿站，以便使苏丹等迅速得之国内所发生的各种事件。

一、汗命令其子察合台检视札撒之执行。

东乡族习惯法[①]

东乡族是一个信仰伊斯兰教的民族,所以在其习惯法中伊斯兰教法占据着重要地位。许多习惯法或直接或间接地由伊斯兰教法演变而来,当然,其中也吸收和融入了一些当地汉族的传统习惯法内容。

日常禁忌

禁忌是习惯法的传统内容之一,东乡族的禁忌受伊斯兰教影响极深,而且伊斯兰教宗教氛围越强的地方受的影响越深。总体而言,东乡族在中国十个信仰伊斯兰教的民族中宗教色彩浓厚,作为东乡族早期伊斯兰教传教中心的哈木则岭这种氛围更浓。下面将韩则岭村委会的禁忌内容及部分生活原则作一简要叙述。

(一)饮食禁忌

东乡族饮食禁忌总体原则为"允许享受一切合法的、佳美的食物,禁止食用一切非法的、污秽的、不洁的、有害的食物"。这里所说的"合法的"是指伊斯兰教法中允许食用的食物,在东乡族中称为"哈俩里",而"非法的"是指伊斯兰教

[①] 选自秦臻、马国忠主编《东乡族——甘肃东乡县韩则岭村调查》,云南大学出版社 2004 年版。

法中禁止的食物，东乡族称之为"哈拉目"。在韩则岭村委会，主要禁止食用的食物有：

猪肉。这是《古兰经》中明文规定禁吃的食物，因为伊斯兰教中认为猪肉是不洁的食物。

自死的动物。包括病死的、跌死的、老死的动物，也就是说动物未经人们屠宰的或捕猎而死亡的，都认为自死动物是一种污秽，对人的身体有害。

诵非真主之名而屠宰的动物。包括诵非真主之名宰的动物或被勒死、捏死、打死的动物，而这些是在《古兰经》中明文规定禁止的。

鸽子肉。这是因为在传说中鸽子曾救过圣人的命。

猛禽异兽。说具体一点就是禁吃有獠牙的猛兽和有利爪的飞禽，因为这些动物生性凶残，且多为食肉动物。伊斯兰教认为猛禽异兽是令人憎恶的，这些动物包括鹰、隼、雕、鸥、狼、虎、豹、狗，等等。

驴、骡、马肉。据说是在伊斯兰教刚兴起时，驴、马、骡是当时的主要运输和骑乘工具，禁食是为了保护和壮大这些动物。

动物血液。认为所有动物的血液是污秽的、不洁的。

酒。关于禁止喝酒，《古兰经》中有明文规定："信道的人们啊！饮酒……是一种秽行，只是恶魔的行为，故当远离，以便你们成功。恶魔惟愿你们因饮酒和赌博而互相仇恨，并且阻止你们纪念真主和谨守拜功。"（《古兰经》第五章，第九〇、九一节）

麻醉品。包括大麻、鸦片、海洛因、烟、酒等。这是基于伊斯兰教饮食的原则"凡是有害的、无论食或饮，都是非法的"而来的。

（二）服饰禁忌

整体而言，东乡族的服饰比较朴素、简洁，而且，在伊斯兰教法中，对穆斯林的衣着打扮有着比较严格的规定，在这些规定之内的都属"合法"，否则便是"非法"的。在韩则岭村委会，村民对服装禁忌表现得比较突出，主要的禁忌有：

禁止穿戴暴露"羞体"的服装。这一点对妇女的要求更严格，禁止妇女穿着稀薄、透明的衣服。这是因为稀薄透明的衣服不足以遮盖羞体，反而有故意暴露之嫌。这被认为是一种轻浮的、不庄重的行为。所谓"羞体"对妇女而言一般是指除脸部面孔及两手以外的所有身体部分，包括头发、脖子、胳膊、肢体等，未婚女子可以露出头发、脸部和手，其他身体部位禁止露出。因此在韩则岭村委会一带见不到穿短袖、短裙的女子。

忌穿染有污秽物的服饰。东乡族非常注重服饰的整洁，服饰上如染有血渍或碰到其他污秽之物等需要立即脱掉清洗，更不能穿这些衣服去清真寺、拱北等宗教场所。

禁止穿戴非伊斯兰教的有宗教象征意义和宗教人士穿戴的服饰。如佩戴"十字架"，穿戴有动物、人体偶像的服饰以及佛教的袈裟和原始宗教的萨满、巫师、巫婆之类的宗教人士穿戴的服装面具。如若违犯，说明你的信仰诚信度有了动摇，将会在村里引来非议。

禁止男子穿真丝面料的衣服，戴纯金首饰。这是因为东乡族认为这些都是贵重服饰，是奢华的标志，东乡人反对奢侈和浮华。

忌蓬头垢面，披头散发。东乡族认为这是一种极不礼貌的行为。有悖于洁净做人的原则。

禁止文身。认为这样会丑化和损伤面容和身体。

（三）生活禁忌

生活禁忌，内容相对较多，这里大都与伊斯兰教有关，虽然不是严格的习惯法，但这些生活原则在东乡族日常生活中显得非常重要。主要的禁忌有：

忌铺张浪费。无论居家过日子，还是吃饭穿衣，铺张浪费的都是禁止的，尤其是浪费粮食。

忌在家中陈放偶像或人、动物的图片。前者违犯了"认主独一"，属于严格禁止的；关于后者，由于照片的产生及应用而有所放宽，但在华堂中极少陈放。过去，在用一些带有人或动物的图片时把眼睛挖去，认为这些图片是有灵魂的，如果挖掉眼睛，灵魂就会散去。

忌在家中用金银器皿。这是因为在伊斯兰教法中有明文规定。

忌养宠物狗。但可养猎犬和看家犬，养狗时只能在庭院里，绝不可将狗带进屋里，关于不可将狗带进屋里的来历，有一段传说："传说伽伯利天使曾来见穆圣，他对穆圣说：'昨天，我曾经来会你，只是看见在你屋里有一只狗，所以我没进到你屋里来。'于是穆圣便把狗从屋里赶走。"

忌乱扔纸张。认为纸张上可能会有伊斯兰教的片言只语，而且认为所有的文字都是珍贵的，不应乱扔。

忌将剪下的指甲乱扔。一般剪下指甲后要埋掉，否则认为指甲会被伊比利斯（恶魔）捡去用来害人。

忌当着小孩的面称赞小孩长得健康俊美。认为这样会引来伊比利斯的嫉妒，使小孩病魔缠身或引来不测。

忌站或坐在门槛上。传说圣人曾躲在门槛下逃过敌人的追杀。

忌当着主人的面数牲圈的羊只。认为这样会使魔鬼伊比利斯听到，对羊群不利。

忌玩火。认为火是有灵魂的。过去在熄灭如蜡烛、煤油灯、灶火等时，只能捏灭或打灭，忌吹灭。

忌在水井、泉中乱扔杂物。饮用水需要保持清洁，如有污秽物如动物死尸等掉进了水井或泉中，需先将污秽物打捞出来，之后用水桶从井或泉里舀掉七桶水之后方可饮用。

人去世后忌称"死"字。人去世，要称"duyaijie"、"无常"，不能说"死人"这样的话。没有宗教信仰的人去世后可以说"死"。

宰牲时忌说"杀"字。宰鸡、宰杀时要说宰，忌说杀，一旦在宰牲时说了"杀"字，便认为所宰的鸡羊不再洁净，也就不能吃了。

对长辈忌直呼其名，一般要用尊称。

忌自杀。认为任何人都没有杀人的权利，不管杀别人还是杀自己，自杀者是不能埋进祖坟的，只能埋到荒滩。

忌说"坟"。认为坟是没有信仰的人的墓地，因此，村里人去世后，墓不能被称之为坟，只能用"墓"、"咱拉"（阿拉伯语：墓）、"麦咱"（波斯语：墓）称呼。

忌杀蜘蛛。传说蜘蛛曾救过圣人，在当地有"上马救周周（即蜘蛛），下马杀地狗"的说法。

忌乱扔掉落的牙齿。一般要扔进牛羊圈，认为扔进牛羊圈后，伊比利斯会误认为是牛羊的牙齿，否则会被伊比利斯捡去，用来咬人、害人或者在长牙时长出难看的新牙。

忌在没洗大小净的情况下翻摸《古兰经》。翻阅《古兰经》时必须洗大小净。

忌在家中或村里唱花儿。因为花儿的内容多与爱情有关，在家中或村里演唱会有伤风化。

禁遗弃子女或辱骂父母。认为这是不义、不孝的表现，是一种大罪，是不得进入天堂的三种罪过之一。

禁止求签占卜。认为卜卦求签是一种"使不得"现象，因果关系都有定数。

忌惯常性的发誓。如需发誓，须抱《古兰经》发誓，称"撒尔塔乃兑"，意思为以撒尔塔的名义起誓。

禁止在生意中克扣斤两。

禁止堕胎，即便是私生子。

婚姻禁忌

（一）婚制方面

伊斯兰教一般实行一夫一妻制，在经济条件允许的情况下，也可实行多妻制，但最多不可超过四妻。在新中国成立前韩则岭村有多妻现象，新中国成立后国家的法律禁止多妻，因此多妻现象在村里已基本消失。但是，随着改革开放的不断深入，村民经济条件好转，因此多妻观念有滋生现象。虽然在此次调查的韩则岭村大山、老庄两个社里没有发现，但在韩则岭村的其他几个社有个别多妻现象，而且大山、老庄两社的村民实际上也并不特别反对多妻制。在实行多妻时,"公正"是必须遵循的规则,否则便属"非法",同时要征求妻子的"口唤",否则也属"非法"。

(二) 被禁娶的妇女

继母:不论她已被父亲休弃,或者父亲已经去世;

母亲:包括祖母与外祖母;

女儿:包括己女和外孙女;

姐妹:不论是同胞姐妹还是异父或异母所生姐妹;

姑母:父亲的姐妹,不论是同胞姐妹还是堂姐妹;

姨母:即母亲的姐妹,不论是同胞姐妹还是堂姐妹;

侄女;

外甥女;

有直系血缘关系的妇女;

婴孩时曾哺乳过自己的妇女;

岳母;

妻与前夫所生的女儿;

儿媳;

有夫之妇;

在待婚期的妇女:待婚期是指丈夫去世后妻子要为丈夫守制四个月又十天,又称守制期;

两姐妹:指同时娶两姐妹。

(三) 结婚禁忌

结婚时必须要有媒人,无媒不成婚。媒人一方面为男女双方奔走说合,另一方面是证婚人。即使双方自由恋爱,结婚仪式上仍需请一个媒人,哪怕是临时请的,否则视为"不合法"。

婚前必须送"定茶"。送"定茶",意味着婚姻已经订了,不得随意反悔,不得再接受别人的"定茶",否则,被认为是言而无信,被人唾弃,还要跟你打官司。

结婚必须送礼。这是一项不可缺少的聘礼,除非是招女婿。聘礼表达男方对女方的诚意和礼仪,否则,被认为是缺少诚意。

结婚必须念"尼卡哈",即证婚词。念了"尼卡哈",标志着婚姻成立,否则,被认为是"哈拉目"(使不得)。"尼卡哈"由阿訇念。

婚礼中必须念"哈卡毕尼",即男方休妻时向女方付的赔偿费。"哈卡毕尼"的数量,双方商定,没有一定的规定,这是保障妇女不被随意遗弃的习惯制约。

结婚时,女方要为新娘陪送嫁妆。嫁妆的多少没有定额,一般最少也得有"礼金"的三分之二,但也可以超过"礼金",否则,女方没有面子,婚后很难生活。

(四)离婚禁忌

旧时男方如果连说三声"我不要你了",在习惯上就已经解除了婚姻,如果恢复,必须请阿訇再念"尼卡哈"方可,否则,便认为"不合法"。

女方在离婚时,有权讨回念"尼卡哈"时商定的"哈卡毕尼"钱,男方不得赖账,也不可不给。如果不给,女方到后世里去也要追索,直到偿还。

(五)再婚习惯

离婚后,双方可以再婚,但须征得对方的同意。必须等到妇女守制期满后，一般为四个月又十天，才能再婚。另外丈夫因一时情绪激动或其他原因说出"三休"之类的话，在习惯上仍属离婚，须在守制期满后补办再婚仪式，请阿訇念"尼卡哈"，否则便属非法夫妻。

（六）教派内婚制

非穆斯林禁止通婚。

一是择偶时必须选择穆斯林为婚配对象，禁止本村姑娘嫁给异教徒，同时禁止娶异教徒女子为妻，除非对方皈依伊斯兰教。皈依时必须请阿訇主持举行特定的入教仪式，否则禁止婚配。

二是指在婚配时一般选择同一教派的为配偶。

殡葬制

（一）土葬制

老庄村人严格实行土葬，且土葬制观念根深蒂固，严格禁止其他殡制，这与伊斯兰教教法中关于殡制的规定有关。在伊斯兰教的教法中，实行的殡葬制有两种，一种为土葬，另外一种为水葬。由于韩则岭村委会周围没有可以实行水葬的地方，因此，村民所实行的只有土葬一种殡葬形式了。非土葬形式的其他殡葬是严格禁止的。2003年4月份"非典"病魔在国内横行时，国家出台了实行对"非典"病人一律进行火葬的政策。此一规定一颁布，立即在村民中引来不安和恐慌情绪，外出打工、做生意者纷纷想方设法返回村里，为的就是返回家之后，即便染病，村里人也会为他实行土葬。原因是村里人认为一旦在外地染病去世后将被火葬，一旦被火葬，将被村里人鄙视，被火葬者家属几代人将抬不起头来，是整个家庭、家族的耻辱，虽然此次"非典"病魔未传入村里，但返回故里的外出人员最害怕、最担心的不是染病，而是染病去世后被火葬。

（二）殡葬中的禁忌

禁止夜间埋葬。这是伊斯兰教法规定，据说是因为在穆圣时代，一位圣门弟子在夜间埋葬后发现给他穿了一件不合规格的尸衣，即"克凡"，故被穆圣所禁止。

老庄村的入葬时间一般为，晚上或早上10点以前去世的亡人要在当天下午太阳落山前入葬，早上10点以后去世的亡人一般要等到第二天下午太阳落山之前入葬。另外禁止在太阳初升、正午和太阳正落的时候埋葬，认为在这段时间里埋葬亡人是一种可憎的行为。

禁止陪葬物品，禁止用棺材。入葬只许将亡人用三丈三尺白布包裹后安葬，禁止用其他颜色的裹尸布，男尸禁止用丝绸面料裹尸，认为陪葬物品、棺材和用丝绸裹男尸是一种可憎的行为。

（三）墓穴的规格

墓穴的深度一般为一人高，至少要达到半人高，最好为一人高以上；宽度一般要比亡人稍宽；长度比亡人稍长为佳。墓穴中的偏洞朝向天房方向，放进亡人后用土坯砌住洞口。可以挖直坑，但在直坑中挖偏洞更好，墓堆至少要高出地面五寸。禁止在墓堆上行走、坐靠；禁止在墓堆上献花，种树。

家庭、继承及债权制度

家庭的家长一般称作"掌柜的",一般由父亲担任,三代同堂的家庭里一般由祖父担任,或者祖父与父亲协商,经双方同意后由父亲担任。若祖父与父亲不在或出远门时由长子担任,长子不在则由次子担任,以此类推。妇女一般不能做掌柜的,除非家里没有男丁。掌柜的职责是掌管家庭的财务收支,决定家庭的重大事务,代表家庭处理和参预家伍事务及对外交际事务,是一家之主,遇有重大事务须与家庭成员协商,但享有最终决定权,家庭成员也必须服从掌柜的支配。家庭成员的分工一般为:

祖父:协调家庭成员的关系或担任掌柜的,掌管家庭内部事务及交际,在身体条件允许的情况下参加一些轻体力劳动,家庭的宗教活动一般也由祖父主持。

祖母:协助祖父处理家庭内部关系。

父亲:是家庭的主要劳力,或外出经商打工赚钱,或干较繁重的农活。如果祖父将掌柜的权力移交给父亲,则担任掌柜的,主持处理家庭内外关系。

母亲:是家庭内部家务活的主要承担者,负责祖父、祖母、父亲及子女的饮食起居,协助父亲种地,养牛、羊、鸡等,也是家庭的主要劳力。另外,农田里的锄草、围洋芋的活计一般也由母亲完成。

儿子:12岁—14岁以上的儿子一般协助父亲干一些农活,同时承担家里放羊、放牛的事务,年岁大的负有对弟妹的监管、保护责任。

女儿：12 岁—14 岁以上的女儿一般协助母亲干家务活，若有弟妹，则协助母亲照料。

老人通常由幼子抚养，也可以由几个儿子轮流抚养。如果家中有两个或两个以上的老人，老人一般还是由幼子抚养，也可根据老人的意愿让其他儿子抚养或轮流抚养。抚养的责任一般在分家时决定。在分家时，父亲将财产和耕地平均划分，如果有两个儿子则分成三份，有三个儿子则分成四份，有四个儿子则分成五份，以此类推。儿子每人分一份，父亲母亲占一份，父母亲由谁抚养，那么谁将继承父母亲的一份财产，如果父母亲由两个儿子分别抚养，则将父母亲所占的一份财产一分为二，由承担抚养责任的儿子各占一份，没有承担抚养责任的其他儿子则分不到父母亲的那份财产。此外，长孙在家庭中享有较高的地位，在分家时通常也能分半份财产，其他孙子则没有这种待遇。

遗产继承问题在老庄村表现得并不突出，主要原因是老人的财产在分家时基本分配完毕，老人自己留下的财产不多，并且在生前基本有所安排，就是说生前已指定了继承人。如果在继承时出现纠纷，一般先要请家伍的老人们协商解决，如果还不能解决，那么就要到清真寺里请阿訇或学董、乡老处理，阿訇和学董、乡老们则根据村里的习惯和伊斯兰教法中有关遗产继承的规定来处理。伊斯兰教法中有关遗产继承的规定有两点，一为遗嘱继承，二为法定继承。

遗嘱继承，指的是按照被继承人即亡人生前的遗言、遗嘱处分遗产的一种方式，一般原则有二：一是以遗嘱方式处分财产不得超过被继承人全部资产的三分之一；二是被继承人生前必须秉公遗嘱，不得将部分遗产转让给领取固定份额的近亲。按照教法规定，被继承人亡故时为开始继承遗产的时间，期间还有两项规定需要遵守，一是要尽力体面地安葬亡人；二是要偿还亡人生前的债务，然后才能分割遗产。偿债次序亦有相应的规定：首先应偿还以财产为担保的债务，然后偿还一般债务，尤其要优先偿还亡人在病危期间及以前所负的债务。按照教法的规定，凡理智健全，达到成人年龄的穆斯林皆有资格立遗嘱。遗嘱能以口头形式提出，也可用书面形式提出，特殊情况下，如被继承人中风不语，亦可以手势或点头示意，只要遗嘱人的意图明确无误即可。但遗嘱必须出自本人的意愿，在他人唆使、诱骗、胁迫下立的遗嘱无效；直接违反宗教道德的遗嘱也无效。遗嘱人有权随意指定遗产继承人。

法定继承，指的是按《古兰经》和伊斯兰教法的有关规定继承遗产，有四条基本原则：一是丈夫和妻子有互相继承遗产的权利，二是母系亲属和女性亲属有权继承财产，三是父母和尊亲有权继承遗产，四是同一亲等的男子得两倍于女子的份额。

继承人一般分为两类：一是"份额继承人"，教法规定的"份额继承人"有12类：丈夫（固定份额1/4）、妻子（1/8）、父亲（1/6）、祖父（1/6）、母亲（1/6）、祖母（1/6）、女儿（1/2）、孙女（1/2）、同胞妹妹（1/2）、异母妹妹（1/2）、异父兄弟（1/6）、异父妹妹（1/6）。二是指父系继承人，按照规定，分割遗产时，应首先满足份额继承人的权益，但实际上由于份额继承人多为女性亲属，因此份额继承人实际上的份额很少，整个继承制度仍以父系血缘关系为基础，份额继承人的优先顺序，只表示对《古兰经》律例的尊重。另外，在决定实际继承遗产的顺序和份额时有一个排除原则，所谓排除原则指的是有优先顺序的继承人完全或部分地排除他人的继承权，其基本原则为：嫡系亲属优先于尊亲；尊亲优先于旁亲；同一亲等内部，与亡人关系亲密的排除疏远的；嫡亲排除宗亲和表亲；非穆斯林无权继承穆斯林遗产；故意伤害或过失伤害被继承人者无权继承遗产；非婚生子无权继承生父的遗产。

保安族丧葬与禁忌[①]

丧葬

保安族实行土葬、速葬。土葬，坟墓均为南北向，宽三尺、长六尺、深七尺左右，在坟底的两壁挖一名叫"拉海堤"的偏洞，用以安放尸体（亦称麦体）。洞口高二尺、深三尺、长六尺五寸。在坟底的北壁做一土枕，尸体面朝西，头朝西北，脚向东南，以示永向麦加天房。速葬，为使亡人早日"入土为安"，一般习惯是人无常（死亡）的第二天就埋葬，最晚不得超过三天。如果亡人的亲属都在本村、本地，常是早上无常，下午就埋葬。为了实行速葬，伊斯兰教还规定人在哪里无常，就在哪里安葬，绝不要把尸体从遥远的他乡运回家乡安葬。保安族的葬礼，按伊斯兰教教规举行。到清真寺行殡礼，即请阿訇站"则那孜"，阿訇站在最前面，满拉站在中间，众人站在后边。阿訇带领众人，虔诚地念祈祷词，代亡人拜主、祈祷，让亡人脱尘归主。礼毕，由亲友、邻里将尸体抬往墓地安葬。本村人及邻里都主动送葬，或轮流抬亡人到墓地，认为这是一种善行。殡葬时，亡者家属不穿孝服，不用任何物品作陪葬。

到了墓地，先把亡人抬到墓西边，由四个人将盖在亡人身

[①] 选自杜鲜、彭清深主编《保安族——甘肃积石山县大墩村调查》，云南大学出版社2004年版。

上的单子从四角撑起，遮住太阳，然后抬尸下墓。尸体下到墓坑后，解开大祖的两头扎线，慢慢移进墓坑西边的"拉海堤"（偏洞），头北足南面朝西作侧睡状。之后，即用土坯将"拉海堤"的门堵起来，阿訇开始念《古兰经》有关章节，送葬的人们跪坐旁听，念毕，大家一起"接都哇"，以示替亡人祈祷。"都哇"阿拉伯语音译，意为"祈祷"。由阿訇带领举双手向真主祈祷，然后把手往脸上放一下，称为"接都哇"。穆斯林作礼拜后也"接都哇"。此时，亡人的儿子向墓坑掬土，众人填墓坑，垒墓冢，亡者家属向人们散"海地耶"（钱或物，数量不定），至此葬礼结束。之后，将亡人的衣物分送给阿訇、亲友和家境贫困的人，或遵遗嘱送人，一般不留在家里。

禁忌

保安族的禁忌渗透着伊斯兰教文化意识。

所食牛、羊、鸡肉，必须经阿訇或懂经典的穆斯林屠宰，否则禁食。

严禁食猪、驴、骡、马、狗肉以及凶禽猛兽的肉。禁食自死牲畜和一切动物的血。

忌用手去抚摸食物。

忌坐在装有食品的箱盖上。

女主人在厨房炸"油香"、馓子等油炸食品时，客人和家人均不得进入厨房。

忌妇女在河里顺水舀水，必须逆流舀水，更忌反手舀水、倒水。

严忌客人到女人的寝室。

忌从外地归来的家人直接进入有小孩和有病人的屋子。

忌男女跨越斧子、镰刀、绳子等生产工具。

忌人坐在门坎上，尤忌妇女坐门坎。

宰牛、羊、鸡时，忌先收拾内脏后再割开心。

出远门的人忌在途中见到担空水桶的人，若遇到须即刻返回家。

忌对长辈叫"老头"，因为这是不尊敬、不礼貌的表现。

土族礼仪、禁忌与习惯法[①]

礼仪

待客礼仪。土族人十分好客,对朋友忠实、守信。客人到家,竭诚招待,大声呼喊:"客来了,福来了!"首先让客人进屋坐定,接着就捧出一杯香浓浓、加青盐的烫茯茶,再端出西瓜大的焜锅馍,殷勤劝食。若招待贵宾或重大喜庆节日招待客人时,一般要吃三道饭。头道饭,吃焜锅馍,喝茯茶;第二道饭,吃清油煎饼,喝奶茶;第三道饭,客人起程前吃面片或面条,谓之"起发面"。此外,还要敬三次酒,每次三杯,以象征吉祥。敬酒时要唱祝酒歌。当客人来到主人家门前敬三杯酒,叫做"临门三杯酒";客人坐到炕上敬三杯酒,叫做"吉祥如意三杯酒";客人辞行出门敬三杯酒,叫做"上马三杯酒"。实在不能喝酒的人,可用无名指醮酒对空弹三次,以示祈谅敬谢之意。若能喝酒而假装不能喝,主人得知后,会很不高兴,认为是看不起自己。他们认为客人喝醉了才算尽了心意,才能说明自己招待得好,才感觉到光彩。招待客人时,长短不齐的筷子不能给客人用,敬茶、敬饭、敬酒要用双手,以示尊敬。

敬老礼仪。土族人民素以朴实、忠厚、勤劳著称。尊敬老

[①] 选自李志农、丁柏峰主编《土族——青海互助县大庄村调查》,云南大学出版社 2004 年版。

人，长幼有序，是土族人民的传统美德。人们认为孝顺父母，赡养老人是儿女应尽的责任。在日常生活中，第一杯酒要敬给长辈；第一碗饭和第一杯茶要端给年纪最大的人。平时土族人家，一日三餐，老人坐在炕的上方，小辈坐在下方，媳妇坐在炕沿端送饮食；晚上老人上炕睡下，小辈才能去睡。宴席上须将老人安排在上席就坐，老人没动筷子前，其他人不得开席。青年人坐在一起聊天，见到长辈走来，要起立让座。走路要让年长的老人走在前面，年轻人不得从老人面前横过，而要从老人背后绕过去。骑马、乘车见到长辈或亲戚，要停车、下马问好。

互助友爱。土族人十分重视家族、邻里间和亲戚朋友间的团结互助。土族老人常以先民吐谷浑王阿才临终令子弟折箭的故事，告诫晚辈团结的重要，只有团结才有力量。土族人有着"一家有事，众人相帮"的良好传统与风尚，特别是像打庄廓、修房屋这类事，前来帮忙的亲友们，总是自告奋勇干重活，不计报酬、不辞辛劳，把庄廓修建得坚固、美观，使主人感到满意。当合龙口那天，由主家的阿舅带上酒、肉等食品，前来慰劳参加修建庄廓的人，新屋落成时，亲友们都来祝贺。

此外，"一家有难，众人相助"也是土族人互助友爱之美德，特别是对于生病的老人、住院的病人、受灾的人家，亲友们不仅携礼慰问，还给以经济支援，使其精神上得到安慰，物质生活上有所保障。土族人认为礼尚往来是人之常情，如有人从外地或远道归来，要给亲友送点他乡的礼品，而亲友则为之摆宴洗尘，否则，便是失之于礼。

禁忌

土族人在生活习惯、喜庆节日、婚丧礼俗和宗教信仰中有不少禁忌。

忌吃圆蹄牲畜如马、骡、驴的肉，并忌外人携带圆蹄牲畜的肉到家中食用。

忌在牲畜棚圈内大小便。此为弄脏了棚圈，会影响牲畜的健康成长和繁殖。

忌在畜圈内清点牲畜。

忌妇女骑牲口，只能由男人骑，妇女尾随其后。

忌妇女、孝子（服丧）进入寺庙大殿或家庭佛堂内。

忌妇女穿短衫和在长辈面前脱帽。

忌妇女到"神山"、"神泉"禁地。

忌男子随便进入青年妇女的卧室，禁止与未婚姑娘开玩笑。

长辈去世一年内，禁穿红戴绿，禁过节。

给客人倒茶，忌用有裂缝的碗，端送茶时，忌单手给客人，要双手递给。

忌向客人问"吃饭没有"，或"吃不吃饭"。

忌在客人面前吵架、打骂孩子。此是对客人的最大失礼。

忌不打招呼就突然进入他人家门。到土族人家门前，应先呼喊打招呼，待主人应声后，方可进门入院。

禁止在水源附近洗涤衣物和便溺。

忌早上出远门碰上空水桶、空背斗及不洁净的东西。一旦遇上要马上返回家去，改日再走或再办。

忌讳夜间从家里往外拿东西。

忌穿着鞋上炕。此是一种对主人不尊敬的行为。上炕后忌坐在枕头、被子、衣物上，忌将鞋袜、裤子放在高处。

忌在厨房、寝室里吐痰、擤鼻涕以及在人前放屁。

土族人还有忌门习俗。忌门，土族语称作"吾达·吉拉"。大门是招财进宝、进吉避邪的重要关口，如生了孩子、安上了新大门、发现了传染病等，必须忌门，即禁止外人进入庭院，以防邪气犯正。忌门的标志是：生孩子，在大门旁边贴一方块红纸（男左女右）；新大门落成，在门头顶插上一枝柏树枝；有危重病人或发现传染病流行，在大门旁煨烧一堆火或门旁挂筛子。

青海同仁县五屯土族忌三月办喜事，谓此时办喜事不吉利。

民和三川地区的土族忌饮"端午水"。传说端午节这一天是蛤蟆洗澡日，若饮用蛤蟆洗过澡的水，就会带来不祥或灾难，故忌讳这一天到河边、井边取水、汲水。

随着土族社会经济的发展，科学文化知识的普及和提高，土族的禁忌也在不断地发生着变化，有的被保留，有的被扬弃。

习惯法

旧时土族人之间若发生纠纷、诉讼等事宜，官办则依政府法律裁决，私了则以民约乡规为准，并由村寨民选的总管"特柔其"（土族语，意为"领头人"），负责监督执行和调解。旧时其主要民约乡规为：

1. 每个土族人家所拥有的土地、房屋及其他一切财产，皆属该家所有，他人不得侵占，并由家长（一般为父母）支配。若家长亡故，依宗法规定，由长子行使支配权；遗产继承，长子优先。兄弟分家，由其家长和亲族共同主持，长子和幼子可多分得一些财产。父母双亡则由亲族会同兄弟们公平分配。一般情况是长子分上房，其余房屋则按兄弟排行依次分配。在没有男子的家里，女子才有财产继承权，亦可招赘外姓男子，共同享有财产。分家后，父母多同幼子一起生活，并由幼子负责赡养老人。

2. 土司所属的土地，不得自由买卖，但土司有权与其他土司或私人交换土地，亦可在其所属的土地上建造房屋。私人所有的土地、房屋，可以自由买卖、典借、租赁，并请中保人订立契约；若不能立文字契约，则将石片或骨板碎成两半，买卖双方各执一半，以为凭证。

3. 旧时租种土司、土官、寺院地亩的人，须向其交纳租粮和各种捐款，并服各种劳役。租种土司的田地，还得为其当土兵。虽无任何禁止生产劳动者离开土地的规定，但因土地上附有兵税，租种者难以转让或退租。

4. 插牌。旧时青海互助、民和、大通等地土族于春播后秋收前，为保护庄稼，而将乡规民约写在牌上，立于地头的一种活动。一般是每年农历五月十三日，各村民众集会，除商议全年宗教事宜外，还制定乡规民约，以维护村民利益。乡规民约的主要内容：不许打架斗殴、不许吵骂欺人，禁在田边地头及护坡上放牧，举丧不许号哭，青苗期禁止化尸等。违者视其情节给以劝告、罚款、罚粮等处罚。由总管特柔其监督执行。

5. 对盗窃、行凶、奸淫等行为，依事件轻重大小，按照民间习惯，由特柔其出面调解，若案情重大，不能解决时，方可陈报县府，或由土司、土官、千总、把总予以责打或监禁。一一般说来，多采用民间习惯法调解土族内部纠纷。因地区不同，调解民事纠纷的习惯法也稍有差异，如互助地区，若两家纠纷打架，一般请地方上有声望的老人出面调解，经调解后，理亏的一方须向对方赔情，轻者携酒一两瓶到对方家中互相喝上一杯，表示和好，谓之"拿酒上门"。情节较重者，除携酒一两瓶外，酒瓶上尚须搭盖一块哈达或一条毛红（宽五寸，长丈余的红布）。情节再重者，须"拉羊搭红"，即在羊背上搭一条毛红，外加两瓶酒。更严重的，如打伤了人，则须"拉马搭缎，说理赔情"，即拉一匹马，上搭一匹绸缎，登门叩头认罪。最严重的，如打死了人，须赔命价。命价由双方协商确定，但命价之高，常致凶手倾家荡产。赔过命价，凶手不会再受任何处分，所以当地有"罚了不打，打了不罚"之说。

若因通奸，男女皆被本夫杀死，可以不赔命价，一命抵一命了事。若夫将妻打死，女家亲戚及全村人都到男家去"吃人命"，即坐在男家大吃大喝。路途遥远的仅去亲友数十人到男家"吃人命"，直到男家赔偿命价，才全部返回。"吃人命"常将男家的财产吃光，有时也视男家的经济情况而有所不同，经济状况好的，则"吃人命"的人多些，时间也长些；经济状况差的，"吃人命"的人少些，时间也短些。赔命价一般为两大石麦子（一大石为一千五百斤）。

若勾引他人妻子而被其夫发现，通常由地方老者调解。其办法有两种，一种是拿酒搭红出钱上门赔礼；另一种是干脆由其夫将妻子转让给对方，其代价一般为一大石或二大石麦子，并立字据为凭。采用这种办法，其夫最受人蔑视，妻子也会被人叫作"活剩已"（意为坏蛋）。转让字约不得在家里写，更不能到别人的地边上写。认为在谁家的地边上写这种字约，谁家的田地里就不会长出庄稼。必须到离村庄较远的荒野地里去写；同时，必须付给代书人很高的价钱，他才肯代写。

　　民和地区一般的民事纠纷处理较轻，赔礼只是拿上一瓶酒上门磕个头，表示谢罪就行了。但因宗法观念严重，辈分较高的人即使有了错事，也多不向辈分低的人赔罪，所谓"有理说理，无理说大"。至于较严重的，若打死了人，则须赔命价，最少也得交二百两银子。后来改用牲畜或粮食折成银价。命价高低按对方家产多少而定。有时命价过高，凶手的亲友、村人都得负担一些，牵累甚广。若妻子被丈夫打死或因受虐待而自杀，女方家则集合亲戚朋友，持武器前往男家问罪。这时男家亲友必须出面讲和，并"拉羊披红"迎接女家来人。如果男家人逃避而去，女家人则将其房屋、家具捣毁，以后男家再请人出来讲和，商议命价。

新晃侗族习惯法

寨规垒

开头

父老,乡亲,由今溯古,从古看今,凡事不是平白无故,都有来历根因。张公置天,李王置地,张良、张妹置凡人。那时节,混沌初开,人和天顺。后头来,父生子,子生孙,公牛不共圈,树大枝丫分。塘里鱼多,水被搅浑。制订寨规,有章可循。

寨规

脸盆、脚盆,箍了才紧。我们同溪河、共坡岭,共个蔸蔸,同个脑生,莫分上溪下水,莫分这村那村。磨盘、磨扇,千条齿齿一颗心。外来生人寨,拐骗钱财妇女,盗走扁角、圆角[①]。一人着偷,千人百众帮擒;就是老虎,也是拔牙抽筋。火铺底下养毒蛇——当窝家黑户,撵出寨门。鱼烂内脏——哪个生小手[②]。翻箱撬柜,凿仓开桶,偷金偷银,挑谷撮米,拿到赃物,炕头用水洗——家底挖尽。

宝地风水,龙脉龙神。宅场吉地,寸土寸金,不许毛虫吃

[①] 扁角、圆角:指水牛、黄牛。
[②] 小手:即偷摸行为。

叶子——挖一锄，挑一针，侵占私吞；莫像黄波罗①的崽，忘了根本。不许偷葬风水，开棺抛尸，新骨换旧骨，旧墓葬新坟。纸包不住火——惹祸上身，合族不答应。

鸡是鸡伴，鸭是鸭群，一根竹子节节清青；长辈晚辈，老少分明。伯是伯，叔是叔，嫂是嫂，婶是婶，当尊的尊，当敬的敬。女大当嫁男大当婚，天地合和、家发人兴。做人安分正经，莫过路相挨，瞟眼传情；莫摸摸掐掐，鬼打鬼混。屋檐滴水，落地有痕。粑落糠桶抖不了——得到证据，抓到把柄。女的，管的要严，免得败坏寨子名声。男的，拿到宗祠，当众教训，罚他的猪牛养牲。

山场，有沟沟为界，有岭岭作线，没有明显标志，栽黄荆条划分。田土，独丘小块，按原来的固定，大的，埋岩为界，各管各的面份。岩鹰不打窠下食，强莫欺弱，富莫欺贫。莫做吝啬鬼，抠鼻腻痂，争那尺尺寸寸；天地不容，情理不允。坝上堰水，盘坡水径②，大丘要润，小丘也不能开口等。安个水平岩，灌了上头，流下头，丘丘有一层。

做老鼠钻地洞，莫做野猪拱田埂——将水往自家田里引。你的谷子勾头笑，现比枇杷色；别人禾蔸搓索索，朝天伸瘦颈。心术不好，辈子逗人恨。

放牛放羊，看的要勤，守在屁股后头，步步紧跟。错脚跑进地里，吃别人瓜菜、红薯、苞谷，帮耨帮泼粪，自赔小心；故意放敞，糟踏大季阳春，一斗赔一斗，一升赔一升。

---

① 黄波罗：传说中的一种鸟，长大后不认母亲。
② 水径：小水沟。

自家娃崽，索子拉紧——管的要严，教的认真。果子树下，切忌摸桃摸李；园边，地边，莫摘瓜、掐尖、掰藤。若做野猫偷鸡不改性，处罚从重不从轻。

树木、竹子，廿年才长成林。打个草标，封山蓄禁。大树发小树，老竹生嫩笋。若是有人月头不封手①，进山乱动刀动斧，砍掉一根罚十根。

破伞遮日头，半晴半阴；理老断事，不偏听偏信。评理像标秤，平平拿稳，四两就是四两，半斤就是半斤。凉风不用扇，细心调解内部纠纷。

结尾

棉纱牵到梭子口，梭动棉纱跟着走。今天，议订的规约，像梭子牵纱，连接家家户户。远远近近，寨脚村头，大家紧紧相联；我们的氏族才是兴盛，才会安乐无忧。

---

① 月头不封手：侗族有婴儿出生后三十天内将衣袖封口，不让小手伸出的习俗，叫封手，以免长大后乱拿别人的东西。

广西三江侗族款约法[1]

序词

因为周王闹事，

起众相杀；

汉王乱事，

拉弓扫射。

隔河亥晒放箭
隔河不准放箭

亥对腊人谁？
不死仔人谁？

死腊至妹，
死儿至妹，

---

[1] 摘自吴大华等著《侗族习惯法研究》，附录部分，北京大学出版社 2012 年版。

对腊龙女。
死仔龙女。

甫吃三百两银堂,
父吃三百两银堂,

奶占五百两银事。
母吃五百两银事。

台亥上手,
拿不上手,

拉亥上担。
挑不上担。

因为呀因为,
因为呀因为,

因为公斗养公英。
因为公斗养公英。

公英养公老,
公英养公老,

公老养公寨，
公老养公寨，

公寨养公别，
公寨养公别，

公别养骂赖打。
公别养来好过。

想顾累全，
想顾得全，

砍奔骂月杆灭，
砍矛来做杆纱，

砍百累凳坐。
破盾得凳坐。

因为呀因为，
因为呀因为，

因为哨铜打河偷鹅，
因为哨铜过河偷鹅，

哨坦过片月偷羊。

哨坦过田垌偷羊。

偷鹅大,
偷鹅外公,

偷羊婆,
偷羊外婆,

腊贯吉房偷灭萨。
儿孙吉房偷纱奶奶。

乃母吉房打败努?
昔母吉房过去哪里?

打败贵州寨。
过去贵州寨。

偷神金包外浪,
偷牛金宝外浪,

穿打坎石,
穿打坎石,

它打坎难,
拖过坎峭壁,

牵打脚闷塘水转，
牵过下潭塘水旋，

台到广西地界。
拿到广西地界。

人恶坏胜，
人恶坏村，

多道夜躺亥睡
害我们晚躺不睡。

闷想亥平
白天想不平，

地乃起斤劳场
这时起众时场。

聚众劳款
聚众进款坪，

闷起七千
白天起七千，

夜起八万
夜晚邀八万。

起一败多哨铜哨坦
第一去罚哨铜哨坦,

罚三十两银白
罚三十两银白。

起二败多乃腊吉房
第二去罚母子吉房,

了四十两银事
四十两钱条规,

老人打败寨梭八凹
老人过去寨梭八凹,

买累双韦白腊韦黑
买得双牛白仔牛黑。

郎一背刀
郎一背刀,

郎二台旗

郎二拿旗,

将刀林凉多丧苏
把刀锋利放钢青。

砍莽底
砍边下,

穿莽务
穿边上,

将刀林凉多丧红
把刀锋利放钢红。

砍莽乃
砍边这,

穿莽架
穿边那;

砍个头
砍个头,

了个颈
完个颈;

砍筋呆将
砍筋大根，

翻丧美龙丑
翻根树榕树；

砍岑度石
砍山断石，

砍河度水
砍河断水；

砍难劳刀
砍肉进锅，

料肉劳情
推肉上砧。

忿铜就骂装难坝
盆铜就来装肉腿，

浪下就骂装肉串
木盆就来装肉串。

莽昂务
边下巴上，

多州夫
给周夫；

莽昂下
边下巴下，

多六郎
给六郎。

州夫占盖那
周夫吃上额，

六郎占昂下
郎吃下巴下。

州夫计嘎
周夫制歌，

六郎计事
六郎定规。

计累六面事阴

定得六面规阴,

计累六面事阳
定得六面规阳,

计累六面事刀
定得六面规威。

二六十二面
二六十二面,

三六十八盘
三六十八盘。

仓灭四方打
禾仓有四方通,

事灭八面收
事有八面收。

宋搞多
话里门,

话搞款
话里款场。

宋闷公
话日公，

话闷甫
话日父；

宋盘考
话辈旧，

话盘老
话辈老。

晒摇台上金度
让我拿上金坛，

撬上银款
撬上银款。

流传地区：广西三江、龙胜，湖南通道、靖州。
口述者：公述起，广西三江八江乡布央村人。
甫田琨，广西三江八江乡中朝村人。
吴昌宏，广西三江八江乡马胖村人。
陈永基，广西三江林溪乡马安村人。
吴申堂，广西三江独峒乡独峒村人。

吴永华，广西三江独峒乡高定村人。

采录者：吴浩。1980年、1982年、1985年分别采录于广西三江八江乡布央、中朝、马胖，林溪乡马安，独峒乡独峒、高定等村。翻译者：吴浩。

六面阴规

一层一部
那我不讲右部，

来讲部左；

不讲六面薄（规），

来讲六面厚（规）。

亥刚六面阳
不讲六面阳（规），

端刚六面阴
来讲六面阴（规）。

讲到一层一部，

如果儿孙人谁，

胆大骨硬,

肚横肠弯,

砍颈鹅,

斩腰龙。

骑坟葬祖,

挖坟平墓,

挖尸生,

拱骨干,

开板努人
开板见人,

撕棺拣骨
撕棺拣骨;

让别人活着的乱肠（悲痛）,

让别个死去的哭哀哀。

事大惊天，

仇深平海。

面事这大呀，

骨事这重呀；

面事这大得登十，

骨事这重得登百。

不管他猛如豹，

不管他恶如虎，

天今人我们，

衣红让他穿，

衣短让他披。

金银拿来赎，

牛马拿来杀。

台冒三甫仔共洞鼠
抓他三父子共（埋）洞老鼠，

台冒五甫子共洞哨
抓他五父子共洞旋水。

闷大赛冒鸟
潭大让他住，

窖大赛冒睡
窖大让他睡，

塞冒三丈泥土
塞他三丈泥土；

填冒九丈泥红
填他九庹土红。

二层二部
那我讲到二层二部；

它仔人谁

如果儿人谁,

胆一波
胆像葫芦瓜,

所一雷
声音像雷鸣,

恶报虎
恶像虎,

间报龙
凶像龙,

拱累仓苟务闷
拱得仓禾上天,

撬累金银堆地
撬得金银地下,

拱埂挖汪
拱田埂挖鱼窝,

发墙拱壁
挖墙拱壁;

牙道多脚蚂蚁
俩我们寻足迹蚂蚁，

拣脚獭
找脚印野猪，

多脚累路打
沿脚得路过，

多把累路飞
沿翅得路飞。

台累上手
拿得上手，

拨累上担
扒得上担。

累正亥累假
得真不得假，

累实亥累冥
得实不得虚。

绳宋角胫
索棕勒颈,

绳旺绑臂
绳草绑臂。

台劳十一坪度
拿进十三坪坛,

台上十九坪款
推上十九款坪,

翻屋倒所
翻屋倒仓,

拆屋倒梁。
拆屋倒梁。

多冒板屋哟
打他板屋破碎,

坤门断
槛门断,

捡财捡起

捡财捡尽,

捡钱捡完
捡金银捡完。

务闷贝赛留块瓦
上天不给留片乩,

堆地贝赛留块板
地下不给留块板。

务闷多冒烂
上天打他稀烂,

堆地多冒粹
下打他破碎。

拍冒西凹
打他凹进凹出,

压冒西溶
压他碎溶溶。

赶冒甫拜三闷地远
撵他父亲去三天地远,

赶冒仔拜四闷路长
赶他儿子去四天路长。

甫贝赛转屋
父不让返家，

仔贝赛转胜
子不让归村。

三层三部
那我讲到三层三部；

它仔人谁
如果子孙人谁，

胆虎所雷
胆虎声雷，

龙狗肠狼
肚狗肠狼，

抢劫拦路
抢劫拦路，

夺取金银

夺取金银，

台人劳它

抓人深山，

杀人搞更

杀人上路，

台人苟认那

抓人不识面，

杀人苟认员

杀人不知名。

放火烧人搞草

放火烧人中草，

惊人搞告

惊吓人里蕨堆，

放火烧屋

放火烧屋，

放火烧岑

放火烧山,

谋财害命
谋财害命,

闷堆亥平
天地不平,

面事乃大
面事这大呀,

骨事乃重
骨事这重呀。

面事乃大登十
面事这大(得)登十,

骨事乃重登百
骨事这重(得)登百。

台劳十三坪度
拿进十三坪坛,

台上十九坪款
拿上十九坪款,

有财财当

有财财当，

空财命拜项

无财命去偿；

有财财多

有财财顶，

空财秀杀所

无财就杀气。

打桩平堆

打桩平地，

角事平闷

处事惊天。

四千家齐齐

四千家齐齐，

八格胜齐观

八方村齐整。

多冒木一堆
让他木一堆（棺木）。

多冒石一朋
让他石一堆（坟墓），

要冒所拜阴
要他命归阴。

要冒性拜地
要他身归地，

尾牛牙莽刷
尾牛两边扫。

尾马牙莽扫
尾马两边刷，

胜你牙一乃
村你也这样。

胜尧牙一乃
村我也这样，

款约一乃说

款约这样说。

孟孟报太平
人人道太平。

四层四部
那我讲到四部四层：

它仔人谁
如果子孙人谁,

高苟认耳
头不认耳,

大苟认珠
眼不认珠,

嘴苟认兄弟
嘴巴不认兄弟,

肠苟认寸钱
肚不认亲戚,

冒月公登媳
他做公公配媳妇。

兄弟登姑巴
兄弟配姐妹,

三条叫姑
三条叫姑姑,

九条叫母
九条叫姨娘;

叫关月述
称斧头为锄头,

叫古月道
称鼎为锅头。

要美月竹
要木当竹,

要泥月石
要泥当石。

捞乱了皇礼
捞乱了王礼,

解乱了盘事
解乱了条规。

闷乃胜占条
天今村吃条,

闷乃寨占礼
天今寨吃礼。

占冒登底
吃他登底,

占冒登根
吃他登根。

占冒空牙
吃他无稻田,

占冒空塘
吃他无鱼塘。

丢劳脚洞塘水旋
丢进脚潭塘水旋,

料冒劳高塘水绿

推他进潭塘水绿。

要冒应兵共胜
要他跟乌龟共村，

要冒应绞共寨
要他跟鳖鱼同寨。

五层五部
那我讲到五层五部；

努报仔人谁
如果子孙人谁，

记心亥长
安心不长，

记肠亥赖
安肠不善，

占塘务
吃塘上，

拱塘底
拱塘下，

搞塘月偷坝
里塘偷盗鱼,

搞牙月偷苟
里田偷盗谷;

了苟寻嫁
失谷寻芒,

了坝寻鳞
失鱼寻鳞。

牙道多脚蚂蚁
俩我寻足迹蚂蚁,

牙道应脚獭
俩我随脚印野猪。

多脚累路打
沿脚得路过,

多翅累路飞
沿翅得路飞。

要累上手
要得上手,

拉累上担
装得上担。

台上十三坪度
抓上十三坪坛,

业上十九坪款
推上十九坪款。

拣财斗拣螺
拣钱财像拣螺蛳,

抽财斗抽立
家产像抽鱼帘。

多冒甫空坐场
让他父没有坐宅基,

多冒仔空坐胜
让他子没有住村庄。

撵冒甫拜三闷地远

撵他父去三天地远，

赶冒仔拜四闷路长
赶他子去四天路长。

拜亥赛转屋
去不给归家，

观亥赛马胜
转不给还乡。

六层六部
那我讲到六层六部：

努仔人谁
如果子孙人谁，

月桶卖吊耳
做桶卖吊耳，

月苟卖稼
做谷卖谷芒，

千财卖干
千（亩）田产卖空，

万财卖旺
万（亩）田产卖禾蔸。

千亩百屯
千亩百屯，

卖丁打河
卖基石过河，

卖贯摇县
卖空名过县。

骗这金银劳河
骗别人金银进河，

哄这油水下溪
哄别人油水下溪。

条笋脱了几层壳
一条竹笋脱了几层壳，

条美瓜了几川皮
一根树木剥了几层皮。

田旱要了三川钱漏

田旱要了三次钱冤枉，

牙水要了九川钱背

田水要了九次银背地。

闷乃胜亥福

天今村寨不服，

闷乃国亥荣

天今国难容。

胜拜奔

乡村归一边，

寨拜方

村寨归一方。

龙蛇挤出仔鼠

肚蛇饼出仔老鼠，

龙弱挤出仔冲

肚骨鱼挤出小虾公。

鸟随要冒吐转

鸠鹩要它吐出，

夜狗要冒吐尽
蚂蜴狗要它吐净。

月到财平国好
做到财平国好，

月到卖买平仁
做到卖买平匀。

齐冠脚胜鸟
齐来尾乡居，

金银共洞葬
金银共（个）地方收藏。

牛马共栏关
牛马共（个）栏关管，

国牛共山怕
水牛黄牛共山坡，

鸡鸭共河鸟
鸡鸭共江田。

六面阳规

一层一部
我不讲六面厚（规），

尧讲到六面薄
我讲到六面薄（规）。

养女坐夜搓甘
养女坐夜搓麻，

养男走寨弹琵琶
养男走寨弹琵琶。

仔尧行到地甫胜你
儿我游到地界村你，

老人睡床亥赖哇
老人睡床莫说话。

仔你行到地甫胜尧
儿你游到地界村我，

尧呀一样台嘴架

我也一样把嘴巴闭。

这火同坐
边火排坐,

底月同打
底月光戏打。

蹲脚皆
蹲角屋,

过定廊
过檐廊,

尾鸡这头
尾鸡边头,

银麻这耳
银花边耳。

走路亥赛碰把
走路不给碰翅膀,

耙牙亥赛碰把
耙田不给碰头帕。

努仔人谁
如果子孙人谁，

走路碰把
走路碰翅膀，

耙牙碰把
耙田碰头帕，

行乃花时刀你
这是花时草嫩，

四两四
罚四两四，

八两八
（罚）八两八。

努保仔你应仔尧
如果儿你跟儿我，

男矮妹你
男矮女少，

孟补孟赞
个赞个夸。

话叹话亮
言痴语恋，

歌唱对层
歌唱对答。

脚街累话男
脚街有言男，

脚门累话女
前门有话女。

刚话细书随水归
话语轻轻随水溪，

多卡细书累琵琶
唱歌声细得琵琶。

刚到金夫
讲到金夫，

白到银当

说到银妻。

岭胖劈成段塘
岭丙劈成墩田，

岭草种苟王牙
岭荒种禾玉米。

搞宋冒笋
内酸坛冒出竹笋，

搞旁冒蕨菜
内酸桶长蕨菜。

草绿岭起
草绿山冈，

枝美吊花
枝树开花。

又报限闷要
又说限日娶，

又报限时嫁
又说限时嫁。

打闷暗
过日限,

尾闷时
尾日时。

谁略对变成梨
谁知李变成梨?

真变成假
真变为假?

男翻心倒肠
男翻心倒删,

女难落家巴
女难落家姑。

刀离盒竹
刀离壳竹,

难背难挂
难背难挂。

真亥记宋
头不记（前）言，

尾亥记话
尾不记（后）语。

侗亥记头挑
侗不记数担，

卡亥记头桌
汉不记数桌。

妹略上当
女知上当，

喊闷闷胖
喊天天高。

女略轻巴
女知轻浮，

踏地地瓜
踏地地硬。

男有金捶

男有情人，

妹空谁靠
女无谁依。

怪大兽
睁（大）眼兽，

圆大猫
（睁）圆眼猫。

哭哇哇
哭哇哇，

滤滴独
泪滴滴，

要牙这口对口
要他俩口对口，

里牙这昂对昂
要他俩下巴对下巴。

努男翻心亥打
如果男的翻心不过，

牵马亥骂
牵马不来，

猪咳更盆
猪堵溺盆，

人咳桃累
人喉塞语，

翻宋亥打
翻言不过，

哇嘎亥应
歌唱不和，

屎猪要冒占一达
屎猪要他吃一团，

屎狗抹冒满口
屎狗塞他满口。

二层二部
讲到婆媳夫妻，

你有男尧有女
你有男我有女。

量脚月鞋
量脚打鞋，

量身月衣
量身裁衣。

看人月寸
看人结亲，

看寸月惰
看亲结情。

坪大开牙
坪宽开田，

岭大开地
坡大开地，

面大开寸
面大开亲。

弄挖成牙

坡挖成田,

岭劈成地
岭劈成地。

右人媒相通
有人媒相遇,

没金银台凳
有金银为凭。

归老穿弄
画眉窜进深山,

蜻蜓穿溪
蜻蜓飞进小溪。

甫坐右
父坐右,

母坐左
母坐左。

鸭成对
鸭成对,

鹅成双
鹅成双。

酒苦牙占
酒苦已吃,

酒甜牙听
酒甜已尝。

引劳屋坐
牵进屋坐,

接上梯闷
接上梯楼。

一早扫
一早夫,

二早买
二早妻,

三早夫对酿糖蜜
三早夫妻酿蜜蜂。

努报人谁
如果人谁，

所样同辣
声像铜锣，

大样太阳
眼像太阳，

胖打城墙
高过城墙，

大打王帝
大过王帝，

胖美芭蕉
高树芭蕉，

大美枫
粗树枫木，

抢奶生
抢妻生，

争奶熟

夺妇熟，

抢鸡务窝
夺鸡上窝，

抢苟务昂
夺禾上炕，

抢奶尾萨
抢少妇尾灶，

抢奶这火
抢新媳灶火，

破别金对银女
破人家金夫银妻，

灭别买样银结
灭别人美满婚烟，

赛冒要横江口
让他带去横躺江口，

赛冒要睡岩石
让他带去卧岩洞。

龙银拜右
龙争跑右,

龙花拜左
龙花跑左,

灭堂务
灭一对上,

赶堂下
赶一对下。

牵打空狗
牵过巷狗,

搓打空猪
拉过巷猪。

台打千个岩
带进千个岩洞,

台打万函水
拉进万个潭水。

搓打岭龙弄虎
拉过山龙坡虎,

脚脏水锈
脚脏水铁锈,

额脏丝弱
额脏网蜘蛛。

台拜屋冒
拉去家他,

多务呆妍
看上好笑,

努下呆宜
看下欢喜。

月妍靠脚板
逗趣靠在板壁,

月宜坐尾萨
嬉戏坐在尾灶。

刚到段事乃

讲到段事这种,

道要团颗豆
我们要齐心颗豆,

贝赛学颗麻
莫散心颗芝麻。

甫要团仔
父要邀子,

兄要团弟
兄要邀弟。

鹰骂随罚
老鹰来了同罚,

鸦要随出
乌鸦来了同惩。

男要换主
男要换妻,

女要换房
女要换房,

事拜随送
事去同送，

事骂随量
事起同商量。

起斤同路
拉起队伍同路，

起排同甲
摆起队伍同甲。

枪靠锁
枪靠禾廊，

那靠屋
箭靠房屋。

要冒酒苦赛占
要他酒苦给喝，

要冒酒甜赛听
要他溜甜给尝。

牙道同路金开口银开事
俩我们同时金开口银处事，

要旨三十两开锁
要他三十两开仓，

要冒五十两开屋
要他五十两开屋，

要冒凳竹赛睡
要他凳竹给睡，

要冒凳铁赛坐
要他凳铁给坐，

牙道刚略量斗蒸
我们才知量甑蒸。

量苟泡
量米浸，

要冒龙绿三百须
要他龙青三百须，

要冒虎红三百齿

要他虎红三百牙。

事乃事头龙
事这事头龙，

事乃事头虎
事这事头尻。

牙道占肉靠搞年
我们吃肉靠内年，

牙道占钱靠搞礼
我人罚钱依内礼。

独肥占肥
个肥吃肥，

独瘦吃瘦
个瘦吃瘦。

财差骨薄
财轻骨薄。

要冒三十二四十两
罚他三十二四十两；

财重骨厚

财重骨厚，

要冒
罚他

苟三百辣
米三百筐，

鱼三百头
鱼三百尾，

酒三百个
酒三百坛，

银三百两
银三百两，

三十斤甘穿耳鼠
三十斤麻穿耳鼠，

五十斤旦喂野鸡
五十斤豆喂野鸡。

冒月吨自穿
他做雨帽自己戴，

月尤自台
做鸡笼自己用，

月重多肩
做重压肩膀，

月臭多鼻
做臭放鼻孔。

了钱厚
去钱厚，

了亚宽
用布宽，

务贝怪闷
上不能怪天，

下贝怪堆
下不能怪地。

死亥怪甫

死不能怪父，

苦亥怪奶
苦不能怪母。

鹰收公
老鹰除公，

鹞收母
鹞鹰除母。

脚胜略报盘
脚村知道条规，

高胜略报本
头乡知道章法。

贝赛独它坏了盘胜
莫让只兽坏了礼俗村寨，

贝赛独岑坏了盘老
莫让只兽坏了条规古时。

务传贵州
上传贵州，

下传广西
下传广西。

三层三部
那我讲到三层三部：

它仔人谁
如果子孙人谁，

鼓亥听甲
鼓不听锤，

耳亥听话
耳不听话，

上岑偷鸟丢
上山偷鸟套，

下河偷鱼钓
下河盗鱼钓，

劳寨偷鸡
进村偷鸡，

劳片偷鸭
下坝偷鸭，

偷不偷甲事两一
偷瓜偷茄罚两一，

偷鸭偷鸡事三两
偷鸭偷鸡罚两，

偷条筒烟事两二
偷条杆烟罚两二，

偷对偷梨斗卦妹
偷李偷梨受骂空。

偷妹独六钱
偷鸟只六钱，

抓蚱赔油盐
抓得蚂蚱赔油盐。

仔你煮茶偷韭菜
青年煮茶偷韭菜，

小孩煮茶偷东瓜

小孩煮茶偷南瓜。

乃是盘礼
这是俗礼，

亥罚亥卦
不罚不骂。

面事乃差
面事这小，

骨事乃薄
骨事这轻，

面事弱弱空熟亡
事态小小汉熟什么。

碗舀酒
碗舀白酒，

盘菜绿
盘装青菜。

事乃早起晚收
事这种早起夜收，

胜努崩牙胜架砌
胜娜崩田村哪砌。

胜努跌牛胜架拆
村哪跌牛村哪里，

努冒角独撑底
如他角牛撬下，

努冒角羊撬务
如他角羊撬上，

起撑眼大
抵抗眼瞪，

月石打路
做石拦路。

架丑要上十三坪州
那就推上十三坪度，

要上十九坪款
拉上十九坪款，

罚冒四两四
罚他四两四，

罚冒二两二
罚他二两二。

四层四部
讲到林树上山，

刚到它竹务弄
讲到林竹上冲，

石白月界
石白为界，

隔断山林
隔断山岭。

达石贝赛打
一块石头不能超越，

达土贝赛占
一团泥土不能侵吞。

牙有埂

田有田埂，

地有界
地有界石。

定美金
根树金，

蕊美银
尾树银。

闷你归你管
你的归你管，

闷尧归尧管
我的归我管。

它仔人谁
如果小孩人谁，

记心亥利
安心不良，

记肠刻赖
安肠不善，

斧老拱它
斧老窜山,

刀老拱弄
刀老窜岭,

劳岑偷柴
进山偷柴,

劳它偷笋
进林偷笋,

偷条所
偷条(柴)干,

角条生
砍条生(树)。

偷条直
偷条直,

角条弯
砍条弯。

抓累头挑
抓得柴担，

抓累头担
抓得扁挑。

要冒甫多工
要他父赔工，

要冒奶多事
要他母出钱。

应脚罚六钱
跟随罚六钱，

带头罚两二
带头罚两二。

五层五部
讲到水塘水田，

牙道要台理闷公
我们要按理日公。

台中闷甫

按条规曰父，

水共条渠
水共条渠道。

牙共条水
田共条水源，

层务凡层务
层上是层上，

层下凡层下
层下是层下，

有水务减下
有水上减下，

空水下所上
无水下早上。

尾亥累占苟
尾难得吃饭，

真贝想占坝
头莫想吃鱼。

贝赛仔人谁
莫让儿孙人谁，

偷岑塘
偷山塘，

偷江水
偷坝水，

砍埂牙
挖埂田，

灭埂渠
毁道渠，

月务塞下
在上阻下，

月下填外
在下阻外，

月弱拱埂
做黄鳝拱田基，

月省拱沟
做蚯蚓拱沟泥，

引水打凸
引水翻坡，

收水打起
牵水翻坳。

务相吵
上边相争吵，

下相卦
下边相对骂。

孟乃台美一臂
个这扛木头如手臂，

孟架台丁一碗
个那抓石头如碗口。

相捶多断梳
互相捶打扯断梳，

相推多破交

互相推打破头壳。

孟乃性排来弱
个这体伤背肿,

孟架血弱所龙
个那血淋声吼。

涌所范范
喊声哇哇,

卦个贯人考
骂个名人旧;

圈袖圈膝
捞手捞脚,

修个当平埂
塞个水平基。

牙道要冒水败落下
我们要他水往流下,

牙道要冒理拜落尺
我们要他理顺落尺。

要冒甫多工
要他父赔工,

要冒奶多事
要他母出钱。

六层六部
讲到六层六部:

刚到堆薯
讲到地红薯,

刚到堆芋
讲到地芋头,

园菜有主
园菜有主,

瓜豆有秆
瓜豆有秆。

它仔人谁
如果子孙人谁,

交夜走路亥将火
夜路走路不点灯，

交闷劳寨亥台话
白天进村不遵约，

亥怕公雷劈交
不怕公雷轰顶，

亥怕婆雷放火
不怕婆雷放火，

交堆偷红薯
头地偷红薯，

尾堆偷多
尾地偷豆角，

搞园偷菜
内园偷菜，

搞牙偷萝卜
中田偷萝卜，

抓亥累亥刚

抓不得不讲。

努报抓累孟努
如果抓得个哪,

务杀累担
上肩得担,

务来累篓
上背得篓,

搞箕累菜
里筐得青菜,

搞辣累豆
里篮得豆角,

瓜薯菜豆四两四
瓜薯菜豆(罚)四两四,

还要罚冒铜辣难寨
还要罚他敲锣震寨。

搞寨要有人月主
中寨要有人做主,

务船要有人台浆
中船要有人把舵。

公甫传盘下骂
祖宗传章法下来，

牙道依盘邓多
我们依样来宣讲。

六面威规
一层一部
那我讲到六面规威：

尧刚一层一部
我讲一层一部，

务闷有三十六刀
上天有三十六威，

搞水有二十四条
中水有二十四条，

务闷有刀雷
上天有威雷，

搞水有刀龙
中水有威龙，

弄有刀虎
山有威虎，

胜有刀人
村有威人。

你到胜尧
你到村我，

尧要刀赛你
我给威给你；

尧到胜你
我到村你，

你要刀赛尧
你给威给我。

你骂胜尧
你来村我，

尧骂胜你
我去寨你，

西些一样
都是一样。

夜打牙光月
夜晚过有光月亮，

闷打牙光清
白天过有光太阳。

贝赛仔人谁
莫让子孙人谁，

占苟脏装
吃饭脏碗，

睡床脏毡
睡床脏毡；

占一装
吃一碗，

乱一别

乱一庹（长桌）；

睡一时
睡一时，

乱一季
乱一季；

架牙道要雷赛冒听
那我们要雷给他听，

要刀电赛冒看
要威闪电给他看。

山巴人仓
野鹿人圈，

要有牛气
要有牛气。

鸡岑入笼
鸡野入笼，

要有运气
要有运气。

虎气要累爪
虎威靠得爪,

铅铜要累脚
锅铜靠网脚。

肉气要累性
肉气靠身体,

金气要累银
金气靠得银子。

二层二部
那我对讲二层二部:

刚到仔你胜尧
讲到儿你寨我,

翻交年
过新年,

碰丁月
游元月,

三十打岑
三十过坳，

四十打起
四十过岭，

骂到堆部胜你
来到地界寨你。

贝赛仔人谁
莫让子孙人谁，

怕姜西坛
灭树西坛，

怕碰丁月
取消游元月。

田赛仔人谁
莫让子孙人谁，

把美塞渠
叶树阻塞渠坦，

线弱隔堆

网蜘蛛隔断山岭。

你要放仔你尧
你要让儿你我，

应脚打片
起步过田垌，

撑伞打岑
撑伞过山梁。

坐石呀梭
坐石凳也干，

坐旺呀梭
坐稻草也干。

北门呀正
枋门也安直，

花女呀团
花女也团圆。

十二把纱呀翻
十二把纺纱机也翻，

十二仔砂呀转
十二个团纱也转。

架牙道累甘月也
那我们值得"月也",

架牙道累甘月寸
那我们值得结亲。

月也上三年
"月也"(交)上三年,

月寸上九代
结亲上九代。

努你多仔你尧
如果让儿你我,

应脚亥打片
起步难过田垌,

撑伞亥打岑
撑伞难翻山梁。

坐石亥梭
坐石凳不干，

坐草亥死
坐稻草不死。

北门亥正
枋门不正，

花女亥团
花女不聚齐。

十二把纱亥翻
十二把纺纱机不翻，

十二仔纱亥转
十二个纱锭不转。

尧独骂脚门你哭
我就到前门你哭，

尧独骂脚梯你怪
我就到脚梯你来怪。

金汉你要放出

金男你要放出，

银女你要放拜
银女你要放走。

你要吹笙随路
你要吹笙送上路，

你要放炮随寨
你要放炮送出寨。

门你开
门你张，

门尧提
门我开，

雄你斗
屋你无人，

雄尧锁
屋我上锁。

你月初一
你做初一，

尧月十五
我做十五。

尾马牙莽笔
尾马两边扫，

尾神牙莽料
尾牛两边摆。

亥劳约你拣约尧
不单讲你也讲我。

半乃拜仑
从今以后，

八五十三
八五一十三，

九四牙十三
九四也一十三。

牙道月苟团笼
我们做米共簸箕，

牙道月水团仑
我们做水共条筊。

结也成也
识成好友，

结寸成寸
联姻成好亲。

三层三部
那我讲到三层三部：

刚到兄弟自屋
讲到兄弟本家，

兄弟乱兄弟
兄弟乱兄弟，

乱灭搞告
乱织机上的纱线，

乱竹搞殿
乱竹子里的山林；

乱到谷瓶叉周

乱到鼎罐沙瓶在角架锅头,

乱到装筒瓜贾
乱到碗盏筷筒箱笼纺纱机。

殿竹应它
山竹与森林,

屋鸟应晾
屋住与禾晾。

个石亥赛打
一个石头不给跨越,

达泥亥赛移
一团泥土不给移动。

鉴石青
(划)界石青,

目石白
(划)界石白。

牙有埂鉴
田有田埂(划)分,

岑月石鉴
山有石头（划）界。

亥赛仔人谁
不让子孙人谁，

移备多底
移上边到下边，

移右多左
移右边到左边。

兄弟搞屋
兄弟本家，

千年石坎亥塌
千年石崖不塌，

万代石山亥崩
万代石山不崩。

金亥赛灭宝
金子不给砸碎，

钱亥赛灭两
银子不能破两。

要冒水塘月深
要那水塘越来越深，

硬坝月宽
基坝做宽。

波萨亥赛相角
肩膀不能碰撞，

膝盖亥赛相争
膝盖不能扭打，

四层四部
讲到人谁，

手狼脚卷
手狼脚虎，

大猫肠狗
眼猫肠狗，

偷猪出当

偷猪出栏,

盗羊出专
盗羊出圈,

偷马打坳
偷马过坳,

偷韦打弄
盗水牛下山,

穿角圆
穿角圆,

牵角扁
牵角扁,

台打岑龙
赶过岭龙,

拖打弄虎
拖上坡虎。

乃尧沿脚找印
那我沿蹄找印,

沿窝找蛋
沿窝找蛋,

乃尧沿渠找水
那我沿渠找水,

沿河找三
沿河找滩。

斗苟寻稼
丢了谷子找米糠,

斗坝寻鳞
丢了草鱼找鳞。

寻到胜你
寻到村你,

找到寨你
觅到寨你。

鸟这寨累角
在边寨得牛角,

鸟底寨累鞍
在脚寨得马鞍，

鸟底空累须羊
在底楼得毛羊，

鸟底梯累心猪
在底梯得肝猪。

假尧教缠它
那我山藤缠树林，

假尧那缠灭
那我竹竿绕纱线；

假你皮虎贝邓架
那你皮虎莫来遮，

假你皮龙贝邓盖
那你皮龙莫来盖。

要你撬石白
要你撬出石白，

要你挖刺梨

要你挖出刺梨。

贝架到仔龙搞河
莫护到子龙里河，

贝架到搞朝仔皇帝
莫祖护到里朝仔皇帝。

台冒出门
拉他出门，

拖冒劳款
拖他进款坛，

台上四丁众
推上四石众，

台上四格胜
游过四条村，

乃你扛旗黄打滚
那你扛旗黄走先，

尧就扛旗红打仓
我就扛旗红随后。

多冒甫斗事大
让他父受重罚,

多冒仔斗事多
让他子受严惩。

它仔人谁
如果子孙人谁,

登美周夜
根树窝藏蚂蚁,

尾美周嫩
脚树窝藏松鼠,

弄大周虎
山深窝藏老虎,

锈大周蛇
锈水窝藏大蟒;

架道堂斗
那我们大家,

过外铜辣打劳
从外铜锣敲进，

锤随高
敲头亮，

锤随脚
锤敲双脚，

过搞铜辣打出
从里铜锣敲出，

锤随交
锤敲两腿，

锤随臂
锤敲两臂。

五层五部
那我讲到五层五部：

亥论仔你
不论儿你，

亥论仔尧

不论儿我,

亥赛月君底脚
不能安仇底脚,

亥赛月任底肩
不能挟恨窝肩。

努报人谁
如果人谁,

抓人苗
抓人苗,

赶卡瑶
赶人瑶,

台正杨
害姓杨,

台正我
害姓吴;

要冒上闷三百丈
要他上天三百丈,

台累仔雷
抓得子雷；

要冒下水七百尺
要他下水七百尺，

要累仔龙
抓得孙龙。

努冒台亥仔雷
如果他抓不得子雷，

努冒要亥仔龙
如果他捕不得孙龙；

架牙道要冒
那我们要他，

鱼刀三百斤
草鱼三百斤，

龙绿三百须
龙青三百须，

苟三百斗
米三百斗，

酒三百坛
酒三百坛，

银三百两
银三百两。

努冒起累一乃至英
如他顶得这件的重罚，

起累一乃至事
顶得这样的处罚；

假就台人搞度
那就拉人上坛，

假就牵神劳款
那就牵牛进款。

努冒起亥一乃至英
如他顶不起这样的重罚，

起亥一乃至事

难顶这样的处罚;

假就台人灭命
那就抓人灭性命,

假就台神灭毛
那就抓牛剥毛皮。

闷乃捡财斗捡螺
天今捡家产像捡螺蛳,

闷乃抽银斗抽立
天今抽银两像抽水帘。

六层六部
那我讲到六层六部:

它仔人谁
如果儿人谁,

鼓亥听甲
鼓不听锤,

耳亥听话
耳不听话,

亥依盘考
不循条规古时，

亥吓铜辣
不遵锣声，

是冒淘岑裂冲
是他掳山掠冲，

是冒淘河裂溪
是他掳河掠溪，

擂打十二凸油桐
擂掉十二坡茶桐，

忧打十二岭松杉
压翻十二岭松杉；

牙道脚寨有人怪
俩我脚寨有人乖巧，

高寨月人略
头寨有人聪明，

中寨月人利
中寨有人厉害，

应冒道理邓排
跟他道理来排，

应冒款事邓刚
跟他款条来讲。

正凡正
真就是真，

假凡假
假就是假，

正事同收
真事同处理，

假事同解
假事同解决。

送冒到王龙边殿
送他到王龙边殿，

送冒到白虎边山

送他到白虎前山。

亥怕冒硬样钢
不怕他硬如钢,

亥怕冒韧样铜
不怕他韧如铜。

呀要锤冒碎
也要捶它碎,

呀要随冒溶
也要擂它溶。

款约尾语

台岩东冬
依岩东山,

台宗公甫
依话祖公,

台齐齐
依齐齐。

台宗公甫
依话祖公，

台齐齐
依齐齐，

台稳稳
依稳稳，

稳打岑山岭
稳过高山岭，

强打虎龙豹
强过虎龙豹。

百人共肠
百人同心，

百寨共盘
百村同规。

人牙空种
人坏绝种，

事亚空种

事坏绝根。

拍脚月愿
舞脚随心愿,

拍手月喜
拍手寻欢乐。

人人同所
人人同声,

角角同随
梳梳同齿。

尧刚话乃空话亡呀一众相
我讲这话无话什么呀一众人,

(娃) 对呀依口
(众人) 对呀依口!

流传地区:广西三江、龙胜,湖南通道,贵州黎平、从江、榕江。

口述者:吴本贤,广西三江独峒乡高定村人。

公包芳,广西三江八江乡牙龙村人。

陈永彰,广西三江林溪乡马安村人。

陈永基，广西三江林溪乡马安村人。

吴定忠，广西三江独峒乡干冲村人。

吴申堂，广西独峒乡独峒村人。

吴昌宏，广西三江八江乡马胖村人。

采录者：吴浩，1972 年采录于广西三江独峒乡高定村；

1982 年采录于广西三江独峒乡独峒、干冲村；

1984 年采录于广西三江八江鸟牙彬乌胖村；

1985 年采录于广西三江林溪乡马安村。

翻译者：吴浩。

侗族婚规九十九公款[1]

　　侗族《九十九公款》，是一部于清雍正八年（1730年）制定的自治条规。它由侗族聚居区内贵州的榕江、黎平、从江，广西的三江，湖南的通道等广大地区民主共同制定。

　　这部自治条规的款词中，追溯了人类起源古老的传说，棉必孵蛋而产生人类，人类如何战胜洪水滔天的洗劫。洪水退了，天上七颗太阳照射热得难熬，又产生了螟蛉砍太阳的故事。姜良、姜妹在这场大劫难之后，只看到了一只灰老鹰叫他们各自回程去找亲人团聚。姜良、姜妹在绝望中，不得已兄妹成婚。婚后，生了一个没头、没手、没脚的大肉团。揭示了兄妹结婚是违反科学，对基因遗传的错位。姜良、姜妹都不要这个肉团，把它丢到山里，遇上了仙婆把肉团砍碎，分成5份：其中肉的一份变成侗人，侗人生性良善温顺；其余的骨骼、肠子部分变成苗、汉和其他族人。这完全是款词作品中的臆想，为现今汉、苗、侗、瑶民族的居住环境做铺垫。以此证明侗家人习惯依山傍水而居，也是仙婆划定的。

　　款词讲到侗家人丁多了以后，对近亲结婚生肉团的教训，立下了同姓不婚、异族不婚的不成文条规。这又产生了新的难

---

[1] 摘自吴大华等著《侗族习惯法研究》，附录部分，北京大学出版社2012年版。

题和矛盾，很多男女在本地找不着对象。男人找女友要去很远很远的地方，女人找郎婿同样在遥远的几十天路程之外。远路结亲，时常发生远亲不幸的遭遇。如引郎和美道是由家人逼迫成亲的夫妻。婚后第一个除夕之际，美道要回娘家探亲，因在大年头上，没有人护送，美道就独自一人回去。因路途遥远，要走几多山冈，过几多溪谷，当美道走到坪龙坪岗山头，被一精怪抢去，不幸落入妖洞。

三年过去了，娘家以为美道在郎家，丈夫以为美道回娘家未归。等到美道逃离妖洞回到引郎身边时，引郎却认为她和别人私奔了，如今蓬头垢面回来，不让美道进屋，睡在楼梯角，饭菜也怠慢着她。后来，发生美道悬梁上吊的悲剧，幸好被放牛老人及时发现抢救，才保住了性命。

放牛老人救活美道，得知美道自缢的来龙去脉，他向引郎一一讲述。引郎才知道错怪了美道。他要和美道一同去斩妖，一来报仇雪耻，二来为民除害。他俩智杀了精怪，把头砍来交给岳丈吴广海审判。终于弄清被精怪劫掠的根源，归根结底，其一是路途遥远的婚事，其二是姑舅表婚的束缚。于是，提出"以后别再远路嫁姑表，现在要改结近路亲。大家来破旧俗规，破姓结亲"。

破姓结亲，除旧俗姑舅表婚谈何容易。这不是由几个人说了算，要男女老少，"十八氏族"都同意才行。破旧俗规，破姓开亲势在必行，只有动员大家起款立法，依靠大家才能办好。事情就由吴广海和引郎提出，一同去找乡老头人。先找到一洞乡老头人都同意，但还要征求更多的人，还要去二洞三洞找乡老头人高议，一齐找遍了"九岭十洞"的乡老头人。

在侗族立款规约中，首次看到这样由头人出面，村连村、乡连乡地由乡老头人自发组成的破旧俗、破姓开亲的"宣传队"，广泛征求意见。甲地同意还要乙地同意，自己同意也要他人同意。乡老们不妄下结论，行程千里路，串村走寨，走遍侗区南部80多个乡村，有名有姓地邀请寨老头人73名。他们每到一地，首先说明来意，然后征求意见，再三找有影响的寨老头人民主磋商。最后集中到月寨钯楼家，到得统一认识，作出立款法石场的决定。

侗族集款有小、中、大三种类型。遗留下来的款词很多，但像《九十九公款》这样完整的叙述，为什么要立款和立示的全过程，以及立款的民主性则是少见。立款的条规，常见的是生硬的条文，而该款词在同样条文中，语言生动，寓意深刻，读了它好像不是款条，而是一部文学作品。如形容立款后，"大家共伞遮雨，立有堂棚遮风"。讲到男女禁区的事，则用"倘若哪个男人，伸脚踩石，伸手摸左，狗用脚爬，猫用爪抓，摸脚掐手，强摘黄花"。形象生动，点清道明，没有看出法官似的虎气横肉。侗乡有人把款词编成琵琶歌，当众弹唱，广泛宣传，使之家喻户晓。

《九十九公款》正文如下：

四个棉必祖婆孵四蛋，

孵四个蛋在山乡。

三个坏蛋丢掉了，

剩个白蛋生松桑。

四个棉必祖婆孵四蛋，

孵四个蛋在山村，

三个坏蛋挍掉了,
剩个白蛋生松恩。
从那时起,
我们就有了生育儿女的根。
松恩生有七子:
第一个蛇王,
第二个龙王,
第三个熊(虎),
第四个雷公,
第五个姜良,
第六个姜妹,
第七个猫郎。

这时候,
姜良见兄弟们生得不一样,
不知各有何本领?
就邀到山里,
各把本领显示一场,
在山间,
众兄弟把本领使完。
齐声地讲:
我们没有什么做了,就看你姜良的本事强不强?

姜良说:
我想使个戏法大家观赏,

让众兄弟也快乐一场。
你们各去寻藤子来，
将自己捆在树蔸上，
然后我的戏法就开张。

众兄弟真找来了藤子，
把自己都捆在树蔸上，
于是姜良就放火烧山。
这时松恩高喊：
虎快进山，
龙快下海，
蛇快进洞，
雷快上天，
猫快爬岩，
人快去水旁，

这样，
众兄弟才幸免火殃。

雷虎龙蛇上了当，
心里愤恨难忘。
几个又聚在一起，
商量如何报复姜良。
大家对雷公讲：
只有你才有本事报复姜良。

雷公想了说：
我到正二月间，
或是春夏相交的时候，
将雾包山头，
雷响四方，
那时我就报复姜良。
只怕他进塘捞青苔包头，
又耍诡计花招，
再上他的大当。
便罢，
看他怎样抵挡。

时候到了，
雾漫山头，
雷响四方，
雷公从天上劈下来。
这时姜良进塘去取青苔包头，
雷公滑脚滚身倒地，
确实又中了姜良的计策。

姜良捉得雷公关在仓中，
关了三天长五天久，
姜良上山砍柴去，
剩下姜妹看守雷公。

雷公对姜妹央求说：
我们是共个祖婆养出来的，
共一个褡袋背大，
你要可怜我一点！
送一口凉水救急，
给一点热水救命。

姜妹好心舀得一瓢热水来，
送给了雷公，
这时雷公发生闪闪电光。
姜妹说：
雷公吃了水还会使好看的花样，
玩个好看的把戏。

雷公接着说：
这次喝的是死水，
如果你弄得冷水来，
我将做出更好看的把戏来，
让你姜妹看不厌。

姜妹当真舀一瓢冷水给他喝，
雷公马上强电闪闪，
顿时劈破了仓，
雷公又要上天去了。

姜妹忙去抓雷公手臂，
挽救雷公。
姜妹说：
你别去，
如果你去了，
姜良哥回来要骂我！

雷公说：
你不用怕，
今天我拔臼牙送你做瓜种，请妹妹拿到叩地去种。
经常去看管，
结成好瓜之后，
把它凿开当船。今年会大浪翻天，
洪水淹山，
大家都成埋在地下的烂木桩。
雷公发起漫天洪水，

处处被淹。
姜良姜妹赶紧叫匠人来开葫芦瓜，
他们请来了谁？
请来了啄木馆老。
瓜钵开好了，
姜良姜妹进了瓜钵。
水越涨越高，
瓜钵越浮越上。

各处飞来大群黄蜂,
都去扒附那个瓜钵,
姜良说:
你们别扒这个瓜钵,
沉下去大家都完了!
黄蜂们说:
救我们这一回姜良公啊,
要不我们会被淹死的。
你救我们,
我们也能跟你上天打仗。

瓜钵漂流到南天门,
正逢雷公在哗哗地往下屙水。
姜良一箭射去,
黄蜂随箭起飞。
蜇得雷公脑壳肿成鼎罐大,
射进天庭,
于是双方讲和。

雷公请谁来讲和?
请个野画眉。
姜良请谁?
请了个画眉。
开始面对面讲和,
野画眉先说:

你雷公一天退一丈水,
姜良就一天退一只蜂。
雷公说:
这个做不得,
我痛得太厉害。
画眉说:
你一天退七丈水,
姜良一天退七只蜂。

雷公弄出七个太阳来晒,
确实把水降下来。
水一天天退,
几天几夜才退到地面。
天上七个太阳热得如火烧,
晒得人出不了山。
剩下个螟蛉没去打仗,
让我背刀上天去砍太阳。

姜良对螟蛉说:
你的想法好,
你就背刀上天去砍太阳。
我被刀带勒成细腰,
日后生不成儿女怎么办?

姜良说:

那不要紧,
以后我送点药给你,
只要取得一种虫子来念咒,
就成了你的儿女。
螟蛉又说:
若是你说的做得到,
我愿上天去。

螟蛉腰佩刀砍太阳去了,
奋力砍去了五个,
剩下第六个,
一刀大砍去半边。

姜良看了忙喊道:
螟蛉啊!
留个给晚上。

从这个时候起,
留下来的那个
成了月亮。
至此,
螟蛉也就回到地上。

事情都办好了,
姜良就去找老婆,

姜妹也去找男人。

他俩各走一条路，

姜良到九步路潭，

遇到一只灰老鹰。

姜良问道：

你飞在天空，

看得清地面，

你看哪个山脊上还有凤尾竹？

哪个山窝还有金鸡叶？

哪个山村还有人住呀？

老鹰说：

全没有了姜良啊，

你只有回家去找亲人团聚。

姜妹找丈夫，

她找到龙塘水井，

也遇到那只灰老鹰。

姜妹问道：

老鹰啊，你走得宽，

你看见哪里还有人？

灰老鹰说：

全都没有了

你转回去跟自家亲人团聚吧！

姜妹返回来，
姜良也转回来了，
兄妹才结合成一对夫妻。

姜良姜妹结婚三年多，
生下个孩子。
那孩子无头又无眼，
无手也无脚，
像个大冬瓜。
你把手放在哪里哪里吸，
你把奶喂在哪处哪处吮。

姜良说：
这孩子不好，
我不要。
就拿到山冲里丢，
天上仙婆看到了拿刀来砍。
举刀一砍，
分成五分：
肉变侗人，
侗人良善温顺；
骨变苗人，
苗人强悍坚硬；
肠变汉人，
汉人乖巧聪明；

剩下肝肺碎肉变成瑶人……
这时人又繁衍起来,
人满平地山岭。

仙婆在水井旁等过路人,
瑶人祖先道先走过来。
仙婆说:
我背你去,孩子,
瑶人祖先站着不走。
仙婆又说:
我的老弟心不要愁,
肚要宽顺,
心里要高兴,
以后你们瑶人会落进九山深洞,
落进九岭大山林,
虽少田塘耕耘,
但多荒坪开垦。
打把腰刀背腰间,
打把弧刀给你制木鼓;
夜间你砍竹木起屋,
白天打猎采米椎;
挖山冲种粟米,
垦荒土种包谷;
头戴花斗篷,
身穿大红裙,

歌堂唱歌乐融融。
你们的话难得听懂，
人的心总是相通。
只要你们艰苦开辟道路，
会家发财茂子孙荣，
你们世世代代不受穷。

仙婆继而守在水井旁，
一个苗人祖先走过来，
仙婆说：
背我去啊，孩子！
这个苗人祖先，
话不答声不应。

仙婆又讲：
你们祖先是个老实强悍人，
当初住在扭河头，
吃穿都不愁；
被迫南迁走，
来到岭培和高告，
重建家园把生谋。
又遭一次大劫难，
只好落进万惹山脚党棒山头。
男包花帕象绣球，
女插银花凤台头。

歌声悠扬欢乐,

笑语乐乐呵呵。

后生头上鸡尾长,

姑娘挑花绣朵又唱歌。

勾根吹笙又跳舞,

笙歌燕舞万年欢乐。

这时侗人祖先走过来,

仙婆说:

背我走,孩子!

侗人说:

我背你,阿萨。

仙婆说:

老弟胸怀真宽广,

将来你这个侗家祖先,

第一住进平坡、夏甲,

第二住进地弹、安中,

第三落进龙里、四方、高牙、滩寨,

第四坐进水井龙塘、九步路塘,

村三百客六十。

第五落进高万龙山,山多田地广。

鸭不喂谷放进田坝,

鹅不喂米放进河塘,

狗进山林咬野兽。

猪比野猪大,

鸡比野鸡强，
羊比野鹿还要壮，
花时未过树叶早已飞走，
父置暖布做衣裳。
不论平地不论陡处，
侗家祖先都可居住。
或是溪边或是水旁，
侗家祖先都得安详。
侗家祖先有份岳母之情，
有一份认嫂之茶。
祖祖辈辈有武艺，
棍棒摆在走廊边。
标枪放在墙脚下，
保护村寨安康。

仙婆还守在水井旁，
汉家祖先走过来。
仙婆说：
背我走，孩子！
那汉人即将仙婆背上背。
仙婆说：
老弟心肠实在好，
心地又宽广。
将来你汉家祖先，
坐进田坝村子，

住进雁鹅县。
说话胜别人,
代代坐衙门。
妇女白天在家里坐,
夜晚在秀房里卧。
男的白天在家喝清茶,
夜晚在家饮热酒。
父亲给你好衣,
母亲给你好床;
麻布缠捆包成小脚,
走路像风吹柳摆;
等到你出嫁,
坐进花轿锁上轿门,
抬在街前游在巷尾,
放炮噼里啪啦泣嫁泪流唏唏。
棍棒放在堂屋里,
标枪放在墙壁下。
你们也有几手武艺,
也有一份认岳母之情,
一份认嫂之茶。
千样好话,
都给了你汉家祖先。

侗家人丁兴旺,
我们总论姓氏结亲。

三十天路程找女子，
七十天路程寻郎婿。
带肉肉生蛆，
包饭饭变馊。
说到贵筑村头，
有个人名吴广海。
家住在龙塘水井村，
有十八个姑表妹都不合心意。
他背上大袋米，
穿上新草鞋，
一村一村找，
一寨一寨寻。
走到龙崩寨，
遇到一美人。
姑娘姓石名香妍，
面目端正白生生，
身材匀称言谈美，
玉肌嫩似芒草心。

当晚两人一起唱歌一起玩，
姑娘腊汉汪真情。
香妍说：
我俩要想成一对，
你到我家来上门。
广海赞口说讲：你家好。

香妍说：
好也是真的，
三父三母一家人，
唯独生我小千金。

广海开言答香妍：
我俩难得成婚亲，
我家三父九母一门庭，
唯独有我一后生。

香妍暗自做决定，
出言我做你家人。
终身姻缘已讲定，
星夜逃婚离家门。
龙崩寨昨夜新客今不见，
石家姑娘无踪影。
寨内传闻有男美人。
此人定是一妖精。

它把香妍吃了去，
千金失落不用寻。

香妍跟着吴广海，
远程来到龙塘水井村。

夫妻生活十余年，
生得儿女两个人。
养得腊汉叫玉兰，
姑娘美道亦成长。

有个货郎张小三，
做小生意村串村。
贵筑村头吴广海家他常进，
龙崩寨内香妍家是老熟人。
十多年来少行走，
龙塘水井今又行。
夜来投宿老友家，
广海家里见故人。

小三一看是香妍，
又是喜来又是惊。
香妍姑娘你在这？
家里人以为你被妖怪吞。
你来这里真是好，
如今好竹又生好新笋。
你家哥哥石本宗，
生得男儿引郎也长成。
你又养得一女叫美道，
要约合他来认姑表亲。

香妍忙道：
好得很！
你可回去传音信。
费心你到我家去，
送你路费八两银。

张小三真的去到龙崩寨，
急忙跑进石本宗家门。
进屋开口好消息，
香妍姑娘在佳音！
你们总说人不在，
如今她在龙塘水井村。
她跟广海十余载，
养育儿女有后人。
男叫玉兰女美道，
那美道真是一美人。
本宗啊，
我俩快去接姑表，
好花不要让别人。
本宗听了频点头，
两人很快就起程。
来到龙塘水井村，
直到吴广海家门。
歇息两三天，
才攀谈起姑表亲。

美道隔壁偷听了,
赶忙背地问父亲。
你们把我嫁给引郎啦?
父亲不肯吐真情,
我们只做喝酒席上伴,
不曾讲到这事情。

美道又把母亲问,
你们要拿我转嫁舅家?
行程太长路太远,
女儿我实在不肯。
并不是哪山没有藤缠树,
并不是哪个坡上无缠树的葛麻藤,
并不是哪个地方无女人。
舅家住哪里,
就在哪里攀亲。

母亲回答姑娘语,
去吧,
还姑舅情深!
我家我知道,
家境胜过我家门。

你去,

你自己养只母猪,
每窝猪仔银两二,
日后有它好度生。

美道又跟哥哥讲:
他们要我嫁舅家,
我不想去。
走那么远的路,
爬坡越岭难担承。

玉兰哥哥也回话:
妹啊,你去!
咱们去的是舅家门。
从前你头还不沾梳的时候,
本说你去舅家把产业继承。
去给大舅管家,
还有那整坛金银。
美道实在拗不过,
只好答应这门亲。

玉兰说:
妹啊,你去!
八月半回家为我做件锦衣,
让我跟伴友把歌堂进。

从此美道嫁到龙崩寨，
她去哪人很合群。
有的称她为嫂，
有的叫她为姑。
新娘天天有人请，
吃了这家又那家，
进了一门又一门，
乐得她忘了八月半回娘家的事情。

时间过得真快，
不觉年终来临。
美道才问是哪月？
人说明日是除夕，
美道才大吃一惊。

美道说：
我得立即回去。

引朗说：
明日是除夕，
让谁陪你同行？
美道说：
你不陪我独自去，
不怕路上鬼吃人。

美道一人早起程，
匆匆忙忙走三天，
过了坪龙岗赶路程。
来到坪龙坪岗出顶，
路边有个鸠石洞。
有只大精怪专吃人。
正月初几行人少，
美道埋头匆匆往前走，
却被精怪一口吞。

那精怪忽醒悟，
吃人已有好几百，
从未见过这样的美人。
精怪吐出美道说：
你给我做妻子吧，
我就留一命。

美道虎口难逃生，
不得也得行。
时过三年整，
背脊上都长了蛇鳞。

美道问：
有什么东西可将鳞片洗干净？
精怪说：

九剑潭内有水藻,
取来即可洗干净。

美道暗中高兴,
要洗掉鳞片的办法
要洗它个干净,
我也有方法回家门。
美道对那精怪说:
我是个人啊,
头发这么乱要米甘淀来洗,
衣服这么破要用布来补,
放我回家去拿来吧!
我已是你的啦,
讨好那精怪放她回家。
精怪微微把头点,
睡着呼呼打鼾声。

美道悄悄逃出洞,
久离家人人变样。
回娘家吧,
要走二十七天路,
回夫家吧,
只要三天路很近。
她往田坝那里走去,
引郎的妹妹看到了,

那人太像嫂嫂哩？
引郎的母亲说：
不是你嫂嫂，
嫂嫂穿新衣。
那要越走越近，
直到楼梯角了。
妹子惊喜说：
真的是嫂嫂。
她忙去告诉引郎，
嫂嫂回来了。
引郎出来一看，
见到美道发乱衣裙破，
像个叫化讨米人。

引郎不好气骂道：
你去哪里这么久？
你跟谁去私奔？
如今你没吃没穿才回来找我，
举棒就要打。

美道说：
请你不用发怒，
我从家里去坪龙岗山顶，
被精怪抓进洞里这么久，
施了巧计才得回来啊。

引郎疑惑不解不让她进屋,
要她住在楼梯下,
一天只给四两为饭吃。
住了十多天,
美道觉得很受气。
她不愿在世间活下去,
就跑上山里去吊颈。

松葵看牛老人看到,
忙将她救活。
松葵老人问:
你为什么要上吊?
美道哭着道:
我是石本宗的媳妇,
我回娘家半路被精怪拿进洞去。
引郎却怪我同别人私奔,
白天只给四两饭,
夜晚叫我睡楼板。
家不让我进,
床不让我睡,
我很伤心才一吊颈。
松葵老人听了替美道伤神,
我去帮你讲个情。
松葵老人告诉引郎,
你别生美道的气啊!

在那坪龙坪岗山头，
真有个吃人妖精。
我们老辈都听讲过，
在坪龙坪岗寨里，
一个月有五个人给它送命。

引郎听了才相信，
松葵公，
真有这事吗？
如果真有这事，
我就去杀那只妖精。

引郎打把大刀，
三天才打成。
磨了三个月，
刀口才磨锋利。

引郎跟着美道，
直奔坪龙坪岗杀妖精。
美道背一篓石灰手拿一扫帚。
引郎提刀在洞口等，
美道进洞去逗引，
头露一丈就动刀砍。
美道进洞把石灰撒，
扫把扫得满洞白昏昏，

妖精呛得受不住，
想从上面洞里逃生，
头伸出来一丈高，
引郎挥刀砍得准。

美道和引郎抬着精怪头，
抬到贵筑村头水井龙塘村。
进了岳父吴广海家门。
岳父很吃惊，
你们为什么抬个妖精的头？

引郎惭愧地说：
三年前她回娘家探望你两位老人，
不幸被妖精抓进洞里去蹂躏。
我们以为她住在娘家。
你老也以为她在我家。
现在我们杀了那妖怪，
把这妖头抬来给岳丈审，
我们以后别再远路嫁姑表，
现在要改结近路亲。
大家来破破旧俗规，
破姓结亲。

吴广海老人说：
女婿你讲这话合情理，

条规是条规，话归话。
光有道理也难行，
还要年轻人同意，老年人同心，
十八氏族都同意才行，
有我们还要有别人。

引郎说：
我只知道你岳父老大人，
如果你晓得哪村有乡老？
哪寨有老人？
我俩只管去请他们。

吴广海说：
我知道在那五步象村，
那里有乡老、有头人。

引郎陪着吴广海，
一同去邀请寨老头人。
去到象村条银老人家，
又串寨蒿条郎老人的门，
万毛住洋洞，万瓦住洛乡，
华仓住章鲁，万富住车寨，
香发住赖洞，香太住地理，
邀了一洞头人。
他们在香太家里说：

香太老人啊，

我们想来约你，

商量破姓结亲的条规，

不知你意下如何？

香太老人说：

这是大事，

不是小事，

有我们还要有别人。

众老人说：

我们只知道你这里香太老人，

你想知道哪里有乡老？

哪寨有头人？

我们一一都去邀请。

香太老人说：

我知道的是榕江河那里的乡老，

众老人一齐来到上榕江下女河。

两全住巨洞，万奈住榕洞，

高朋住丙梅，宗于住板坪，

松光住高安，发劳住涌尾，

发明住良口，发仓住和里，

这里又约了洞头人，

到和里发仓家去了。

发仓道：
这事关系太大，
有我们还要有别人。

众位老人说：
我们只知道你发仓老人，
若你知道哪村有乡老，
哪寨有头人，
我们一同去邀请。

发仓说，
我知的是六洞那里的乡老，
我们进六洞去！

众乡老来到上龙图、下龙潭，
条良住贵洞，条安住永洞，
发蛮住肇兴，金老住皮林，
相克住过村，才略住高宁，
才成住石下，杨化住三叉，
松亥住口洞，金楼住潘老，
太安住上黄，学堂住三龙，
伍滔住竹坪，卯星住坑洞，
唐丙住交高，爱保住四寨，
松太住独图，这都是一洞头人，
他们到龙图的才乡家说：

我们要邀你制石头法立款,
破姓破俗规,
不知你意下如何?
才乡说:
这话事关重大,
非同小可,
有我们还要有别人。

众乡老说:
我们只知道你才乡老人,
若你知道哪村有乡老,
哪寨有头人,
我们一同去找。

才乡说:
我知道南江那里的乡老,
众乡老去上南江,下更河,
村头南外,村脚界览,
坪塘两潮,
他们一起去杨松太家。

松见住八德,金别住独坡,
潘亚住漆团,这都是一洞头人,
他们齐到漆团潘亚家里去了。

众老人说：
我们来邀你商议破旧俗规破姓结亲。

潘亚老人说：
这话事关重大，非同小可，
有我们还要有别人。

众老人说：
我们只知道你潘亚老人，
若你知道哪村还有头人，
哪寨还有乡老，
我们一同去找。

潘亚老人说：
我知道六甲苗那里的乡老，
于是大家进入苗方，
到了上龙上面，下龙下面。
银垂住格面，银朋住培进，
相恩住龙细，古利住四沟，
吉留住滚当，培相住龙崩，
这又一洞头人，
他们来到培相老人家里，
我们是来约破姓破俗规的。

培相说：

这件事，话是说，
条规是条规，
要年轻人同意、老人同意，
十八民族都同意，
才算同意。
有我们还要有别人。

众老人说：
我们只知道龙崩你培相老人，
若你知道哪村有乡老，
哪寨有头人，
我们又一同去邀请。

培相说：
我知道苗江那边的乡老。

众老人急忙赶到上塘潮、下塘培，
丁夏住塘潮，中条住塘培，
信委住牙中，富弄住琶团，
银达住独洞，万禄住柑冲，
龙烂住地青，有英住化明，
大公住东郎，落明住几埃，
贾泰住归贡，伦猛住小黄，
学堂住白岩，这都是一洞头人，
他们到白岩学堂家去。

众老人说：
学堂老人啊，
我们来邀你破姓破俗规！
学堂说：
这事关重大，
不能莽撞，
有我们还要有别人。
众老人齐说：
我们只知道你学堂老人，
若你知道哪村有乡老，
哪寨有头人，我们一同去邀请。

学堂说：
我知道九岭十洞的乡老。

众人高兴来到上吴家、下鹞坪，
卯休住增冲，沅弄住高旋，
银团住信地，中喜住坪楼，
鹞头住往洞，兰榜住槽滴洞，
香给住腊达，香发住寨头，
银楼住月寨，这都是一洞头人，
众乡老聚集到月寨银楼家里。

银楼对众老说：
以前这话是从我九岭十洞传出去的，

现在又回到九岭十洞来，
有人讲出去，
又有人传回来了。
我们一齐好商量，
商量好了，
就在九岭十洞立块碑，
开个款场。
三江十洞人到齐，

清点头人九十九。
啊，还有月寨银楼未数，
整整一百人。

于是大家办早饭吃，
杀什么牲口办早饭？
杀头牛。
杀谁家的牛？
杀定国老人的牛，
不杀母牛杀公牛。
一头牛还不够再杀一头，
杀谁的牛？
杀定瑶老人的，
众人杀牛议款啦！

烂肉不烂角，

拿牛腿传寨报款，
拿牛角传寨去喊。
年轻人说：路长不愿外嫁外娶，
老年人也觉路远不好结亲。
隔条河结堂亲，
隔座山结良缘，
种田要九十九谷子才成熟，
理事要九十九事才办得成。

从这时起，
就有了公议款规。
母鸡生蛋母鸡孵，
父辈立下石头为证，
依循的是子孙晚辈们。

母鸭生蛋母鸡孵，
父辈立下石头为证，
执掌的是后代人。
山蜂房，河蜂房，
前辈过了晚辈来接上。
以前因为前代无规法，
曾有过大寨欺小寨、大鹞吃小鹰，
这村打那村的事情。
你看，
浪洞打洛洞，

增冲打朵寨，
梅洞打石碑，
坪力打明寨，
贯洞打八申，
永洞打独洲，
龙图打牙寨，
铜锣打格多，
王岭打枫木，
五百肇兴，打进六甲若河。
打得父住本地不安，
母住村子不宁。
父逃丢寨，母跑丢窝，
父逃丢屋，子逃丢家。
这才侗置乡村，汉设衙门，
侗立俗规石头法，
汉制枷锁和律刑。

洪武设立五开卫，
永乐十一年置黎平府。
雍正八年设立古州三宝，
县划有三：
永从为第一，
开泰居第二，
锦屏列第三。
从这时起，

才把一些地方合并。

就讲九岭十洞：
金洞与欧寨合为一洞，
开甫、地扣合西为一洞，
竹坪、滩列合高村为一洞，
小黄合白岩为一洞，
一共二千九百户。

再讲六洞那边，
永从合贯洞为一大洞，
这是一洞；
庆云合龙图，
一洞五个村，
这是二洞；
独洞合榕洞、朗洞、洒洞，
一洞隔条山，
这是三洞；
塘洞合石檀，
团洛合肇兴，
这是四洞；
皮林守河口，
沙洞跟央寨守山脚，
这是五洞；
屯洞守水两源，

高贡、高洞守高弄，
这是六洞。

上由葵山下，
下由八申上，
这时才分守山界。
七百贯洞守八申，
四百庆云守高安外力边
五百肇兴守岭格山脚。

太平元年（1078年）前代戊午，
立来罗金军，
甲子之年丙接丑，
正月丙寅立来肇江两协，
二月丁卯立来岭格中团，
六洞紧联像铁环。
日后代代有乡老，
村村有头人。
子孙万代家富饶，
六洞团结不动摇。
草头坪的汉人守路头，
长春堡的汉人守盘山头，
中潮给洪州所做靠山，
顿洞在岩山脚下，
三脚永从守在下猴陡坎头。

从这时起，
大家共伞遮雨，
立有堂棚遮风。
从此，
六洞才有坪巴石法场，
坪孟石法场，
宅大石法场，
登谷石法场，
滚社石法场，
八洞石法场。

从这时起，
有的换公公娶媳妇，
换奶奶取种子。
女子出嫁结草山头相许，
唱歌山中定情。
男丢女罚银七钱二。
女弃男也罚银七钱二。
女子出嫁，
凡出了黑糯饭、白糍粑，
过了大担礼。
这时女丢夫罚银六两六，
男丢妻也罚银六两六。

若是已生男育女，
夫妻不合。
窝火打架，相争吵闹。
为此婚姻拆散，
要罚银子十二两。

种田合九十九才熟谷，
处事合九十九才成理。
不准谁吃过田口之水，
割过田埂之草。
如若乱搞，
罚他银子五十二两。
拿他到款坪说理，
要他当大众认错。
若是教不服，劝不转，
拿他到石法场处罚。
这是第一层。

还有第二层。
讲的是男女游戏的事。
耳边插鸡尾拉手多耶，
墙后弹琵琶相依唱歌，
依身在门边细语悄言，
不犯规矩理所当然。
倘若哪个男个，

伸脚踩右伸手摸左。
狗用脚爬，
猫用爪抓，
摸脚插手强摘黄花，
这类事，
事轻罚酒饭，
事重罚他银子一百过四两。
如果和奸，
你在刺逢里弄，
外面有人看见。
有人偷偷做，
也有人偷偷捕，
捉得到手，
罚他银子五十二两。

再讲第三层。
年年春起做农活，
讲的是地头棉花、田里谷子的事。
有谁脚弯手勾，
黑夜偷剪禾穗；
哪个眼浅手长，
半晚偷偷摘棉花。
捉到三人罚三人，
抓到五个罚五个。
三人共鼠洞，

五个共鼠窝。
同样该罚落，
罚他银子八两八。

还有第四层。
如有谁人脚勾手歪。
偷钻池塘水口捉草鱼。
挖田坎放水偷鲤鱼。
当场捉到他正站田中，愧立池边。
罚他银子十二两。

还有第五层。
有个别人，
心不正，生邪念。
捅圈破屋，撬破板壁，偷牛盗马。
罚他银子二十四两。

还有第六层。
有谁人胆大如笼，
头大如桶。
拦路抢劫，白天行凶，黑夜动刀。
这事有产产当，
无产命当。
把他的屋柱拆断，家产荡尽。
拿他捆石沉下深潭。

种田符合九十九才熟谷，

处事符合九十九才成理。

我们立下这个款，

说话到头，理交到底。

走不完的道路，

讲不完的语言。

我们立款立约。

主要是婚姻破姓俗规。

同族出五服，过五辈。

村头娶姑辈并不碍事理，

村脚娶晚辈也不算儿俗规。

村近路也近，

姚姓嫁姚姓。

兰公娶了姑表辈。

郎耶娶了同姓女。

我们结近路亲去噜！

清雍正八年　　同立

九十九公（按今领属排列）：

榕江县：吴广海（龙塘水井）、引郎（龙崩）、条银（象村）、条郎（寨蒿）、华仓（章鲁）、万瓦（洛香）、万富（车寨）、雁岩（腊达）、香发（寨头）、银楼（月寨）。

黎平县：毛万（洋洞）、香发（赖洞）、香太（地理）、发蛮（肇兴）、金老（皮林）、克相（过村）、才略（高宁）、才成

(石下)、杨化（三叉）、松亥（口洞）、金楼（潘老）、太安（上黄）、学堂（三龙）、伍滔（竹坪）、卵星（坑洞）、唐丙（交高）、管保（四寨）、龙烂（地青）、有英（化民）、大公（东郎）、落明（几埃）、贾泰（归贡）。

从江县：两全（巨洞）、万奈（榕洞）、高朋（丙梅）、龙海（社沙）、条良（青洞）、条安（永洞）、松太（独洞）、央谷（党洞）、才乡（龙图）、伦猛（小黄）、学堂（白岩）、卵林（增冲）、沅弄（高旋）、银团（信地）、中喜（坪楼）、鹞头（往洞）、兰榜（槽滴洞）、香给（贡奋）、张更（吴家）。

三江县：秋车（梅林）、宗于（板坪）、松光（高安）、发芳（涌尾）、发明（良口）、发仓（和里）、丁夏（塘潮）、中条（塘培）、信委（牙中）、富弄（琶团）、银达（独洞）、万禄（柑冲）。

通道县：松见（八德）、金引（独坡）、潘亚（漆团）、银垂（格西）、银朋（培进）、相思（龙细）、吉利（四沟）、去留（滚当）、培相（龙崩）。

侗族石根款[1]

《石根款》侗语称"Dens bial dins jinl"（石根岩根）。它叙述了侗族婚俗改革的历史过程及"勒石盟款"的来龙去脉，虽然主要是讲婚俗改革方面的问题，但对我们了解"石头法"的原始形态及有关情况不无帮助，故引录全文如下：

汉文译义

总说树木有根，
总说树木有叶。
我说石头也有根，
我说石头也有叶。
我说这话，
不是胡说乱扯
我讲石根岩根大家听：
当初远古，
辛丑年[2]，
辛酉日，
申时申刻，

---

[1] 摘自吴大华等著《侗族习惯法研究》，附录部分，北京大学出版社2012年版。
[2] 非确切年，泛指远古时代。时刻亦同。

告公养老公，

老公养雅香……①

太白取得苻，

拿瓜种下天；

太白取得苻，

拿瓜种下地。

拿瓜种下地，

才是救得姜良和姜妹。②

他俩共同立碑，

坐进阳平仓里。

才分姜良为父，

才分姜妹为母。

姜良李妹置人根③，

当初古代传到现如今。

又讲到分石堆平山，

又说到立岩堆平岭。

分到陡山冈，

碑立岭峻上。

汉人乖巧住山下，

---

① "告公"、"老公"、"雅香"等均为侗族神话中的人类始祖。
② 姜良、姜妹是侗族神话中的人类再生父母。传说洪水滔天，人类绝灭，唯姜良、姜妹兄妹俩躲在瓜葫芦里才幸免于难。为了繁殖后代，他们兄妹俩成婚，成为人类的再生父母，并订下了人类的婚姻制度。
③ "李妹"就是姜妹。传说兄妹成婚后，姜妹改姓为李。

瑶苗老实住山头。
从前同住通天河,
侗苗朝廷共皇历,
整个天下共条理。
来到湖广山西,
才分成汉瑶侗苗,
咱们才讲联姻结亲,
咱们才讲男婚女嫁。
说到侗苗同根,
同住树仙山脚①,
同住兰洞山头。
竖有石,
栽有岩。
竖第一碑的人,
杨庙知和李知金。②

说到第二碑,
竖在竹山脚,
立在仁山头。
因依第一碑,
道理没改,
符合旧礼,

---

① "树仙山"、"兰洞山"均属侗族居住区内的地名。下同。
② "杨庙知"、"李知金"均等为传说中的人物,其生活年代无考。下同。

四十八亲,

四十八客。①

也不多,

也不少,

山大开田,

面大开亲。②

敲鼓不能变声,

敲锣不能变音。

竖第二碑的人,

佟大宝和李仕明,

潘通良和龙富首。

说到第三碑,

在岑午山脚,

在学女山头。

岑午山有男,

学女山有女。

男长大,

女成人。

男登十八娶,

女满十八嫁。

新衣着身,

---

① "四十八客"指结婚时要请四十八桌客。
② "面大"指体面人家,即有钱财的人家。

新鞋套脚，
去寻亲访戚。
开路三丈宽，
铲草九庹远，
来到岑午山中相遇：
"你去哪里？"
"我去寻亲访戚。"
"你去哪里？"
"我也去寻亲访戚。"
他俩互问姓名：
"你叫什么名字？"
"我叫龙金刚。"
"你叫什么名字？"
"我叫吴金培。"
金刚说有十八男，
金培说有十八女。
一人有男当，
一人有女对。
他俩寻亲得亲，
他俩访戚得戚。
勾刀换着背，
脸帕换着使。①
靠杨梅树做媒，

---

① "脸帕换着使"喻亲密无间。

靠八郎树牵线。
树木生根，
媒人定亲。
千日认婆媳，
万日认亲戚。
山脚立有桩，
山头打有标。①
竹子同节，
谷子同穗，
礼物多少送到。
半路埋火炭，
田段埋石板。②
龙金刚说：
"我的衣袖短，
我的衣角颓③，
大石分小石，
咱俩改一半，
改成二十四亲，
改成二十四客；
米二十四箩，
鱼二十四篮；
二十四两谷银，

---

① "立木桩"、"结草标"均为侗族古代确立婚姻关系的一种形式。
② "火炭"和"石板"都是不会腐烂之物，象征婚姻永存。
③ "我的衣角颓"喻钱财不多，大操大办有困难。

二十四两肉解。"

完了第三碑，
讲到第四碑，
立在三留坪上，
埋在塘里坪下。
立碑人：
杨柱天、吴仕太。
分石分岩，
破大岩，
分小石。
礼物太多，
负担太重。他俩改为十二亲。
他俩改为十二客。
上十二村，
下十二亲。
十二两谷银，
十二两肉银，
还有三斗三升黄豆。
依可中水，
依干冲石。

第五碑——
改为六亲，
改为六客。

米改六匡，

银改六两。

立碑人：

高宇村的吴荣、吴叶、

吴超凡[1]；

玉马村的龙满金、

龙安宇、

龙满万；

归欧村的冯明、冯高；

塘双村的唐明；

九追村的虞海；

累寨村的吴修善；

平先岩弯村的李冒炎；

高山村吴仕良。

石根这样传，

岩根这样立。

告诉子孙后代，

不要就高要就低。

莫依旧礼依新礼。

我说这话，

人人喜欢。

（众答：说得对呀！）

---

[1] 高宇村、玉马村等都是湘、黔、桂边界的一些知名侗族村寨。吴荣、吴叶等人的生活年代待考。下同。

怒族习惯法

怒族社会没有成文的法规。根据传统的习惯，有一些关于婚姻、继承及制裁犯罪行为的规定，但这些规定在现实生活中已不起决定作用了。

继承

怒族社会基本上是一夫一妻的小家庭。儿子结婚后，即和父母分居，单独建立小家庭。父母留小儿子共同生活。儿子分家后，土地、耕牛一般不马上分割，仍与父母共同耕种，粮食按户平均分配。俟几个弟兄都长大成人以后，土地再分开，但部分土地仍保持共耕。老房子归小儿子居住。土地多的人家，在分割的时候父母可留一块较好的地，死后归小儿子继承。

年老无子，可以招赘，继承土地财产。出嫁的女儿，无继承权。没有子女，也可以招收养子。但无论招赘或养子，事先都要和氏族头人商量，征得大家同意，并且要先招近亲子侄，只有在近亲子侄中找不到合适的人选时才能招外人。取得同意后，要刻一块木刻为凭。木刻存放在头人家里，为此要送一枚银币给头人。死后绝嗣，财产归近亲继承，丧葬费用由继承人负担。

债务和契约

由于社会分工不发达，日常生活中很少交换，债务关系很少。互通有无的借贷主要是粮食，都是秋前借，秋后还，没有利息，也没有契约。近三四十年来，受了外界的影响，怒族内部也出现了高利贷。每借半升一元，年利三升玉米。一般是采用口头协定，不立契约。债务没有一定的期限，只要秋收后将利息付清，债务关系可以无限期保持下去。如债务人到期无力偿付利息，可延至明年一并偿付，没有复利的习惯。但债欠过多，债权人可将债务人的耕牛家具拿走，以抵偿债务。以土地抵押的则很少。

由于牛在这里起着一定的货币作用，因而互相借牛的情况比较普遍，同时有一套完整的办法。为了区分每头牛的大小肥瘦不同，在借牛的时候，就用一根绳子量牛的胸围，量好后将绳子对折拢来，再用拳头来量，看共有几"拳"。例如五拳零两指，则在一根竹竿上，刻五道长痕，两道短痕，将竹竿破开，双方各执一半，作为契约①，还要请一个中人作证。按习惯，每年利息"一拳"，也就是说，今天借的牛有五拳，明年就要一头六拳的牛。如超过或不敷六拳，双方可用粮食找补。借猪也采用同样的办法。

买卖土地，要请头人作证，并刻木为记。木刻一般存放在头人家里，偶尔也有归买主保存的，近来木刻记事的已很少见了。

---

① 也有将所借牛的胸围长度刻在借户门上的。

械斗和偿命价

怒族社会过去有用武力解决相互利害纠纷的习惯，也就是说法权带有武力的形式。但由于怒族人数少，经常遭受傈僳族人掠夺，为了求得生存，团结抵御外侮，所以内部大规模的械斗事件较少。械斗的原因主要是为了"索人头"。某一氏族的成员遭到伤害，则全氏族起而复仇。如甲方打死了乙方的一个人，乙方就要复血仇，直至将甲方的人也打死一个为止。到了后来，就更多的是演变为达到经济上的补偿。

械斗之先，双方都要杀牛，以纠集全氏族的青壮年男子。对远处的亲友则用"散牛毛"的方式去召集，即将牛肉连皮切成小块，分散给亲友，接到的人都要在约定的时间前来帮助。出发以前，人人披甲带弓，民主推选军事领袖，集体进行宣誓。誓词的大意是：勇敢向前，誓报血仇，杀死仇人，共同偿命。作战时，双方在一定的距离内，互相用毒箭射杀。作战的方法是背朝敌人[①]，不时转过背去向敌人射击。作战时每死了一个人，就要升一次烟火。一方面是通知对方，但更重要的是借以激发战士们的同仇敌忾，替死者报仇。有时互相射击到了一定程度，就发展成为厮杀肉搏，甚至将战败一方的村寨烧糊。结果，不仅当事人受损，家族邻近也遭殃。

械斗结束以后，可由双方头人或第三者出面调解。如双方死亡的人数相等，则一命抵一命，互相抵销。如有一方死亡的人数多，就要赔命金。命金没有一定的标准，一条人命的命金

---

① 因为背上披着一块钉有木板的大牛皮甲，箭射不进去。

少者九头牛，多者二三十头牛。受伤残疾不负赔偿责任。纠纷调解以后，要举行议和仪式。双方各备一瓶酒，共同倒在一个碗里，由一个老人端着酒对天发誓，大意是：自此以后，息事宁人，永不反悔。然后双方同时喝这碗酒，并钉一个木桩在大树上或岩缝里，表示立此为凭。

还有一种方式是，在路上或田里，将仇人或其亲戚抓来，套上木脚镣，囚禁起来，然后再通知对方。通过调解，用牛或金钱赎回。

裁判

内部的偷盗、婚姻及债务等纠纷，都请氏族头人解决。大家围坐在头人家的火塘边，当事双方可以申述自己的意见，互相争辩，参加调解的群众也可以发表自己的意见，最后由头人仲裁。但头人没有法定的权力，也没有强制执行的手段。他的仲裁的权威性，是基于传统的习惯和他个人的威信。

神判

在一个案件无法弄清是非曲直的时候，如某家失盗或某人被暗杀怀疑是某人所干，但又没有足够的证据，就采取以下几种神判的办法：

一、开水锅里捞石头：在广场上架一口锅，锅里盛满水（井水、江水、河水合在一起），用柴火将水烧开（男的烧九背柴，女的烧七背柴）。先由巫师举行仪式，然后嫌疑者对天发誓，随即伸手去捞锅里的石头，捞出以后，还要用三碗谷子来搓手。如手未被烫伤，并且三天之内不起泡糜烂，就认为他是清白的。如捞不出石头来，或手被烫伤，就确认他是罪犯。

二、拔火桩：办法大体上与以上相同。将一条约二尺长的石柱，一半埋入土中，周围架起柴火来烧，也是男的烧九背柴，女的烧七背柴。嫌疑者对天发誓以后，即赤手去拔那根烧透了的石柱。如拔出来了，并且手未被灼伤，则被认为是清白的。如石头被烧断了，也算是嫌疑者无罪。

三、喝血酒：先由巫师念经，然后杀一只公鸡，将鸡血和入酒里，让嫌疑者喝下。如三年以内，喝血酒的人不害大病，不死亡，就认为他是清白的。

怒族认为神判是很严肃的，仪式很隆重，不轻易举行。举行神判的时候，由头人作裁判，当事双方的亲戚邻居都要到场，当事双方要以若干头牛或其他财物作为赌注，它们多半是双方的亲戚捐助的，因为一人受辱，就被认为是集体的耻辱。神判结果，如嫌疑者被认为是冤枉的，则当场恢复名誉，赌注也全部归他所得。如被确认是罪犯，赌注则归对方所得。

一九五六年四月至九月调查整理。

布朗山章加寨布朗族社会习惯法

习惯法

布朗族在长期的社会生活实践中形成一套习惯法，作为约束村社成员的规范。现分述如下：

入寨式：村社接纳新成员要举行入寨仪式。新成员在迁入村社前用一包草烟、一包茶叶、二只小鸡、一疋布、一元半开送给召曼，并向召曼请求道："尊敬的头人，我愿当你的儿女，听你的话，请你收留我吧！"召曼提出入寨后应遵守寨规，努力生产，不准偷盗，新迁入者表示一一接受。然后召曼收下礼物，为迁入户举行叫魂、拴线仪式，新迁入户请召曼吃一顿饭，即被接纳为村社成员。从前，新成员迁入寨子后，召曼还要叫村社群众替他盖房子，让出多余的土地给新成员砍种，等等。

挑选土地：凡嘎滚、折甲集体占有的土地，每年都要分给个体户砍种，先由土地继承人挑选，然后依次按长幼辈分挑选。村社成员离开村寨后，便失去对土地的占有、使用权利，土地即属村社公有。

财产继承：房舍、用具等财产一般均传给赡养父母的儿子或由赡养父母者优先继承。儿子婚后与父母分居时，可获得少量财产，无子或儿子已死者，财产可传给女儿继承。

婚姻：严禁嘎滚内部通婚，实行族外婚制。婚后丈夫必须在妻方居住三年，才能将妻子娶回男家。男子不准娶妾。

狩猎：猎获老虎者，由全寨群众奖给十二个白工（或折给相当数量的银币），猎得豹子者奖五个白工，猎得飞鹰者奖一个白工。人们传说：虎是鬼的哥哥，豹子是鬼的弟弟，能猎获虎豹，本领强大，为民除害，故应给予奖励。猎获虎豹者不向头人送礼肉。在本寨内打伤了的野兽逃往他寨死掉，按习惯将倒在土地上的一半送给他寨，另一半自己带回。凡猎获熊、野牛、野猪、马鹿、麂子时，必须将脊肉、前腿、三根脊骨送给头人，见者及抬者得肉一份，猎人得兽头及后腿，其余在全寨或家族内部分食。

民事、刑事：误杀者赔偿命金，误伤者负责医治。偷盗者被拿获后除赔偿赃物外，还要吊打，并由偷盗者出半开一元向召曼认罪洗脸。女子未婚而怀孕者，查出后由男方出半开五至十元、草烟一包向召曼认罪，替女方洗脸。不参加修路、铲草等公共事务者，处以劳役或罚款。一般纠纷即由头人调解，调解时由原告请头人吃饭，重大刑事案件均报请勐混土司解决。

对于违反习惯法者，村社中也有一定的处理办法，例如：未经召曼许可，私自迁入寨子者，要被赶出寨子；娶妾者也被赶出寨子。误杀人者赔偿命金不超过半开五十元。猎获野兽不向头人送礼肉者罚麂子一只。借贷不还者要以帮工或人身抵债。习惯法对一些不易判断的事物或纠纷采取"神判"的方法来解决，即：当事人双方请召曼或布占主持念经宣誓后，双方同时量七筒米，各放一边，然后又重量一次，如果谁的米不满，谁就输，如果双方都满，即为平局，互相和解，如果双方都不满，双方都要受罚。要向召曼或布占各送半开一元为酬，称为"戛索失尼",意即费工钱。

随着经济和政治制度变化,习惯法也起了相应的变化。随着封建领主制的渗入,原有村社中的原始民主习惯逐步为傣族封建性的法规所代替。

父系大家族组织

布朗山章加寨布朗族的嘎滚组织,是存留至今的一种父系大家族实例。这种父系大家族是由同一父系祖先的后裔所组成的近亲集团,这种家族包括男性子孙以及他们的妻室和子女,有的还包括被吸收入家族中的养子。用布朗语概括,所谓"嘎滚"便是:"达、娅、妈、根、德、翁、滚格闷、集纳嘎滚。"直译为:"祖父、祖母、母亲、父亲、兄、弟、儿和媳所组成的集体,便叫做家族。"

这种父系大家族结构的特点是建立在以男性世系的父子递承制造一原则之上的,妇女被排斥于这个世系之外,实行严格的家族外婚制。

在父系大家族——嘎滚之下,包括若干个由父、子、孙三代直系血亲组成的小家族——折甲(或折赛),在折甲之下便是一夫一妻及其子女的个体小家庭。章加寨共有十七个嘎滚,此外,有岩三恩、岩再恩、玉摩苏、岩英相、岩波相、岩滴董、岩英仑、岩班、岩温南十家系外来户,在章加无嘎滚组织。

上述十七个嘎滚的迁徙变化已不能详查。如岩再恩嘎滚迁居章加寨最早,后来家族人户逐渐死亡,至今只剩弟兄二人。又如岩扎教嘎滚,在九十四年前其祖父达披由曼峨迁来章加寨时仅一户,现已繁衍成为九户,四十四人。

每一个父系大家族都有一个家族长，布朗语称为"高嘎滚"（"高"即大、长之意）。家族长是从年龄辈分最长的人中推选出来的。因此，家族长的产生并不取决于能力、威望及财富等条件。家族长是终身任职，直到老死为止。老族长死后，由家族中年龄辈分最长者召集家族会议，推选新的家族长，一般说来召集者即是新的家族长。这种家族会议，布朗话叫"恩基嘎滚"。但近几十年来，这种家族会议已不常开了。

每一个父系大家族都有一个由祖先留下来的家族神灵，布朗语称为"胎嘎滚"。这个胎嘎滚是用长一点五尺、宽一尺的竹篾编成的篾筐，放置祖先用过的灵物，如：剪刀、镰刀、矛头、铁器、手帕、蜡条等。放置的灵物是与祖辈的生产技能有关联的；如岩乌三嘎滚，其祖辈会打铁，因此在胎嘎滚上便放置有刀剪等铁器。新家族长继任时，首先是把胎嘎滚迎奉到自己家里，这表示家族长是家族神灵的保管者。胎嘎滚是每一个父系大家族的精神聚集的象征物。只要有胎嘎滚，就说明父系大家族组织还存在。即使有些成员迁离到别的地方去，但每隔一两年还要回到本寨献祭胎嘎滚。如果家族成员大部死亡，只剩一个男成员，胎嘎滚仍要保存；如果只剩一两个妇女，没有男子，那么这个妇女必须请巫师"摩批"向胎嘎滚念经后，将胎嘎滚火化或投入河流中，这样便表明该嘎滚已经完全绝嗣了，因为按照父系的原则妇女是不可能继承家族世系的。

美姑县巴普区彝族习惯法

土地财产所有权

一、本地黑彝占有大部土地，为数众多的瓦加和呷西以及其他财富，这些都是他们的不容侵犯的财产，黑彝对它享有完整的所有权。除此，他们又在人身上统属全部的曲伙。

二、黑彝处理自己的土地、娃子及任何财产（包括卖买、押当、出租、赠送），除家支外，不受任何等级或个人的限制与干涉。

三、黑彝出卖及典当土地，首先要让本家支来买，家支不要或家支出的钱少，才能卖给别人。

四、黑彝出卖土地，不能卖给冤家及远处的黑彝家支。

五、黑彝绝嗣，不能将土地、娃子以及其他不动产给女儿，或将它变卖成银子给女儿；这样都要受到家支的干涉，因为这影响到家支吃绝业的权利。

六、曲伙可以自有土地、租佃土地、占有瓦加与呷西及其它财产。但处理这些财产时，首先要受到黑彝的干涉，其次要受到家支的不大的限制。

七、曲伙出卖或典当土地都要取得主子的同意，并且要先让主子来买，即令主子出的价较低，也要卖（当）给主子。次让曲伙本家支来买。

八、曲伙出卖土地，只能卖给本黑彝家支属下的各等级的人，而不能卖给主子的冤家或远处黑彝家支的人。

九、曲伙出卖自己的土地，为取得主子的同意，或使主子放弃优先购买权，要送给主子一定数量的银子，或请主子吃酒，彝语称"克布辙"（又称"克地辙"，意即开口钱，数量视地价的高低来定）。

十、黑彝可以强借曲伙的钱或牲畜，不付利甚至还不还本。

十一、瓦加有钱也可以买土地。但出卖或典当自己的土地时，必须得到主子的同意（为防止瓦加逃走，除非瓦加有丧亡、人病等重大必需之外，主子是绝不许他们出卖土地的）。如瓦加偷卖土地，主子可将其卖掉或处死。

十二、瓦加将自己的其它财产——粮食、牲畜、工具、用具等，出卖或馈赠他人，都要受到主子的干涉。

十三、主子可以拿瓦加的东西不还或不付代价，瓦加没有任何办法。

十四、呷西和陪嫁丫头可积蓄私房。但必须将私房存在主子家中，动用时要得到主子的同意。主子在需要时可以动用这些私房而不付代价。

十五、呷西被卖，私房则归主子。

十六、买卖土地时要有一定的手续。请中间人作证，成交之后，由买方杀一猪请中间人及卖方吃酒（彝族称这种手续是"子路子呷"，"子路"是牲口，"子呷"是谢中，意即用牲口谢中）。但无买卖契约。

土地财产继承权

十七、黑彝死后，财产由子女继承。

二十年前，女儿亦能分到一点土地——作陪嫁地，彝称"兹诺"；后来就不分土地与女儿——因为女儿也带不走土地——而由儿子平分继承。

家中的男呷西及瓦加，由儿子平分继承，女儿可得一两个陪嫁丫头。

家中的牲畜、银子、衣服、用具等，女儿们得三分之一，儿子们得三分之二（即令儿子一人也得三分之二，女儿五人也共得三分之一，反之亦然，然后，各个子女再平分）。

幼子可得房屋及房屋周围的土地。

平分遗产时，如有一子尚未成婚，则要将结婚费用除出后，才能再分。

十八、黑彝有两个或两个以上的妻子，都有儿子，则父亲的遗产由各个儿子平分。

两妻分居，其财产由各子继承，一妻无子，死后财产归另一妻之子继承。

母亲的私房、首饰、衣服给女儿，银子给儿子。

十九、黑彝死绝，绝产首先由同父母的兄弟平分继承，如无同父母兄弟，或同父母兄弟死绝，则归同祖父的伯叔兄弟来平分继承，如此由近及远，绝产由家支继承之。

在继承绝业上，同父母兄弟比同父异母兄弟，更为优先。

黑彝绝嗣，如有同父母的兄弟来继承绝业，则女儿（或姊妹）分得家中财产（牲口、银子等）的一半，如无胞兄弟，而由伯叔兄弟或其它家支来继承,则女儿(姊妹)可得全部的家内财产,只是土地及娃子不能得,而由家支继承。

二十、曲伙的遗产由子女继承,其办法与黑彝同。

二十一、曲伙的绝业概由主子得,即令曲伙有胞兄弟,亦丝毫不能继承。(据说,在过去只有从瓦加上升的曲伙,绝业才归主子,以后黑彝对任何曲伙的绝业都要吃)

二十二、外地逃来的曲伙,主子不吃他的绝业。

二十三、瓦加有子可以继承遗产,其继承办法同于曲伙。

二十四、瓦加的绝业一概由主子得。

二十五、瓦加被卖,其一切财产归主子所有。

二十六、呷西的私蓄,可留给子女;呷西被卖,私蓄则归主子。

二十七、陪嫁丫头的私蓄,出嫁时可以带走;未嫁而死则归主子女儿所有。

等级关系

二十八、黑彝称"诺"。它是最高的社会等级,享有各种特权。

二十九、在黑彝等级内部,因为身份地位的区别——彝人说是由于骨头的好坏——又有"诺伯"、"诺低"和"诺比"的划分。"诺低"可以和"诺伯"开亲而升为"诺伯"。"诺比"绝不能与"诺伯""诺低"开亲,更不得上升。

三十、曲伙称"节伙",意即一群娃子。(指有家支的)他们都要隶属于一个黑彝主子,或再投靠一个或几个黑彝作名投主子。向黑彝主子承担一定的隶属负担。

三十一、曲伙等级内部又有"俄笃伯"和"俄笃底"等身份上的差别。他们可以开亲和升降。

三十二、瓦加是瓦士瓦加之略称。意即住在主子周围的娃子。他们的人身分别隶属于黑彝与曲伙，也可能隶属瓦加。

隶属于黑彝的称"诺瓦加"，属于曲伙的称"节瓦加"；他们之间并无严格区别。

三十三、呷西呷洛是被掠卖来的及瓦加的子女在主子家作奴隶的人。

三十四、按曲伙是否对黑彝主子承担无偿劳役来区分，曲伙有两种。（一）"兹足扎足"，为主子服一定天数的劳役，天数各家支不同。（二）"兹阿足扎阿足"，不为主子服无偿劳役。

"兹足扎足"可以用钱赎取，用耕牛代役。买呷西给主子免除劳役，成为"兹阿足扎阿足"。

曲伙为主子服役，每家只去一人。

三十五、曲伙兄弟几人分家后，要各为主子负担一份劳役。黑彝兄弟几人虽已分居，如未分属于的曲伙，则曲伙要分别为黑彝几个兄弟各服一份劳役。

三十六、自动从外家支逃来的曲伙，事前与主子联系好，可以不服劳役。同父异母的黑彝兄弟，其中一人死绝，其属下的曲伙转给另一人（彝人称此种曲伙曰"薄奇洛"），则不服劳役。同一父母的黑彝兄弟的曲伙转给另一人，则仍要服劳役。

三十七、瓦加的无当努役无规定之天数及项目，完全看主子的需要，而且瓦加全家都要去为主子服劳役。

瓦加也可以买呷西代替或花钱赎取自己的劳役。

三十八、呷西不但为主子服家内劳役——背柴、背水、推磨、拣粪、做饭等，而且田间的生产劳动也要做。主子外出经商、收租等，呷西要跟去背粮食和租子。

三十九、曲伙和瓦加要向主子承担如下隶属性的负担：

窝其沙作：过年时，向主子送半个猪头；

夕莫谢瓦作：主子结婚时，送一只猪；

夕莫谢直作：主子结婚时，送一坛酒（一斗半至二斗苞谷）；

俄瓦儿九作：主子结婚时，送荞把四个（一斗荞子）；

阿未谢直作：主子嫁女时，送一坛酒；

作帛直作：主子作道场时，送一坛酒；

叶粗坡：主子盖房子或打墙时，抬木料，或出二两银子，折盐交纳；

杜木沙：黑彝主子亲戚作道场时，曲伙每户送一两二钱银子；

错确这窝：打冤家赔命价时，曲伙、瓦加按财富级别出摊派，其比数是：耶莫出五两银子，耶都出二两，耶沙出一两；

作帛普窝普窝作：黑彝作道场时向曲伙请酒，曲伙就要送一猪、一鸡。

即使曲伙迁到另外黑彝家支去，只要和原主子没有解除人身隶属关系，以上这些负担则依然存在。

四十、曲伙可以自由外出经商而不必征得主子的同意，也可以在主子的管辖区内自由迁徙，但迁出主子的家支范围之外，一定要得到主子的同意。

四十一、黑彝可将其属下的曲伙去抵债，赔偿命价、作赌注、买卖，但要在本人及家支同意的条件下。

四十二、瓦加只能住在主子的周围，外出经商、探亲访友必须取得主子的同意，并且要在主子规定的期限内回来，否则主子就要打骂。

四十三、主子可以拷打、屠杀自己的瓦加，并且可以全家地或分散地卖出去。

四十四、主子可以任意买卖、屠杀呷西，不受任何限制。

四十五、黑彝对自己的子女有完全的亲权，婚配完全由父母做主。

四十六、绝大多数的曲伙，都对自己的子女享有亲权，女儿不作陪嫁丫头，儿子不作呷西，称他们为"瓜阿足，夏阿足"。但在女儿出嫁时，要交给主子一定的银子，共分三种：（一）苏尼莫普作：给主子一条牛。在以往，这条牛要是白尾巴的，没有白尾巴的，另外给主子一方白布；（二）曲正俄迭：给主子五两银子；（三）曲则鲁作：给主子一两银子。

四十七、"瓜阿足，夏阿足"如家穷、欠债或年幼无依而投靠主子，主子给予配婚之后，就下降为"瓜足夏柱"，即女儿要为主子陪嫁，聘银要全给主子。他们有银也可以赎身上升为"瓜阿足夏阿足"。

四十八、瓦加子女，要为主子作呷西或陪嫁，而且可以被主子卖掉，他们的婚配也要由主子做主，即令父母给予配婚，也要征得主子的同意；说明要多少身价银，聘银钱给主子。瓦加的女儿如残废嫁不出去，瓦加就要给主子一定数量的银子。

四十九、瓦加的儿子，自出钱配婚，所生子女：第一个女儿属自己。其它子女都属主子，如无女儿则全归主子。属于不同主子的瓦加的子女配婚之后，所生子女，女儿属于母方的主子，儿子属父方的主子。如子女为奇数或女儿（儿子）多一个或两个，那么就由两家平分。如仅生一个男孩，则要由两家使用，由两家给予配婚，再生的子女则由两家平分。

五十、呷西自出钱配婚或不同主子的呷西配婚，其子女的身份处理办法，同于瓦加。

属于不同主子的男女呷西经主子给予配婚时，男方的主子要出钱买女呷西的劳役，然后才能与之配婚，这种办法称为"子普"。"子普"钱相当于身价的三分之一。

五十一、除黑彝外，曲伙、瓦加、呷西都可以升降，但曲伙绝不能升为黑彝。

五十二、曲伙欠债、欠租、家贫或年幼不能自赡以及主子给配陪嫁丫头都得下降为瓦加或呷西。

五十三、曲伙以下各等级通过赎身、与上一等级开亲等一系列过程，就得以升至曲伙。彝谚："兹次龙节，尼次马邀，朔次曲伙。"即第一代是龙节，第二代是马邀，第三代（可能）是曲伙。

五十四、黑彝可以将曲伙降下来的瓦加出卖或转让，但不能卖给曲伙。

五十五、曲伙的瓦加赎身之后，即是该曲伙所属的黑彝主子的曲伙，不得另投黑彝主子。黑彝的瓦加赎身后，即是原黑彝主子的曲伙，不得另找主子。

五十六、根据占有财富的多少，黑彝、曲伙、瓦加等级内部有耶莫、耶都、耶沙等财富级别的区分。并依其经济地位的变化，可得随时升降之。

租佃关系规则

五十七、各等级间都可以互相发生租佃关系，不论等级之高下。

五十八、地租具体形式有四种：

（一）"尔布果"，按种交租，多用之于高山才开垦出来的荒地；

（二）"尔阿个所坡侧"业主不出种子，交租按产量的三分之一。多用之于高山轮歇地，轮歇期间不交租；

（三）"尔个尼坡侧"，佃者与业主共出种子，交租按产量的二分之一；此多用之于上好的土地或稻田；

（四）定租，彝称"租子"。每年一季交纳主子规定的地租，凡距离主子较远不容易照顾的土地，多用之。定租的租额要看土地的好坏，一般要达到收获量的百分之六十至百分之七十。

采用何种地租，由租佃双方协商决定。

五十九、下一等级租种上一等级的土地，如曲伙租种黑彝的土地，瓦加租种曲伙的土地，都要出"母则黑儿普"。但同等级间（黑彝与黑彝，曲伙与曲伙）租种土地或上一等级种下一等级的土地（黑彝租曲伙的，曲伙租瓦加的）都不需出"母则黑儿普"。

六十、"母则黑儿普"意即租种土地所出的负担，它包括如下三项：

（一）"母则窝"，业主的儿子结婚时，佃户送一只猪；

（二）"母则直"，业主嫁女时，佃户送一坛酒（一斗半至二斗粮食）；

（三）"伸直"，不出"母则窝"及"母则直"的，就于每年收获时送一坛尝新酒（五至六升粮食）。

一般租种少量土地或租很坏的土地（产量不超过二至三石）是不出"母利黑儿普"的。

但并论租佃土地的数量差别，都同样出"母则黑儿普"。

六十一、业主夺佃就要退回以前佃户所出的"母则窝"，但是由新人佃户负责退还。

六十二、佃户自动退佃，就不退回"母则窝"，也没有退佃手续。

六十三、租佃土地没有什么手续，也没有中间人和字据，只是由佃户打酒亲自到业主那里请求租佃土地。

六十四、娃子租种自己主子的土地，一般也要出"母则黑儿普"。

六十五、欠租按年利百分之五十生利，并以复利计算，积欠租到一定时期，就可以拉去作呷西，或兼并其土地。佃户的主子代还则可以不拉去作呷西。

六十六、因欠租而夺佃是不退"母则窝"的，欠"母则黑儿普"要补交。但不生利。

六十七、黑彝有专门监视收租的人，名"哈纽"意即监租人，多是黑彝的瓦加，收割后尚未平分，留出一斗粮食，作为给"哈纽"的报酬，然后租佃双方再平分。定租是不需要"哈纽"的。曲伙、瓦加亲自收租。

六十八、租粮是业主来取，不是佃户送去。

六十九、不能与冤家发生租佃关系。

七十、牲畜：牛、羊、猪、鸭、猎犬，都可以分喂。

七十一、分喂的办法：

牛是由双方平分牛犊，牛粪由喂者得。

绵羊的羊毛归喂者，羊羔则是一家一半；山羊只对分羊羔。

鸡、猪生仔后，业主是七得一，八得二。

猎犬生小狗一次，业主得小狗一只。

债务

七十二、银子、粮食都可用来放债。

七十三、借债时，没有中间人和任何手续，只是由借债人亲自到债主那里去说明来意，请求借债，而不需要任何文契。

七十四、借少数粮食或银子不需要抵押，但如借得较多，就要指土地或娃子为抵押；但土地抵押后，仍由原业主经营，只是在还不起债时，才将土地或娃子抵债。

七十五、借银子要讲明期限，过期三年还不上，就将抵押的土地或娃子拿去。

七十六、利息：

银利在鸦片种植以前是年利百分之十，在种植鸦片之后，银子多了，银价也下降，年利升为百分之十二。

借银如用来做生产买土地，虽不满一年，亦按月利百分之零点三，逐月生利。如因丧亡疾病送鬼借银，则满一年才生利，不足一年则不生利。

借粮食是同样大小的斗借出或收回，按年利百分之五十生利，但如在青黄不接时借粮，不论期限多短，也按一年生利，过期按复利计算。

七十七、发生赖债的事情，就吊死赔命价或打鸡狗诅咒，用以解决纠纷。

但黑彝赖曲伙的债不还，曲伙只能自己打鸡吃血酒，表明自己不是诬赖黑彝，而不能打鸡狗咒黑彝。主子赖娃子的债也同样如此处理。

七十八、曲伙欠黑彝的债，还不上，原黑彝主子又不能代还，债主就要将本人或子女拉去作呷西，并可以卖掉。一般由曲伙积债到十七八锭银子，才抵去一人作呷西。

曲伙欠自己的黑彝主子的债还不上，又无土地或娃子抵押，则本人或子女就要去作呷西。

黑彝是不放债给瓦加的。

瓦加欠曲伙的债还不上可用自己的土地去抵债。

黑彝借黑彝的债不能偿还则将自己的土地抵债，或将自己的曲伙、瓦加去抵押，债主要杀一牲口款待这曲伙或瓦加。

如借牲口，则折价还钱，并不生利。

投保制

七十九、曲伙在频繁的冤家械斗中为了生命财产的安全及外出的方便，可以向另外的黑彝家支（冤家也包括在内）有威望的人物投保，做他们的名投娃子。

八十、投保时要背去酒，到保头那里请求投保。如蒙应允，就送给保头一个银子。以后还要向保头出其它隶属性负担，计有：

（一）窝其沙作：保头过年时，投保者送半个猪头；

（二）彝莫谢瓦作：保头儿子娶妻时，投保者送猪一个；

（三）作帛普窝作：保头做道场时，投保者送一猪一鸡；

（四）叶粗坡：保头盖房子或打墙时，投保者出二两银子（或折盐交纳）。

如曲伙投了某家黑彝作保头，其子分居后，仍是该家黑彝的名投娃子。

曲伙可以同时是几家黑彝的名投娃子。

八十一、瓦加不能去投保，而曲伙也绝不能做这种保头。

八十二、保头对于投保者有如下义务，即在打冤家时或平时，投保者通过其所辖地界，不受侵害并保证安全；冤家械斗中，保头家支不能侵扰投保者。

投保者对保头除要负担上述的隶属性负担外，还要承担以下一些义务：如保头的呷西逃到投保者冤家中，要把呷西送回，而不能送给自己的黑彝主子；不能参加本主子一方来与保头家支打冤家。

八十三、在如下两种情况下，可以解除名投关系。

第一，保头对投保者的安全不能负责或不履行保护义务，这时曲伙可以提出解除名投关系，而不需任何手续。

第二，曲伙认为不必要再投某黑彝的保，或双方关系不好，这时也可以要求脱保，但要有一定的手续，不能自行脱保。

八十四、解除名投关系的手续是：由投保者找出说合人（黑彝或曲伙的苏易）向保头说明解除名投关系。这时投保者要给保头一定的银子（鸦片种植前是十二两银子，以后是一至十五锭银子），并要杀一猪或一羊招待保头及中人。

八十五、彝人外出到汉区经商，通过冤家或非自己亲戚的地界时，也要找保头，向保头缴纳一定的保费——一般是从汉区带来货物的十分之一，由彝区带出的货物不抽保费。

八十六、汉商来彝区经商，为了沿途安全及不被抓为娃子，必须找有威望的彝人作保。首先在外边找外保，所带货物的十分之一作保费，然后由外保联系彝区内著名头二（黑彝、贡伙皆可作内保，向内保纳货物的十分之一作保费）。

八十七、内保如一人保不下全程的安全，则另找人共同来保，而保费平分，投保者只出一份。

八十八、内保负责汉商售完货物，安全回到汉区，将人及货物交给外保。如中途发生事故或遭到偷窃抢劫等损失，内保向外保负责赔偿，外保向汉商负责赔偿。

八十九、保彝商和汉商都是临时性的。

九十、黑彝外出经商不找保头，冤家地界不去，非冤家地界可由亲戚护送。

九十一、虽然投保，仍不能完全避免反保的事发生。

刑事规定

九十二、盗窃：

（一）偷本家支的东西要加十倍赔偿，不然就要处死。除赔偿外，还要向失主及失主的近房——支赔礼——杀牲口请酒吃。又向失主赔"木把加之"（"木把"是马，"加之"是绸子，意即请失主骑马围绸子，这要折成五至十七两银子）。

过去的规矩是：偷去公羊赔十一只，偷去母羊赔十二只，彝语称此为："把苦把及子，木苦木七尼。"（改变的年代及原因不详）。

牲畜如在放牧时偷去，除要赔原主外，还要赔放牧者十倍的羊毛。

（二）偷外家支的东西要退回原物，并要如前一样的赔礼，赔"木把加之"。

偷去牲畜如吃掉或卖掉，要以三倍赔偿；过去则照"把苦把及子，木苦木七尼"的办法赔偿。

（三）如失主没有当场发现，就可以放"报口"使人告发。报口银由偷窃者承担，如偷者不相信，就使报口来对证，对证时，报口不出面，而是暗藏在一个东西的下边来对证其偷窃时的情形。

（四）东西如是从家里偷去，还要向屋梁及锅庄赔礼出一锭银子，彝语称"亚苦木纳之，卡木尼外"，意即给家神赔礼，给锅庄穿裙子。如系挖洞进来，要赔两只羊，彝语说"亨杜尤玛，亨此尤玛"，即挖洞赔一只羊，补洞赔一只羊。另还要赔两匹马折成一锭银子，彝语说"苦出姆玛，苦尔姆玛"，即抓住赔匹马，放走也要一匹马。

（五）偷本家支及邻居是最可耻的，如贫穷所迫，偷人地里的粮食，也最为人鄙视。

（六）过去，在家里偷去的东西，并要赔主妇一匹马，彝语称"依苦把诺比"，意即妇女是家里的主人，因此要向主妇赔礼，现在已经不照此项规定来执行。

（七）曲伙偷了黑彝的东西，除赔偿原物外，还要赔礼，赔"木把加之"，如赔不起，主子又不代赔，则降为失主的呷西。

（八）曲伙偷了自己黑彝主子的贵重的或数量很多的东西，主子可将其"整"死。或降作呷西。彝语说"节苦诺布乃"，娃子偷了黑彝的东西要用自身还。

（九）瓦加偷了自己主子贵重的东西，就要处死，偷去小东西则被卖掉；如偷了另外黑彝或曲伙的东西，则要自己的主子代赔，不然就要降为失主的呷西（无论是"诺瓦加"或"节瓦加"同行此法）。

（十）呷西偷了主子的东西，主子可将其出卖、处死。偷了另外黑彝、曲伙、瓦加的东西，主子不代为赔偿，则要转为失主的呷西或卖其自身来赔偿。

（十二）黑彝偷了曲伙，曲伙可找自己的主子或名投主子去交涉赔偿。

（十二）黑彝偷自己的曲伙，家支要出面过问。彝语说"尔苦全恩该"，即欺骗、偷盗自己的娃子是极失身份的。严重者要开除家支。

（十三）曲伙偷了瓦加、呷西的东西，要退还原物，请酒赔礼。赔不起，主子要代赔。例如，黑彝布兹呷多的曲伙借勿尔土偷了布兹家瓦加的披毡、首饰等赔不起，呷多代他赔了三四十锭银子。

（十四）黑彝偷外家支的东西，本人赔不起，家支代为赔偿；曲伙偷了外家支的东西，本人赔不起，先要家支代赔，家支不能赔，才要主子代赔。

（十五）偷冤家东西，没有关系。

九十三、抢劫：

（一）抢劫是光荣的，尤其抢冤家和汉人，被认为是勇敢者和英雄。

（二）不能抢本家支及亲戚。

（三）抢了非冤家家支的东西，要退还原物，并要赔礼。

（四）抢冤家的任何东西及任何人（包括女人）都可以。抢时，向主子说明，得到主子的同意才能去；主子同去，可平分抢来的东西。

（五）冤家欠黑彝主子的债，黑彝使自己的娃子去抢冤家，并请娃子吃酒，则抢来的东西，先将债除去，剩下的东西主子与娃子再平分。

九十四、侵犯人身：

（一）杀本家支的人要抵命。但需迫其自杀，并要杀牛给他吃，不赔命价。不自杀，则要赔命价。

（二）赔命价的办法及数量，有三种：

甲、阿曲：非出自故意，而系误杀，赔五十两银子；

乙、可哉：原系关系很好，但因吃醉酒或其它原因而引起杀害事件，要赔八十锭银子；

丙、阿诺：挟嫌故杀，赔一千七百至两千锭银子；

（三）黑彝主子打死自己的曲伙，不抵命。只是曲伙家支势力大，便赔命价，赔命价也照如下三种办法：

甲、阿曲：赔十锭银子；

乙、阿哉：赔十二锭银子；

丙、阿诺：赔十七锭银子。

不赔命价，也可以在火葬时给死者穿好衣服，杀牛羊。

（四）黑彝打死非属于自己的曲伙，也要赔命价，不过命价的四分之一赔给主子，其余的给曲伙父母及其家支。

（五）黑彝打死非本家支的黑彝也要赔命价，以往也按阿曲、阿哉、阿诺来赔命价，现在一律都要赔一千七百锭银子。

（六）曲伙打死曲伙也照阿曲、阿哉、阿诺的办法赔命价。

（七）黑彝打死自己的瓦加和呷西没有任何关系，如瓦加有亲属，则在火葬时给一套好衣服，或打一点酒，给家属一两锭银子了事。

（八）黑彝打死非属于自己的瓦加和呷西，则赔给所属主子以该瓦加或呷西的身价。

（九）命价的分配一般是由父母、家支舅父来分，其比例是如家支得二十锭，舅父家可得十八锭，父母只得一锭（但是近来也有不给家支的）。

（十）曲伙打死黑彝，则要四人抵一命。赔命价时，照曲伙命价的四倍来赔，除此，还要赔礼等——总合起来要二千锭银子。

（十一）瓦加、呷西打死黑彝或曲伙主子要处死。

（十二）打死出嫁的妇女，命价要赔四份：丈夫、父母及其家支、舅父家支各得一份（其比数如父母及其家支各得二十锭银子，舅父得十八锭银子，丈夫得原来用去的聘金）。

（十三）因为争吵或纠纷而自杀也要按阿曲、阿哉、阿诺来赔命价。阿曲，是虽有争吵并不厉害；阿哉是不但争吵而且打了架；阿诺是经常打骂。

（十四）把来盗窃的人打死，则按阿曲赔命价；打伤则没有任何关系；

（十五）属于同一主子的呷西和瓦加，一方杀死另一方，也要抵命。

（十六）合谋杀人，则共同负担命价；主子唆使娃子杀人则主子负责；曲伙唆使曲伙杀人，则主谋唆使人负责赔命价。

（十七）强拿债务人的东西，因而打架致命者，则要赔命价。如抢去债务人的东西，则退债清务，要也偿回。

（十八）妻杀丈夫或丈夫杀妻也要按阿曲、阿哉、阿诺三种办法来分别赔命价。阿曲赔六至十一锭银子，阿哉赔十五至十六锭银子，阿诺赔二十至三十锭银子。赔给父母及家支一份，舅家一份。

（十九）两人打架，轻伤不赔，重伤至手脚不能行动者，在过去赔一个娃子或一匹跑马，现在则只要打酒赔礼。

（二十）黑彝将曲伙打成重伤，可买一牲口代其送鬼，或赔二至八锭银子。

（二十一）黑彝打伤自己的瓦加、呷西，致残废者则养活他，打伤别人的瓦加、呷西，致丧失工作能力者，则要赔其主子该瓦加或呷西的身价。

（二十二）黑彝与曲伙打架，如曲伙摸了黑彝的天菩萨，就要将曲伙的手指砍掉，如将衣服撕破，就要赔礼；反之，黑彝将曲伙的天菩萨扯光也没关系。

（二十三）打架如伤了眼、耳、鼻就要赔礼，并与之送鬼。

（二十四）儿子打父亲，弟弟打哥哥，晚辈打长辈要赔礼；丈夫打妻子，如果妻子呕气不理家务，丈夫就要赔礼，妻子打丈夫，抓到丈夫的头发，就要向丈夫赔礼。

（二十五）不论致命手段如何，都要同样的赔命价。

九十五、奸淫：

（一）同家支的男女通奸是不允许的，发觉之后，要将男女双方吊死。

（二）曲伙男子与黑彝女子通奸，则将男女双方吊死，如发生强奸的事情，则将男子处死。

（三）曲伙未婚男女通奸，没有关系。如强奸引起自杀者，则要抵命或照阿曲、阿哉、阿诺三等命价。

（四）瓦加或呷西男子与黑彝女子通奸，则要将其吊死，强奸亦同。

（五）黑彝男子与曲伙、瓦加、呷西女子通奸，家支要出面干涉，将其分开。

（六）黑彝男女通奸或强奸，发觉后，男子要向女方父母赔礼。如强奸而引起自杀者，则要赔命价。

（七）女子结婚后，尚未落夫家，与人通奸，没有关系，如果丈夫知道，要求离婚，则要将聘银退回，并向丈夫及其父母赔礼。

（八）婚后已落夫家，女子与人通奸，奸夫要向丈夫赔礼。如丈夫要求离婚，则退回聘银。如女子随意与人通奸，并无固定之奸夫，则不退聘银。

（九）婚后未落夫家，丈夫与人通奸，没有关系；如已落夫家，女子因此而要求离婚者，无子则要退还原聘，有子则不退，只要赔礼。

（十）黑彝男女与曲伙、瓦加或呷西通奸，逃走，则要开除家支，抓回来要处死。

（十一）因通奸而生的私生子，要溺死或堕胎，不准留下。以前是同等级的人通奸所生的子女留给奸夫，现在已不照此规矩。

（十二）强奸幼女（即未分发的女子），要赔礼。如因而致命者要赔命价。

（十三）轮奸至死或自杀者，则要赔命价。

（十四）抢来冤家女子可与之通奸或强奸，但冤家调解后，要向其父母赔礼。抢来黑彝女子，曲伙通奸之不可，黑彝则可。

九十六、逃亡：

（一）曲伙、瓦加逃亡，主子要没收其一切财产。

（二）娃子跑到非冤家但也非亲戚家的家支去，就不被送回来；但如逃到自己的亲戚家支去，则一定要送回来。

（三）主子可用下列办法来对付娃子的逃亡：

甲、预知瓦加逃走，则将其捆起，或将其子女拉到自己家中来做呷西；

乙、与瓦加吃血酒、赌咒，说明不再逃走，也不再虐待；

丙、呷西、瓦加逃走后，中途被人抓住，可用钱取回来；

丁、给单身呷西配婚，使其牵连多，不易逃走；容许瓦加自由买土地（但绝不准卖土地），这样都使他们不能或不忍于逃走，来羁縻娃子；

戊、将抓回来的娃子，使人来保，如再逃走，则保人要负责赔身价银；

己、将抓回来的娃子可以严刑拷打，用刑具惩处，使其以后不敢再逃走。

（四）曲伙、瓦加逃走又自动转回来，主子要退还他们的财产，瓦加、呷西自动转回来，主子可不必"整治"他（但实际上，即令自动转回来，主子也会给以种种虐待）。

（五）对于外家支逃来的娃子，主子要给予稍好的待遇。

婚姻

九十七、本家支的人或姨表兄际开亲，视为乱伦，严加禁止。

九十八、辈分不同的亲戚不能开亲，但已隔十代的远亲就可以；姊妹二人不能嫁予辈分不同的人。

九十九、姑表结亲可得优先，姑舅家不聘，才能聘嫁他人，但姑家女儿嫁出去后，夫家要给舅家一锭银子，舅家女儿嫁出后，夫家则要杀一猪来请姑。

一〇〇、黑彝和曲伙以下各等级，严禁配婚，不同民族之间不能开亲。

一〇一、配偶无年龄的限制。结婚年龄照风俗（曲伙女子双岁不能结婚，黑彝女子及男子任何年龄皆可）。

一〇二、聘银不能一次交清（因为买呷西才一次交清），但也不能超过四次以上，订婚时，一定要交一部分。

一〇三、男女两家都要给媒人一定的报酬。

一〇四、订婚后，女方要提出退婚，则要退回原聘（不加利），并要向夫家赔礼；男方提出退婚，则不退回所交的聘银，但也不向女方赔礼。女方尚未同意退婚，男方也可以另聘他人。

一〇五、婚后离婚事件也照一〇四条处理。但男方提出离婚，除不退回原聘外，还要向女方赔礼。离婚后，子女归父方，幼小时母亲抚养至断乳时，才交与父亲。生活费由母亲负担。

一〇六、嫁娶都要通过家支，但并不一定要取得家支的同意。曲伙以下的不同等级开亲，也同样不必取得家支的同意。嫁娶亦不必征得舅父的同意。如本人不愿，父母可强使其出嫁。

一〇七、丈夫死了，首先要转房给丈夫的同胞兄弟，同胞兄弟不能转，才能转给近房家支（即同一祖父的人），再次，才能转给本家支的人。先转给平辈，次转给晚辈及长辈。

一〇八、原系姑表亲则不能转给长辈或晚辈，而只能转给平辈。

一〇九、女子不同意转房，不能强转；如要另嫁，无子女则要退回原聘，有子女则不退。

司法规定

一一〇、调解：

（一）不同等级间及同一等级中的纠纷和争端，黑彝或曲伙的苏尼、苏易都可以来调解。不同主子的瓦加和呷西所发生的争端，除苏易调解外，主子也出面解决。

（二）下列事件，都要请苏易调解：

甲、与外家支的冤家械斗；乙、债务纠纷；丙、婚姻纠纷；丁、杀人及赔命价；戊、抢人或盗窃；己、分绝产；庚、土地纠纷等。

日常的口角及争吵，就不需要找苏易解决。

（三）苏易并非选举产生，而是由于常调解事情，主持公道（曲伙苏易并要与黑彝关系较好），因而在群众中有威望，群众常找他调解事情，因此自然产生。苏易的地位不能世袭。

（四）请苏易调解事情要打酒招待，并于调解完毕，送给一定的报酬。由得到银子的一方按事情大小，得银多少给予报酬，一般是一锭银子。但调解债务不给。

（五）介绍买娃子给中人一锭银子；买土地给中人报酬，地价如是十两银子则给一两，六十、七十两银子给五两，媒人的报酬是聘银的百分之一，买牲口不给中间人报酬。

一一一、神明裁判：

（一）妇女被掠、冤家械斗打不过对方、买卖土地纠纷、被窃而找不到偷窃者，都可以请笔摩来打鸡狗诅咒对方。

（二）重大的偷盗事件，而引起诬告等纠纷，也可以请毕摩来以下述办法裁判：

甲、端烧红的铧铁；乙、咬米；丙、端烧红的石头；丁、端沸水（将水烧得滚开，放下一鸡蛋，如鸡蛋沉下水底，然能用手去抓，烫了手，就表示输了；如鸡蛋浮在水面，抓去就烫不了手，表示赢了）。

进行神明裁判时，双方要拿出同样的东西打赌，并给毕摩一锭银子。

一一二、蒙洛裁判：用之于下列事件：

（一）冤家械斗前组织出兵；

（二）本家支的人命事件；

（三）杀外家支的人要赔命价；

（四）娃子杀死主子；

（五）本家支的人通奸；

（六）黑彝女与娃子通奸。

蒙格时，大家都能发表意见，但是往往苏尼的意见起决定作用。

其它较小的事情，则可以由苏尼开"吉尔"小会解决。

一一三、处刑：

判刑不论年龄与性别。

刑具有下列几种：

"首侯"，即铁链；

"铁丝"，束脚的刑具；

"龙住"，捆手的绳子。

这些刑具只有黑彝家中才有，曲伙也可以借用来对付瓦加及呷西。它们多用之于偷窃、逃亡及与主子争吵。但黑彝偷曲伙，或曲伙偷瓦加，则曲伙、瓦加是绝不能用这些刑具的。

处死的办法是：自杀、枪毙、打死、淹死、吊死等。

打死本家支的人，父子可以互相替代抵命，但夫妇则不可以替代。

一九五七年三月十五日至六月十五日调查。

普雄彝族习惯法

习惯法，彝语称"里布家布"，即规矩的意思。简称"里加"。或称"尔德趋威"（即规矩、道理之意）。犯了规矩的人称"超约"。总之，即不成文的习惯法之意。故有"跟路路"之说，意即处理一切社会问题，均有一定的先例，虽无明文规定，然必人人遵守。此种由历史上因袭下来的习惯法规，就已知数据，归纳起来，主要的有以下几个方面：

家支

（一）在同一家族中，有直系血缘关系之男女，不得互通婚姻。家支中之兄弟姊妹，如有通奸者，则迫其自杀。如：

四十几年前，阿侯家洪车支之阿侯欧觉黑达和同支的姐妹阿侯玛玛通奸，被家门人发觉。家支头人和有关的家门的人速即召开了"吉尔吉铁"，议决处死。会后令其亲族弟兄勒死欧觉黑达，同时，迫令阿侯玛玛服鸦片自尽。

从上述禁止内部通婚和兄弟姊妹间的通奸事例习惯中，可以看出这样的两个问题：

第一，它表明了彝族还实行"同姓不婚"的氏族外婚制。这是父系家长制遗俗的通例。

第二，这种杀一儆百的措施，实际对家支的声望和信誉，起了维护作用。

（二）杀死家支内的亲人，或同支的亲属，凶手不自杀抵命，就得被开除家支。如：

十四年前，勿雷本呷打死了同支人勿雷德尼，家门要他给德尼抵命，他不愿意抵命，被开除了家支，同时没收了他的娃子、土地、房子、牛羊，以及其它一些财产。其中除了抵给死者家属的以外，其余被家门分有。他家被清身除户赶出勿雷家境界，迁至越西居住。

此种习惯法规，不仅对防止家支内部互相残杀起了一定的作用，而且巩固了家支内部的团结。同时也体现了氏族内部不能厮杀的遗俗。

（三）在本家支管辖境内，不得偷盗抢掠，或侵犯亲谊的财产。但对其他家支财产的抢掠盗窃，或对冤家的财产侵犯，以及抢掠汉人等行为，则认为是勇敢的壮举，英雄的豪迈事迹。如：

六七年前，曲比那脚的老婆，偷了家门人的荞子，被人发觉，家门人给她鸦片要她服毒自尽，但她宁愿被开除家门，也不愿意死。最后家门和她的子女，都打鸡狗和她脱离关系，开除她的家门。（现在此人还常背柴到普雄来卖）

又如勿雷家之勿雷天达，虽然以前他并未露过头角，然在几次抢掠汉人的掠夺斗争中，抢了五六十个娃子，杀了二十多个汉人，获得了家支中人们的称誉。加之该人敢于说话，又有一定的调解纠纷的能力，以后逐渐成为勿雷家有名的头人之一。

至于偷盗抢掠其它家支或冤家的牛羊财产等事，阿侯罗木子说："这样的事例太多了，在这里的彝族，偷牛羊，偷娃子，尤其是偷冤家娃子和牛羊，不但不受到公众舆论的谴责，反而会受到家门的赞扬。但如果发生偷鸡摸狗的行为，是彝族社会最看不起的人，尤其是偷家门的，更为人们所耻。因为彝人认为偷牛羊，特别是偷娃子，这是最不容易的事，而鸡和猫每个人都可以办到，有时猫儿甚至会跑到你家去，那还算什么本领。"

掠夺偷盗其它家支的财产或冤家的娃子、牛、羊，以及抢掠汉人的问题，在彝族的心目中，被看作是莫大的光荣事迹。

等级

（一）黑彝、白彝不能通婚。黑彝女子和白彝男子通奸者，被发觉后，黑彝女子由亲属迫令自杀，白彝男子用酷刑处死。但黑彝男子与白彝女子通奸者，黑彝只受到社主谴责，威信名誉受损而已。如：

十年前，在怖佶勒窝地方，一个叫吉斯稍来的白彝，和阿候家结旧支彝的女儿发生了性关系，事泄，女的被家门胁迫上吊自杀，男的被勒死。相反，瓦吉木住的阿侯折尼和维色曲阿乃家（白彝）的女儿搞怀了孕，他只是见阿侯家吉赫支的人不好意思红红脸。

黑彝的女子和呷西发生了关系，女子亦被迫自尽，男的处死。如：

七八年前，申果庄沙苦拉达地方，阿侯家洪车支阿侯回依有一个女儿，叫阿候丽依姆。她的父母双亡，家里有一个年轻的呷西叫骞皎，帮助她照顾家务。两人的感情很好，天长日久了，两人由好感进而发生关系怀了孕。此事被家支亲房人知悉，经家支的"吉尔吉铁"决定骞皎被用草烧死，她也被迫服鸦片自尽。

从上述事件中，可知这种法规是为黑彝等级的利益服务的。因为它维护了黑彝、白彝等级不可逾越的鸿沟界限，对黑彝等级起了巩固的作用。

（二）白彝打死自己的黑彝主子，一般处以死罪，但黑彝打死了白彝，在某些条件下可以无事。如：

二十年前，维色曲居住的白彝吉皮依达子，因黑彝主子兄弟（吉候支）阿候呷牛和阿候呷呷待他极苛，久已怀恨在心。一日，他乘呷牛和呷呷去看田的时机，就打死他俩，随即逃亡至倮古拉打的阿候家结诺支阿侯且尔家。阿候且尔说："你把你的主子都打死了，我还敢收留你？"同时把他捉住送回吉候支。吉候支头人开了"吉尔吉铁"，议决处以死刑抵命，同时令其家门给吉候支断口嘴银子十个。会后把他吊在树上勒死，家门给阿候且尔十个银子。又如七八年前，沙马比木和阿候打尔口角，打伤了阿候打尔，阿候打尔回手一棒打死了沙马比木，打死也就白打死了。

（三）呷西逃走（打伤或打死黑彝主子者），捉回后处死或转卖他处。如：

阿侯结日支的呷西，彝名叫曲和，打死了黑彝主子后逃到下普雄的勿雷打铁家。后来阿侯家探知他的下落，又用银子把他买回去，施以毒打后用火活活烧死。如果没到打伤或打死主人者，捉回后多是转卖他处。如阿侯罗沙的一个呷西，名叫尔哈，逃跑被捉回后，即由中普雄转卖至申果庄地方的苏呷家去了。

从上述事件中，可知此种习惯法规是为黑彝服务的，其阶级性是显而易见的。

财产继承

（一）死者遗留下的财产，有子女者，男儿继承其留下的呷西、枪支、土地。若有数子，上述财物均分，幼子多分老宅，安置祖先的灵牌。女儿继承其牛羊马猪、金银、衣服之类的财产，牛羊等亦有时是儿女均分。（黑白彝一致）

（二）若死者无子，则其财产称"绝业"。若系黑彝的财产，则由黑彝家支的亲房族人分有；若系白彝，其财产则由黑彝主子吃去。俗云："吃根根。"谚云："土司绝了百姓吃，黑彝绝了家门吃，白彝绝了黑彝吃。"

（三）在"坐家"期妻死后，财礼夫方可以追回。夫死，妻在夫族（兄弟叔侄）中转房，以免财产外溢。若无兄弟叔侄上门者，可由其父上门。谚云："夫死无双，公爹入媳房；荒年无米，草根代食粮。"（黑彝、白彝一致）婚后虽有子女，然尚不能独立者，仍可转房。若子女年长，并可独立支撑家业者，如其子女不愿母转房，可以不转房。

调解与神明判决

在普雄地区之彝族社会中，类似上述之惯例甚多，虽然形式不同，然实质上均系为黑彝服务的老规矩，从来就是掌握在黑彝手中的工具。

解放前，彝族社会中发生纠纷，多由有威望的头人进行调解，直到人民政府建立以后，很多问题还部分地沿用了以前的惯例，通过上层头人去调解纠纷（见"具结书"之一）。一旦调解无效时，或不适于调解时，不是诉诸武力——"打冤家"，即采取打鸡、打狗等诅咒仪式，或利用捧铧、捞开水、嚼米等迷信方式，进行神明裁判。

（一）打鸡仪式：是彝族社会中最常见最通行的一种仪式。动员打冤家时，用它表示誓死而战的决心；两家或两支联合行动时，用它表示誓言不变；被怀疑时，用它表示心地清白；和解旧好时，它表示诚意。这种仪式的举行，多有中间人在场，表示诚意决心，如有反悔或违背誓言，愿像鸡一样死。

（二）诅咒仪式：多是在不适于打冤家的场合下举行，是一种报复的手段。如十四年前，阿侯家补吉支阿侯布会之妹嫁给勿雷木甲，被勿雷畏哈杀死（她丈夫曾杀死畏哈之兄德尼，故畏哈杀她报仇），阿侯家请了毕摩举行诅咒仪式：大伙合出一匹马，各户各亲房出公鸡、公羊或狗。马儿在预先掘好的坑里，把四足缚在坑内之木桩上，然后在马身周围屯土，只在地面露出马头（头向敌方，二三天后即死去），把打死的鸡、狗、羊挂在三角架上或树杈上（头亦向敌方，表示让鸡猪羊马死了去找敌方的人要命）。请毕摩念经诅咒，要敌人像鸡一样的死，像羊一样的死，像狗一样的死，像马一样的死。打死咒人用的鸡狗，有时用人背着暗地放到被咒人的房上，或埋在被咒人的附近。彝人最怕此种咒法，他们相信，虽然当时不死人，然不久会应验的。阿侯罗木子称：阿侯家请毕摩咒勿雷畏哈，咒了两天两夜，勿雷畏哈和他的妻及子几年后都死了。（咒文："天地太阳神，请看被咒人；没在道理事，不应他却作；天神有眼有报应。阿呀天神听我言，鸡狗马羊死别怨，去找畏哈把命还。家支绝到剩一房，一房绝到剩一户，一户绝到剩一人，一人绝了剩柱头，柱头朽了生菌子，断子绝孙万万年。"）

（三）捧铧仪式：是在纠纷中有重大的疑难问题，无法断定虚实时，才请毕摩举行"捧铧"的神明判决。如十年前，昭觉竹核区马家的白彝吉克甲日，本来他和勒俄一道去偷了瓦渣家的银子（百余锭）和枪支。瓦渣家放报口，他又吃了报口。说是勒俄偷的。瓦渣家追问勒俄，要他退回赃物。他去找吉克甲日指问说：就你我知道，一定是你吃了报口，吉克甲日不承认，并誓言，我要吃了报口，我就捧铧口给你看。于是请了毕摩和鼓风者，由毕摩念了咒烧起炉火，以九捧炭为量（据说诚者有的只用三四捧炭即熔化了铧口），铧口变成铁水即算没吃报口。未化时，由毕摩将铧口递给被疑者，令其将铧口捧至九步外的菩萨（供奉处）面前，手被烧坏变黑者算输，如手仍无恙者，乃算赢。输者担负赃银的赔偿。此次捧铧口的结果，吉克甲日的手被烫伤化脓变黑。因其家贫赔不起赃银，被作价卖掉变成了呷西，其家财亦被没收变卖折银，由家门和中间人主持，作为赔偿费，转给了瓦渣家。

（四）捞开水仪式：即遇难于判断时举行的裁判仪式。请毕摩念咒，把水烧沸后，将鸡蛋、银子或石块放入沸水锅中，由被疑者伸手把锅中物捞出，手红为赢，变黑为输。

（五）嚼米仪式：即以口嚼米判断孰是孰非的判决方法。如四十年前，阿侯家丢了十双羊子，听说是曲波尼甫偷去了（确也是他），但又无确证。于是就问曲波尼甫是不是你偷了羊子，他不承认，并谓这是诬赖好人。因之，双方各出了六个银子，请毕摩念咒嚼米判决仪式，并各出二十六个银子交与中间人，谁赢了就从中间人手中将五十二个银子拿去（另外双方各出五个银子给中间人），从此了息是非。毕摩念咒时，双方开始嚼米（一两米），米被嚼成水者算赢，若米被嚼黏了带血者算输。结果阿候乌合的米嚼成了黏血状认输赔礼了事。

昭觉彝族习惯法

彝族没有成文法典，社会秩序及阶级关系的维持是靠习惯法来巩固的。因此习惯法在彝族社会中起了很重要的作用。

土地财产所有权

一、滥坝土地归土司所有，分配给土目领有。没有正当理由，土司不能任意夺回土目领有的土地；如土目不按时向上司上贡，则土司可以夺回土目的土地。

二、土目可将领得的土地卖给本家支，但不能卖给外家支及其属下的娃子，只能押当给外家支及其属下的娃子。

土地所以不能自由卖买是因为土地是皇帝分封给土司，土司又转封给土目的。

土目出卖土地给外家支，本家支就要出来干涉。

三、土目将土地分配给曲诺、阿加耕种。土目一般不夺回曲诺、阿加所领种的土地而又分配给他人。即令对属下的曲诺、阿加不满意也不能随意抽去他们所耕种的土地。

土目按照面积不同的四等土地——自楼（约合一百亩）、楼拍（约合五十亩）、楼舍（约合二十五亩）、楼日（约合十二亩五分）——将山地、坡地等搭配起来分给娃子。

四、土目可以出当自己的土地，也可以出当曲诺、阿加领种的土地。领种该地的曲诺也随之归当主，向当主交纳地赋，服无偿劳役，等等。当阿加领种的土地当与外家支或他人，则要另指一块土地给他。但不得当与另外的曲诺，而只能当给领种该地的曲诺或阿加。

五、曲诺、阿加可以当出自己的领种土地给所属土目主子的本家另一支的人。但如本人死绝或迁走，土目即收回土地，当价落空（但不得当与另外家支的曲诺）。曲诺典当土地时，可以不征求其主子的同意（阿加、朔亦同）。但地赋和无偿劳役还要由出当土地的人负担。

六、典当土地没有中间人及一定的手续——文契等。年限一般是三季荞子，三季燕麦，三季洋芋（加上轮歇时间三年共十二年）。过期多久也允许赎取，但不到期不能赎取。

当金多少也不一定，要看出当人是否急需用钱。急需时，一锭银可以当二斗种的平坝地。不急需时，一斗种平坝地当一锭银子。山坡地，急需时，四斗种地只当一锭银子。不急需时，二斗种山坡地即当一锭银子。

没有死当的规定。发生赖当情况，群众可出面作证。（当地的规定通行于各等级）

七、土目不能强拉曲诺的牲畜、干涉曲诺的财产。曲诺可以自由处理自己的财产。

八、呷西开荒而得的土地及自己的羊子、小部财产，自己可以支配（主子强占是个别的）。陪嫁丫头的私蓄，主子姑娘不能随便占用，丫头出嫁时可以带走。

九、曲诺、阿加的牲畜、工具要借与主子使用，可以强借；曲诺、阿加也可以向主子借。

十、农具、牲畜可以互相买卖，价格是平等的。但土目可以强买曲诺、阿加的东西，但不得强卖。

土地财产继承

十一、土目兄弟两人，其兄死后绝嗣，绝业归其弟继承——土地、娃子、房屋归兄弟得，牲畜、粮食等归姊妹得——如死者有女儿，则将牲畜、工具给女儿。做灵牌、送灵牌、死时打牛、羊等花费都由继承绝业的人出，兄弟多时，则平分绝业。

尔恩家七代以前继承绝业的办法：幼弟死绝，财产由长兄继承；长兄死绝，财产由幼弟继承；二兄死绝，财产归三弟继承；三弟死绝，由二兄继承。原因不详。

十二、绝业无兄弟继承，则归本支。如本支亦绝，则由本家各支平分继承（叔伯兄弟及其子孙均可平分继承绝业）。然后各支内各家庭再行平分（各支内家庭有多有少，但只平分其所属该支的一份）。

女儿不能继承娃子和土地、房屋等不动产。

十三、土目有两个妻，如都有儿子，在过去，次妻之子得财产的三分之一，长妻之子得财产的三分之二，如长妻无子，财产归次妻之子。——不管两妻有子多少，均按此比例继承财产——次妻无子，本人亦可得财产的三分之一，但死后仍归长妻之子。

两妻分居，财产归各自得。

前妻生子死后，续娶之妻生子，亦只能得财产的三分之一。以后，这种办法有所改变。各妻（二妻以上）之子都是平分遗产，改变之年代不详。但从这一代即如此。

十四、土目有两个以上的儿子，又有女儿。死后，房屋、家具、工具归幼子；其它不动产由各兄弟平分。女儿可分粮食、牲畜——儿子分一半，女儿分一半；不管女儿多少都是分得一半（雷波上田坝等处，女儿不能分）。平分遗产时，如其中一子尚未结婚，则需将其结婚费用及聘金留出，再平分银子；如无银子，则兄弟负责代其娶妻。

其子结婚分居后，即将其应分之财产给他。如在这期间又生兄弟或经济情况下降。亦不动其平分之财产；如其财产又有增加，则看分出之子生活可否得过，酌情给予照顾。即父母死后，也不重新分配遗产。

房屋、工具留给幼子，因幼子供灵牌，做道场。且父母在世时也和幼子同居。

具有威望的头人或领袖的儿子不一定都能继承其父的社会地位，而视其子的才干来决定。

十五、曲诺之财产继承办法如下：

凡原非土目尔恩家之曲诺，而是由外地迁来者，其绝业不归土目主子，而由其兄弟家支继承，继承办法和土目同。

原为土目尔恩家之曲诺——如佶八家、沙马家（此地佶八家无阿加，沙马家有少数阿加），其绝业归主子得。

外地迁来之阿加上升为曲诺者，其绝业一般不给子。如向主子借银子、借粮食因而完全投靠主子，成为主子的阿加者，绝业就要给主子。

曲诺子女继承遗产的办法与土目相同。

十六、阿加之财产继承办法：

阿加之绝业全部归其主子得。不论此阿加是原居此地或外迁来者。即令阿加之亲兄弟亦不得继承之。

阿加有儿子，则财产归儿子继承。其继承办法和土目、曲诺同。

十七、朔之财产继承办法：

朔之儿子可以继承其父的财产。

朔之绝业概由主子得。不论其主子为何种等级。

陪嫁丫头之私人用物及私蓄，在其未婚时死去，则归主子姑娘得。

十八、妇女用物之继承办法：

妇女死后其一切用物归其女儿——女儿多则平分——儿媳不能得。此法通行于各等级。

等级关系

十九、彝语称土司和土目都叫"兹姆"（含义不明）。所不同的是土司有印，土目无印；土司有自己所有的土地，土目则从土司那里领种土地。但土司和土目的"骨头"是一样的。

土司、土目在政治上压迫人民，经济上剥削人民。

二十、土目对曲诺、阿加不承担什么义务。但当曲诺或阿加受人侵犯时，主子要出面干涉，曲诺下边的朔受别人侵犯，土目也要出面干涉。（由此而引起冤家械斗的事很多。彝族谚语说："为半边猪头，而砍了七十个人的头。"）

二十一、曲诺、阿加合称为"节"。意即"头上压着一块石头"，有主子管的意思。古代先有曲诺，曲诺穷了没吃没穿向主人借贷即沦为阿加。

曲诺对土目主子的隶属关系是依其是否耕种上土目的土地为转移——我们称此种关系为土地关系。即曲诺如种上土目主子的土地，即有地赋、无偿劳役、送礼等负担；如不种土目的土地即无此项负担；土地如被土目卖出或当出，也随土地而更换新主子；此种曲诺可以自由迁徙。

阿加和朔则不论其是否领种主子土地都要承担上述的负担。而不能随土地来换主子，不能自由迁徙。如主子将阿加或朔领种的土地当出（或卖出），而阿加又种原来土地，则此阿加要对两方面负担地赋和送礼，对原主子家，仍要服无偿劳役，子女去作呷西或陪嫁丫头。

曲诺的子女不到主子家去作陪嫁丫头或呷西。阿加子女必须到主子家去作陪嫁丫或呷西。曲诺、阿加的人身或子女主子都不能任意买卖。

阿加子女到土目家去做呷西的年龄多从十三四岁开始；但主子家呷西少，则要几岁时就去，只要能放牧牛、羊、猪即行。做呷西的年数不定。本地规矩：如阿加子女多，则三年一换（但实际上因本人未婚，多年不换的也有；个别一两年结婚即换的也有）。一般是本人结婚即换。

阿加有几个儿子，一般是长子先去作呷西，结婚后次子去代替。伙纪皮的阿加，幼子普遍不去作呷西。阿加自己太穷，也有许多子女一块去到土目家作呷西的。

二十二、曲诺穷欠主子的债还不起，即下降为阿加；或欠他人的债还不起，主子代其偿债后，也要下降为阿加。下降时，主子杀一羊（或猪）打酒给他吃。有时还有旁人或说事人共同吃。曲诺积上欠租，交不上，出利息，长年不能偿还即下降为阿加。

曲诺犯法或得罪主子也可以降为阿加。

二十三、阿加赎身当视主子是否富裕，本人是否有钱。主子如有钱而且需要阿加则不让赎身；如主子十分穷困要钱用，则让阿加赎身。

赎身时除拿身价之外，还要送一坛酒或一些肉给主子及说合人。

二十四、朔无任何政治权利，没有资格参加任何决定重大事件的会议。只能参加应付冤家械斗的会。但打冤家喝血酒也无资格参加。

朔的社会地位也最低，主子可随意打骂、处置、侮辱或虐待。各等级也最轻视朔，因为朔的家支小或没有家支，被称为是没有骨头的。

二十五、各个等级（包括已经安家的朔）依据其占有生产资料及财产的状况分耶莫、耶都、耶沙三个财富等级。

耶莫，彝语又称"苏呷"，"苏"是富的意思，"呷"为全部的意思。这一财富等组多则占有十余个呷西，次则六七个，少则二至五个；有两支枪；三至五石种子的土地；羊子三十至五十双；牛五六头；马一两匹。耶都，彝语又称"久把"，"久"意为有，"把"是中等的意思。这一财富等级要占有呷西一至二人；羊子十至二十双；牛一至三头；马一两匹，一至五石种子的土地；枪一支。

以上两个等级占有的各项财富中，缺一两项也无碍其为该等级，但其中土地、娃子两项是必不可少的。

耶沙，彝语又称"苏沙"意即一无所有。没有自己的财产，土地、牛羊都是租佃他人的，或只有些微的牛羊和财产，而不能自顾生活，要经常举债。

财富等级的鉴定需靠群众、家门来评定，其上升和下降也要靠群众的鉴别，没有一定的手续或仪式。

在赔命价或其它摊派时，有时要按财富等级按比例地出钱。

滥坝地区，全乡共八百余户，其中耶莫等级共三十九户，土目占二十五户，曲诺占十四户；耶都占三分之一（土目四户）；耶沙三分之二。

租佃法

二十六、上司分配土地给土目，土目每三年需上两次贡纳：每次是二十二只羊子、一匹马、一件披毡，但不交粮食。

土司家里有专人负责分配土地、收取贡纳、放债、收债。这些人的条件是记性好，能算账，对主子老实。

二十七、曲诺、阿加从土目处领种土地。

曲诺领种土地时，需按土地面积交"押金"：自楼银子一锭（十两），楼拍银子半锭（五两），楼舍二两五钱，楼日一两五钱。曲诺迁走，即不退此项银子。

除此还要向土目送酒及一羊或一猪。领种自楼土地者，每三年两次向土目家送二羊，领种楼拍者送二猪，领种楼舍者送两只鸡。

阿加领种土地时，无"押金"、送礼的负担。

二十八、曲诺种土地需按年交地赋，领种自楼者年赋六斗（每斗约合五十斤），楼拍三斗，楼舍一斗五升，楼日七升半。

阿加领种同样多的土地，则只按曲诺所交的二分之一交地赋。

地赋多以粮食缴纳，但也可以用银子、牲口作价上交。

曲诺当年交不上赋，可推迟至下年交。下年如仍不能交，可再推迟一年。但至第三年仍交不上，就要按年利百分之五十起利息，而且推迟的两年也要追加利息。多年交不上地赋，则要下降为阿加。

阿加欠赋，可以免交。

二十九、除地赋外，尚要服无偿劳役。三十年前和近三十年来，无偿劳役有不同。

三十年前，曲诺每年只为土目劳役三天：土目买卖粮食时背粮食一天，犁地一天，农产品收获运至土目家中用一天。近三十年，曲诺每年要为土目劳动十天左右（有达三十天者）。劳动项目有：犁地、种地、撒荞、除草、割荞、打荞、撒燕麦、割燕麦、打燕麦、栽洋芋、挖洋芋、背洋芋。火尼、火纪支的曲诺不收割荞子或燕麦。

阿加主要是担负田间的一切劳役及部分的家内劳役，一般每年劳役天数为二十天左右。

三十、曲诺还要负担一定的送礼和摊派。

主子家结婚时，曲诺出一猪（大小皆可），一斗粮食（不能少）。

土目家嫁女时，出一母羊为其女儿凑私房。

土目家死人时，按照财富等级分别出一斗（耶莫）、五升（耶都）、一升（耶沙）的荞粑。

做"帛"时，也按照财富等级分别出一羊（耶莫）、猪（耶都）或鸡（耶沙）。

过年时出半边猪头、一坛酒。

土目家有人病时，要供应牛羊送鬼，多少不一。

三十一、阿加只在过年时送半边猪头，一坛酒。土目嫁女时出些粮食凑凑私房。

朔（成家之后）过年时向主子送半边猪头，一坛酒。

三十二、土目家打冤家时，其属下的各等级都要按财富等级出命价负担，共比数为：耶莫十两，耶都五两，耶沙一两。

主子家死了人，停灵在家的时间长，曲诺还要负担死人的摊派。这类摊派也照财富等级，其规定数是：耶莫出十两，耶都出五两，耶沙出三两或二两。

三十三、滥坝荒地可自由开垦，垦殖后，三年不向土目纳地赋，三年后成为熟地再纳地赋。

三十四、土目自营土地及曲诺、阿加、朔领种的土地，自己种不完，可转租给他人。但地赋仍由转租出土地的曲诺、阿加或朔来交纳。转租土地收获物的分配办法有二：一是转租出土地的人出种子，则双方对分；二是种子由承租人出，则产品的三分之二为承租人得。

三十五、土目也有专人负责分配土地、收租和收债等。有些是本家支的人或自己的阿加，这些人的条件是本人成分是阿加，比较穷。

指拨土地的人，在曲诺、阿加领种土地时，可照土地面积得到一定的报酬。

债务

三十六、银子、粮食、牲畜都可以进行借贷。

三十七、利率：近数年来，借银子十两，年利五斗粮食；借粮食一石，年利五斗；牲畜，借山羊一只，年利小羊一只，绵羊除小羊外，还要剪羊毛，牛马的年利为一小牛或小马。

三十八、计息办法：

利息按年利计算，很少按月利计算的。不按时付息者可以复利计算。

银子的利息是按对头满一年来计算（即满十二个月）。如不满一年即还本的，只付一半利息。

粮食利息也在新粮食收获时付，即在满一年之后偿付。未满一年，也只付一半利息。如一、二月借的一石粮食到火把节（六月）还，给利一半；未到火把节还，则给一斗五升的利息。如三月借的一石粮食到火把节还亦给一半利息即二斗五升，超过火把节而不到一年的也给利一半。

三十九、借债由借债人亲自当面去借，既无中人亦无文契。有发生赖债的，债主可打鸡来咒。

土目赖曲诺的债——这种情况很多——曲诺不能打鸡来咒。

曲诺借曲诺，或曲诺借阿加的债，还不起时，打酒请债主吃了，可不再还。阿加借曲诺或阿加相互间的债亦同。

阿加借了其它土目的债还不起，由本人的土目负责偿还。如主子也还不起，则主子变成债主之阿加。

曲诺欠别的土目的债还不起，由本人所属的土目代为偿还，该曲诺也随之降为阿加。如本主子偿还不起，则降为债主之阿加。其所种土地也还原主，由新主子分给土地耕种。（但这种情况很少）

借曲诺、阿加的债还不起，打酒请债主吃后，便作罢。如曲诺或阿加的朔借土目的债还不起，由其所属主子代还；主子还不起，则该朔转隶于土目。

四十、曲诺积债不能偿还则降为阿加。

四十一、土目女儿亦得借放债来积私房钱。

投保制

四十二、做生意的人通过冤家地界，就要向这个地界的黑彝（土目）投保。

四十三、投保之后，就由投保者打一两斤酒，出半边猪头给保头。年节和婚丧嫁娶都要向保头送礼。（其详细情况因各地区而异，一般照投保人地区的规矩来定）

四十四、投保人在保头管辖区内，东西被抢，保头要负责追回或赔偿——保头再向抢劫者追偿或打冤家。但无关投保人的事——如投保人本身被掳，保头要负责赎回——保头再与抢人者交涉或打冤家——只要不解除投保关系，则投保者一直要向保头送礼。解除保头时，投保人给保头一锭银子——如未发生过因抢劫而起的纠纷时，也可以不送。

四十五、做生意钱多，东西多，往往引起反保，截留东西及扣留人。但不是冤家，反保的情况不多。反保后，人不能卖，由主子赎回。

四十六、保汉商入境信保保头所辖地区不发生问题。保彝人则可保主本人所辖地区之外。因此保头首先要考虑到自己势力是否可及。本地区之外，一般是非冤家或亲戚家门关系的地区。

对汉商，保费征收的标准是：十斤盐巴保费一斤，一件布

（自二丈八尺到三丈二尺）保费为一方布（长宽各约一尺），二十口锅保费为一件布。

刑事规定

四十七、盗窃：以前偷本家支的东西及姐妹亲戚家的东西要处死。以后（大约五十年前）赔偿即得，赔偿时，偷去一只公羊赔十一只，偷去一只母羊赔十二只。还要向失主赔礼——吃酒肉，赔马一匹（折银一锭），赔"入查加支"（意即赔脑谷，出布一件或银二两）——对失主之兄弟，亦各要赔马一匹（折银一锭），请吃一顿酒肉。但不需在群众中承认错误。赔偿时有中间人，需给中间人约当赔价十分之一的佣银。偷牛马和羊同。

如在放牧时偷去，除照前赔偿原主外，还要给放牧的人一只。

如失主未当场发现，就拿出银子放"报口"，找人来告发。找人来告。此项银子事后还要由偷人者来赔偿。如偷人者不相信其曾放过"报口"，那么失主就打鸡来咒诅，偷人者才愿出此项银子。彝族谚语："报口有鸡鬼。"

东西如在外偷去，则赔偿男子，在家里偷去，则赔偿女的。偷衣服（不论是男子衣服或女子衣服）及家内用物要赔偿女子。但也向失主家的各兄弟赔礼，只要退回原物。如偷去卖了，即要折价赔偿。（不需向女子的姊妹赔礼）

偷去娃子卖了，除赔身价银之外，还要照前赔礼。

偷本家支的女人是最严重的事。全家支的妇女要各出一个鸡或一只狗来咒，开除家门或处死。彝族谚语说："不能偷家门的老婆，不能杀家门的人。"

最羞辱的是偷鸡，虽不赔偿，但为任何人所轻视，由此而吊死者很多。偷猫要赔九两金子（不论家支内外），还要出酒肉、赔礼。

偷外家支的牲畜，偷去没吃没卖只退原物，并向失主赔礼——不给失主兄弟赔礼，只请吃酒肉——在外边偷去赔男子，在家内偷去赔女子。如偷去吃掉或卖掉，则偷一个赔三个——头赔一个，尾赔一个，本身要赔一个，本身的那个要和原牲口一样大，头一个也要和原来一样大，尾一个只要原物的一半大。如折合银子，尾一个也只要原物的二分之一的价格。

偷衣服及家内的用物，赔女子。退还原物，并请失主吃酒肉，赔一匹马（折银一锭），对失主兄弟，只请吃一顿酒肉，偷粮食者同。

偷外家支的妻，不退回原妻（也有些是退回的），加倍赔聘银并赔结婚费用。还要向其家支的各家庭赔酒肉、赔马（折银一锭）。向原夫赔"入查加支"。如被偷者家支势力大或用鸡狗来咒则要退回原妻。偷去发生了性关系，还是可以退回来。

娃子偷主子的东西，发现后多已跑掉。跑不掉就要被吊打并没收其财产，身份也要随之下降——但这种情况不多。

曲诺偷朔的东西，须给一个银子并宰一个羊子赔礼，失物退回。朔偷曲诺者亦同。阿加和朔的相互偷窃事件，处理办法亦同。（但如曲诺的势力大不赔，朔也没有办法）

个别也有赔命价的，一个人要赔三千个银子。（邓秀廷来后连命价也不让赔）

主子杀死自己的娃子不赔命价。娃子杀死主子要处死。误杀外家支者，赔命价。

命价规定：朔三个银子，阿加、曲诺六个银子，黑彝十二个银子，土目二十四个银子。（无辜杀者同）彝族谚语说："主子该打娃子，不赔命价。"

打死曲诺，赔两份命价。一份赔父母及其家支（其中父母得百分之二十，家支得百分之八十），一份赔舅父及其家支（舅父得百分之十，家支得百分之九十）。

打死阿加，赔二份。一份给主子及父母和家支，其中一半给主子，一半给父母及家支（其分配比例仍为二十比八十），一份给舅父的主子及其家支，其中舅家主子分得一半，一半由舅父及家支得（其分配比例仍为十比九十）。

打死出嫁的女子赔三份，丈夫家一份，父母一份，舅父家一份。

因吵嘴而引起自杀者，要赔命价的一半。

把来偷人的人打死，如系本家支则要抵命；如系外家支即要赔命价。偷去的东西也不退。如打伤，则没有任何赔偿。但如误伤手臂致不得工作者，就要赔一个娃子。误伤脚致不能行路则赔跑马一匹。

轻微误伤，赔礼，请吃酒肉，赔马一匹（折银一锭）。土目打伤曲诺、阿加不赔任何东西。打伤打死外家支的曲诺阿加者，其赔偿办法如前，命价由主子和娃子共同解决。打死绝户者，其绝业如归主子，命价即由主子得，否则由其兄弟得。

土目（黑彝）偷了朔的东西，朔可以找自己的土目（黑彝）主子，前往要回失物。（如自己主子力量大，原物可以取回；如力量小，就取不回。）

主子偷自己的娃子，其家支兄弟不出来干涉，则娃子无法；如偷其它家的娃子，该家主子要出面干涉，其兄弟就要代其赔偿。

偷冤家东西不赔——但冤家调解后要赔。偷时如主子请其吃过酒肉，则要将偷来之物分一部分给主子。

偷外家支的东西赔不起，家支不代赔——土目、黑彝多是家支代赔——则主子代赔。

偷外家支的女子赔不起身价，多引起打冤家，此时本家支还是要出面干涉。（此地无专门偷人卖的，但有专门偷人东西者。）

四十八、抢劫：

抢比偷要好，多是抢冤家、抢汉人，认为是勇敢，很受人尊敬。

不能抢本家支及亲戚——也没有抢的。

对冤家的任何人（包括女人）及东西均可以抢。抢冤家之前，主子以酒肉招待者，则抢来的东西分给主子一半；自己去抢者，则东西全归自己。

四十九、侵犯人身：

杀死本家支的人要抵命。抵命时，只能令其自杀，别人不得动手，迫其自杀时并要打牛羊给他吃。但如曲诺杀了朔，而朔隶属的家支势力较大，可使曲诺抵命或赔命价。因为朔可以诉之于黑彝主子，如不要曲诺抵命或赔命价，就要离开其黑彝主子。如行凶的曲诺家支势力大，只给朔命金五万一千一百两银子。

如杀朔的曲诺为其主子，朔如有家支可要其赔命价，否则就算了。

阿加与朔之命杀事件，其处理办法同此。

土目（黑彝）打死朔，朔虽有家支，也如打死一条狗。

土目（黑彝）杀死隶属于曲诺下面的朔，如曲诺人多，可要黑彝赔命价，家支势力不大也就算了。

朔杀死阿加，抵命。

不管其致命的方法是什么，都要同样地赔命价或抵命。

合谋杀人，动手杀人者抵命。从犯不抵命。赔命价时，主要由家支负担，则主犯从犯之家支都要负担命价。

主子唆使娃子杀死人，则由主子负责抵命或赔命价。

曲诺唆使曲诺杀死人，由指使者负责抵命。如系同一家支，则两人共同出命价——家支其它成员也出强拿债务人东西抵债，调解后，退还拿去的东西，债即不偿。

平时吃酒打架吵嘴，没有什么关系。但如打到耳朵即要赔礼。打到"天菩萨"，如系不同等级的人亦要赔礼——出一锭银子，一个羊子。因打架抢去的东西，要退还。

儿子打父亲、打祖父要向父亲、祖父赔礼，请吃酒肉；晚辈打长辈、弟弟打哥哥者同此。

夫妻打架，妻不得抓丈夫头发，否则就要向丈夫赔礼。丈夫亦不能打妻出血，否则要向妻及其姊妹兄弟赔礼。

五十、奸淫：

土目可以随便奸淫曲诺、阿加之妻子。

曲诺男子强奸土目妻女，或与之通奸，则要处死（吊死或杀死），被奸之土目妇女亦要自杀（服毒自杀、吊死，但不得用枪打死）。

曲诺男子强奸曲诺妻女或与之通奸，没有什么关系。如因强奸而引起自杀事件者，则要赔六锭银子的命价。一般舆论也认为是很没有面子的事。

曲诺、阿加男女通奸没有关系。

朔的男子与曲诺、阿加妇女通奸则处死男子。女子结婚住娘家时和别人通奸，丈夫侦知，往往和奸夫形成冤家纠纷，甚至打死人，引起大规模的冤家械斗。但如请丈夫家门酒肉、赔礼，女子归还原夫，则不必打冤家。

夫妇同居后，女子倘发生通奸情况，就要向丈夫赔礼——赔一匹马（折银一锭），请吃酒肉。男子发生通奸情况，如娘家势力大，则要向女子及娘家赔礼——请吃酒肉，赔一匹马。也有因此而夫妇离异者。（因此地性关系比较自由，所以强奸的情况较少。）

幼女（尚未分发）与别人发生性关系是要不得的，因死后无法见祖先，无人愿嫁此女。如被人强奸，则强奸者要赔命价（如杀人），也无人愿嫁此女。但也不能嫁与等级低的人。

但幼女与人通奸，脚上系上红线，或于结婚时送鬼，就可以死后见祖先。

曲诺、阿加男子和土目女子因通奸而逃亡者，两者的家支都要出鸡狗来咒，开除家支（朔亦同此）。

通奸而生的私生子，如父母是同等级的，则奸夫出银子，向丈夫赔礼，小孩归奸夫。如为不同等级的人，则要将小孩处死。土目男子和曲诺女子通奸而生的孩子，归曲诺女子，成分亦为曲诺。

抢来冤家女子，如等级相同可以发生性关系，冤家调解后，就给其父母少许银子。

五十一、逃亡：

阿加乘主子不备于夜间逃跑，其财产如房屋、家具、牲畜为主子所有。

曲诺迁走，牛马农具衣服家具可以带走。房子及笨重家具则归主子所得。

主子可用下列办法来对付娃子的逃亡：

（一）娃子逃到另一家支去，用钱将其赎回。

（二）请毕摩来咒。

（三）预知其逃亡，则喊去本人或其子女到自己家中去劳动。

（四）将逃亡者抓回吃血酒赌咒，保证此后不再跑，也不再任意压迫。

（五）追回后捆打，用链子锁。然后令其亲戚家门保出，由逃亡阿加向主子赔礼请酒肉，亲戚家门保证其不再逃跑。主子也请保人吃一顿酒肉。如再跑，则由保人出钱赔身价；如主人不想再留此阿加，即由亲戚家门出钱代为赎身。阿加逃亡被追回也不能将其卖掉。

如阿加逃亡后又自动转回来，主子也不能"整治"他。

朔逃亡，可以追回来捆打以致打死。

逃亡的阿加、朔不跑到主子的亲戚家支或非冤家的家支去，因为跑去要送回来。收留逃亡来的娃子要引起打冤家。

无家支的朔逃亡追回后，打死、出卖——任主子处置。

婚姻法

五十二、本家支及姨表结婚视为乱伦，严加禁止。

五十三、亲戚中，辈分不同的人不能结婚，姊妹二人不能嫁与辈分不同的人，但远亲及转房不受此限。

五十四、姑表结亲有优先权，姑母女儿聘嫁时，要征求舅父家是否纳聘，如舅家不聘，才能转聘他人。但仍要由纳聘男家给舅家一定的银子或东西。（银子的多少看其经济情况，曲诺、阿加、朔出二两银子或一件披毡，土目最少为一锭银子或一匹跑马。）

五十五、不同民族没有通婚的。彝族谚语说："汉族是山羊，彝族是绵羊。"也没有和藏族通婚的习惯。

五十六、男女双方配偶年龄和结婚年龄没有限制。（因此，有十七八岁的少女配一个五十多岁的老人，也有二十余岁的青年配一个四十多岁的妇女的。）

五十七、等级不同的人，特别是土目和曲诺、阿加，朔和曲诺、阿加，严禁通婚。因他们骨头不同。

五十八、订婚时，男方必须向女方交一部分（或全部）聘金。双方并要给媒人一定的报酬。

五十九、订婚之后，男方提出退婚，聘银即不退还。女方提出退婚，即要退聘银，并要按年计息。

男方提出退婚，未经女方认可而又另聘他人，则不退聘银，并且向女方父母姊妹赔礼。

离婚之处理办法亦同此。

六十、结婚不必经过本家支的同意，但是不同等级的人结婚，则必须经过本家支的同意。

曲诺男子与阿加女子结婚则所生子女，半为曲诺、半为阿加。阿加男子与曲诺女子结婚所生第一个女儿为曲诺，其余皆为阿加。如无女儿，则其中儿子半边为曲诺，半边为阿加。

六十一、曲诺女儿出嫁，由父母自行择配，但聘金中，要拿出一锭来给主子。阿加女儿一般由主子择配，其自行择配，也须主子同意，聘金也要全部归主子。

六十二、转房除姑表亲不能转给公公外，其它没有什么限制。

应当转房，女子不愿转房而要求另嫁者，则要退还聘金。

六十三、无子可招赘婿来家，曲诺之赘婿可继承绝业；阿加虽招赘婿，但财产仍归主子，赘婿不能得。

司法

六十四、调解：

和外家支的纠纷，任何人都可以调解。本家的杀人事件，则由本家支处理。其纠纷可找任何等级的懂事的人来处理解决。

曲诺、阿加对外家支发生了纠纷，则土目属下的任何等级的人都可以出来调解。

偷本家支内的东西，外家支的人也可以出来调解。有些纠纷（主要是日常生活上的纠纷）可以自己解决，就不必请别人调解或告诉土目，重大事情要告诉土目，以便大家商量。

有些人经常给人调解事情，因而在群众中有威信，彝语中称这类人为"勒古"和"苏依"。调解事情没有什么报酬，与外家支的纠纷，只要调解人同意如何解决，即使土目不同意，也要照办。土目也要尊重他们的意见。

调解人并非经过选举产生的。有些人调解一些事情，双方认为公平，所以群众就自然找他们调解事情。调解人的地位不能世袭，不论何种等级，都可做调解人。朔中有本事的人也可以成为调解人。

六十五、神明裁判：

神明裁判多用之处理偷盗事件。遇有偷盗事情发生，失主即放报口，揭发后，偷窃者如不承认，则杀一鸡，吃血酒，请毕摩来咒。遇有重大的偷盗时，则双方端烧红的铧铁，拿出同样多的东西打赌。输的人失掉东西，就不再赔偿其它东西或赔礼。其它还有咬米（用单数的米）的办法。这些都要请毕摩来做仪式。

六十六、蒙格裁判：

家支蒙格解决杀人问题。其它问题不用蒙格来解决。但如杀人犯自动提出偿命，就不开蒙格。

六十七、判刑：

处刑不问年龄大小。

妇女违反习惯法如杀人、偷盗等，也和男子同样处理。

刑具有链子，有束脚、束头的刑具。彝语称"铁斯"。这些刑具土目家才有，一般是用来捆娃子，对付逃亡或杀人放火等刑犯。一般犯小错不用。

打死本家支内的人，父亲可代儿子抵命，儿子也可代父亲抵命。

融水苗族埋岩理词[1]

总纲

木额不乱刻，木额不乱送，大坪不乱生篝火，旧坪不乱聚众。今天我们，一个地方一理老，一个村寨一头人，一个地方一族人，一个村寨一房人，大坪来相聚，旧坪来商量。要头四只脚牡牛，八只蹄牡牛。牡牛角弯弯，牡牛角尖尖，牵它上埋岩，拉它上埋岩。牡牛啊，愚笨的拉去耕田，聪明的牵来做埋岩。牡牛啊，听我来讲埋岩规，看我来立埋岩规，我立阳间埋岩规，你操纵阴间古规。我做埋岩稳定地方，立岩规团结民众，立埋岩下地，岩桩露地面，埋岩要坚固，埋岩要稳定。埋岩不稳黄泥填，埋岩不牢碎石堵，埋岩传千年，埋岩传万代。鸭生蛋来母鸡孵，父立岩规子遵守。埋岩传九代，埋岩传十代，埋岩像岁月不间断，埋岩像江河不断流。他们一人传一人，一代传一代。下深潭舞龙，上天宫踩堂，去阳间才返，去阴间不归。器钝添钢锋利，一代新人换旧人，新皇帝继承先皇帝，儿辈继承父辈。一代继承一代，一代接替一代。今天阴间作证，众人合意，没有谁穿妈衣裙，要我来穿妈衣裙，没有谁穿爸龙袍，要我来穿爸龙袍，要我当头人立岩。做头人立埋岩规，我们都

---

[1] 搜集：乔朝新、李文彬；录音：贺明辉；翻译、整理：乔朝新、李文彬、贺明辉。

是卡海后裔，卡哈后代，久育子孙，久劳后代。古老那时候，远古那时候。我们的祖宗，我们的先辈，沿河涉水，依岭跋山。走到久育村，走到久劳寨，挖地遍岭建久育，劈山光秃成久劳。以后树大要生丫，人丁多了要分支，分地方生产，分村寨居住。我们的远祖，我们的祖先，迁来到久些，移来到岗亮。种地过活，建寨居住，初立整高埋岩，始立汪欧埋岩。整高变成好地方，汪欧变成好地方，我们的远祖，我们的祖先，另寻地方过活，又找寨子居住。迁移到这里，居住这村寨。初时地方好，村寨也安定。后来鹞鹰多，蚂蚱少，人丁多，粮食少。有人像鸭变跟虎，像花鱼跟龙，像白蚁吃蛋，当磨戈吃崽。巧的骗蠢的，强者欺弱者，勤人吃不饱，懒人吃不完。他们白天学穿山甲（睡大觉），晚上就做猫（偷东西），他们勾结外奸，吃里爬外，划符法捉蛇，阴谋害人。达配不到坪踩堂，达亨不去坡踩鼓，达配无心种麻，达亨无力种田。没有大树遮山岭，没有头人管地方，让地方乱哄哄，使村寨昏沉沉。一处一个寨老，一村寨一个头人，芬理的到扎，霞昊的些样，鼓滔的学约，芬党的妮卡，久东的根雄，培纪的独海，培叔的独叔。他们九个头人，八个寨老，上到整高村，来到汪欧寨，去分岩，去立岩。怕口说无凭，说话无据，才要瓢相合，才拿钵相套，瓢合相吻，敲钵成音，才认同是久育的子孙。久劳的后代，分岩进地方，分岩进村寨，分得岩来立，分得岩来竖，五岩六岩七岩八岩才不乱，五岩六岩七岩八岩地方才太平。达配才到坡踩堂，达亨才到坡踩鼓，达配安心种麻，达亨积极种田，聪明人才得丰衣，勤劳者才得足食。勤人得吃饱，懒人挨饿死。没有人偷盗，没人犯伦理，牲畜不被偷，出门不闭户。芦笙响满寨，铜鼓震四方，长辈来立岩，牢固像白石，长辈来竖岩，稳固像铁桩。现在我们地方，近来我们村寨，埋岩不稳固，埋岩不牢固。有人脚穿烂草鞋，有人手着破手套，他们逢九不做工，逢十不种田。学螃蟹钻田沟，学黄鳝钻田塝，学老鼠咬粮仓，学蛀虫啃树干。他们只想干手吃饭，不想撩袖下田。古时在久东埋岩，杀十二个坏头人，杀十三个坏寨老。后来有松奴埋岩，又杀久东的根雄。培科的豪列，芬党的乃卡，洋翁的配乃，结婚要送七头牛，罚她要头牛，拉去能东做埋岩。依整高岩规，按五欧岩规，久积的亨卡，久荣的派乃，定族外婚，拉牛去松奴做埋岩。废除族内婚，那纳拿奴不愿嫁老表，她要同享妈财产，也拉牛到松奴做埋岩，改要银钱替姑舅表婚。人不乱死，牛不乱杀。他们指引路给众人走，制定道理给人间遵从，制好古规大家称赞，制不好古规大家骂。哪个心地不良，思想不好，不走正路，做不合理，砸坏别人长菜筒，砸坏别人大饭包。地方一头，寨一边，该罚就罚，该打就打，该杀就杀。各亲戚朋友，各家族兄弟，遵从埋岩古规，遵照埋岩古法，疏远不冤枉，亲近不怜惜。一切按埋岩规约，一切依埋岩规约。今日火未燃烧先备水，事未发生先交待，严在先，好在后。哪个九教不改正，十教不服从，依整高岩规，按汪欧岩规。拿绳捆脖子，用索绑喉咙。拉他上埋岩，拖他上埋岩，用木棒来敲，拿棍棒来打，头迸出脑浆，屁股流出屎。打给众人看，打给众人知，要他死也要服从埋岩规，死也要遵守埋岩规，地方才平安，村寨才安宁。埋岩头人，伐树砍树蔸，闹鱼寻滩头。不讲众人，不讲百姓，专讲当个寨老，专讲当个头人。当寨老要管理地方，做头人要治理村寨。管众人事，管百姓事；管山场，管河流，管池塘，管田地，别让地方混乱，别让村寨衰落。当头要正直，当头要公道，当头莫蛮不讲理，当头莫欺软怕硬。办事依岩理，办事照岩规。对待蛮人要狠心，对待善人要热心。治好地方才丰盈，治好村寨才丰足，劝众人相敬，劝村寨和睦、勤劳的人得穿好，勤劳的人得吃饱。碗碟相碰，夫妻吵架，田头地里，我们同个地方生产，同个村寨居住，屋地和菜园，送一拃又一拃，火烛用水灭，别火上加扇。哄骗人闹架，唆使人相争；哄骗人告状；哄人打官司。做寨老欺压百姓，当头人勒索地方。白天当头人，晚上扮魔鬼。划符法捉蛇，阴谋害别人，拿火种找山烧，凭酒意惹是非，当寨老代替种田，做头人代替做工。搞得地方混乱，弄得村寨衰落。地方混乱，村寨衰落，要依九十九条古规办事，要按八十八条古法治理。下受官府管，上依岩规办，地方才治好，村寨才安定。

禁偷盗抢劫

远古那时候，古老那时候，没有碗量，没有秤称，物物交换，有借有还。看物来估价，看物来评定。买者看价买，卖者看价卖。牲畜大的价钱高，牲畜小的价钱低。昨天宋公到古耶买羊，买得只母羊，又偷只公羊。拉回家杀吃，牵回家送酒。众人晓得，寨人明了，地方不容许，寨人不赞同。寨脚发动，村头组织，同说一样话，同讲一道理，三十三岩规不许犯，四十四岩规不容犯。处处要齐心，村村要团结，人多过岭也会踩死路边火媒，人多上坡也能踏平坡上茅草。众人涌到引松村，众人冲进松孟寨。杀宋公垫底，立埋岩在上。立个治盗岩，立个治贼岩。地方没有小偷，村寨没有强盗。地方由坏变好，村寨由乱转安。小病不求巫师占卜，小偷不找头人处理。从今以后，哪里田崩用石砌哪里，哪里裤烂妻子补哪里，哪村寨出事处理哪村寨。第一次劝告，杀他大肥猪，罚肉九十九斤和八十八斤。第二次告诫，拉他到坪上，拉他到场上，用木尖来钉，用木棍来打，拿他来倒挂，拿他来侧挂。教训才聪明，讲了才清醒。还要杀会打斗的牯牛，分串肉给地方和村寨。如还说不听，屡教不改过；罚他第三次。拉他上埋岩，拖他到埋岩。地方人来看，村寨人来瞧。用木棒打头，用木棍打脚。头上迸脑浆，屁股流出屎。要他亲兄弟，要他亲族人，推他进上坑，抛他进上槽。要讲明白。看见有鱼才撒网，看见野兽才放狗。偷粮的抓在仓边，通奸的抓住衣服。莫学蛇吃田龟，鹞鹰捉画眉。别灌水进开裂的田埂，嫁祸给好人。怕有小龟吃大龟，坏人害好人。做头人要正直，当寨老要公心。若当头人不正直，若当寨老不正大，要头人与盗同罪，要寨老与贼同刑。各地应知晓，村村别忘纪。

婚姻彩礼

讲到达配，说到达亨，男爱女，女爱男，爱才嫁，亲才娶。日后碗碟相碰，夫妻拌嘴，老庚好在酒桌上，夫妻爱在洞房里。妻错妻改正，夫错夫矫正。别怀恨在心，别嫉妒在心，相亲同出工，相爱齐种田。聪明人穿好，勤劳者吃饱。相伴像黄干，相随像秤砣。同繁衍子孙，共繁衍后代。造屋给子孙，创业留后代。讲真话，讲实话。妻莫瞒夫，夫不骗妻。如有哪一方，白天有一妻，晚上有多妻，或是白天跟丈夫，晚上跟别人。夫骂有道理，妻骂有道理。夫错夫改正，妻错事承认。桥摇加木方，柱权加契子。整它好，修它稳，如果竖柱遇泥沙，竖椿碰松土，像是馊饭不相粘，像是烂桶修不好。桥要拆，柱要换，馊饭要丢，朽桶要换。夫不爱妻，妻不爱夫。他们要破铜钱，破木额。由寨老，由头人，依古理裁决，照古规处理。从前他俩从，似蝴蝶恋白花，像蚱蜢爱嫩草。达亨爱达配，达配爱达亨。不让妈知道，不给爸晓得，相聚到半夜，相偷在晚间。今天碗碟相碰，夫妻离婚，分道开木额，破道叶木额。男可再婚，女可再嫁，如果吃过爸办的喜酒，挑过妈做的糯米饭，找一个美貌的人，寻一个漂亮的人。树好有丫，人好成双。接来到家，带来过门。请过家族，请过亲戚，请过祖宗，祭过祖宗。有个接才回来，给个送才回来。年岁不满，年龄不够，他找地方挂雨篷，找到地方挂雨篷，他找地方挂雨帽，找到地方挂雨帽。找到竹门，丢芦苇门，找到木板门，丢弃木皮门。翻脸遇背，歪嘴一边。男离女要一两二银子，女离男要一两一银子。正个名誉，赔个礼节，男可再婚，女可再嫁。若有婶做媒，有老人做媒。爸不嫌亲戚，妈不选亲戚。请巫师选吉日，请巫师选吉时。选得吉日，选得吉时，约在九月，定在十月。包果熟，茶辣红，田间稻谷黄，地里黄豆熟，找好树丫，找个人长寿。到舅爷家，到姑妈家。舅爷请到叔伯，舅娘请到婆媳。请过全村人，请到亲戚朋友。一人一双鱼，一人一壶酒，一人一盒饭。用左手提饭，用右手提酒。招待遇女婿，招待遇姑爷。杀只公鸡，杀头肥猪，用碟子来装，用碗来装。寨寨欢声笑语，处处喊酒猜拳。全村人知道，全村人记得，聋子都晓得，盲人都知道。成亲家，做亲家。媳妇过门满两年，媳妇过门满三年。太阳从东边升起，月亮在西边下沉，为爸生儿，为妈育女。他才去找地方挂雨篷，找到地方挂雨篷，找竹篙晾衣，得竹篙晾衣，找到木板门，丢弃木皮门。看见白鸡飞过竹篙，看见锦鸡走在路上。发现别人媳妇漂亮，妻子漂亮，就起坏心眼，想起坏主意。去偷别人塘中船，去抢别人床上妻。拿骨头去哄骗狗，拿果去哄骗猴子。有石块才砌山冲，有钱才抢别人妻。良田产禾三百把，贤妻出嫁三百两。用棒打不落，用嘴咬不放。爬果树守果，进水塘守船。顺鱼叉取鱼，打官司要钱。换一句话讲，换一道理说，哪个姑娘心眼坏、思想差，发现别人树结果，她去摘；看见别人鸟堂来鸟，她去装鸟；发现别人鱼梁进鱼，她去守；看见别人丈夫有吃，她去骗；看见别人丈夫有穿，她去抢。她天天梳妆，夜夜打扮。拿骨头去哄骗他人狗，拿身子去诱骗别人夫。撬别人屋基石，拆别人田塝石，打烂别人的长菜筒，打烂别人大饭包。地方人晓得，全村人看见。拉她上埋岩，拖她上埋岩。用鞭子来抽，用棍棒来打，让她身体烂像刚，发臭像屎尿。讲了又讲啊，话分两边讲，茅杆两头尖。地宽人众，寨大人多，难免有些人，有个别人，像树没有根，树梢不开丫。没有儿抚养，没有子照顾，没有人扫墓，没有人祭祖宗。夫妻来商量，夫妻来磋商。原配的同意，前妻许诺，再代个妾，另娶个妾。那样呢？按照林洞岩规，依寨怀岩规。让他娶妾，让他成亲。

防御外来侵扰

过去的苗族，居住在久育，居住在久劳。他们去鼓牙鼓松，做卖鸟生意。猴子不好样，侗人不好心。他们聚众来驱赶，邀寨人来捉。好在船公，他给苗人藏身，他给苗人留宿。防人逃脱了性命，苗人脱离了危险。他们回到久育村，回到久劳寨。邀集朋友，聚来兄弟，组织久育人，发动清江人。去攻打鼓牙，去袭击鼓松。若有哪个村，若有哪个寨，喊不应，调不来，不爱护三十三埋岩规，不赞同四十四埋岩法。罚它与侗同罪，惩它与客同刑。讲到远的，说到近的，今大势所迫，坏人逼近。以后坏人从哪里来，强盗从哪里进。吹角为信号，鸣枪来相报，各地各防守，各村各集结。招即来，喊必到。备水又备粮，打矛又背枪。寅时喊，卯时到。别装耳朵聋，别装眼睛瞎。别勾引坏人，内外勾结。如果有哪个地方，吹角不响应，鸣枪不接应。不阻路口，不拦山坳。放坏人过关口，让盗贼过坳口。就用三十三埋岩去处罚，以四十四埋岩去惩治。拿他与强盗同罪，拿他当盗贼惩罚。又讲到户各家，说到家家户户，如地方受侵扰叫不来，村寨呼喊不答应。装耳聋，装眼瞎。拿他当贼匪论，拿他当强盗论。地方来处罚，村寨来惩治。要他爸杀牛做菜，要他妈泡米煮饭，向村寨赔礼，向地方认错。如果他父子，九不答理，十不过问。众人一条心，全寨人一齐，要他房柱朝天，要他房柱倒地，砸烂他房子。掳光他家产。地方才能安宁。村寨才得安定。

界石放债买卖

屋地菜园，山场河流，良田肥地，杉木裕木，各人各份，各人各股，立石为界，划线为界。是用钱买回的，拿钱换来的，或自力开垦得的，自力开辟来的，是钱着底。秧在上，或者汗水在底，种禾苗在上，就当个相互赠送。一个乞求一个愿送，就当个互相谦让。一个给一拃一个让一拃，先问后做，不准谁过界砍柴，越岭界挖地，移石界者绝种，蛮占者死绝。地方不允许，村寨不相让，众人一条心，村寨人一齐。到他家，上他门，杀大猪，宰肥猪。九十九斤酒，八十八斤肉，串肉送给各地方，串肉送给各村寨。分些的贺明祥，捐献一匹公马。鼓被的郑常良，赠送一头公猪。要他两个人，当立岩头人，做寨老讲规。科略制量筒，仁敌造杆秤。才有量筒量，才有秤杆称。鼓衣的元海，心地不良，思想不好。别人用钢制秤砣，他用泥巴制秤砣。别人用铁制秤砣，他用木皮制秤砣。七月租谷给穷人，他拿秤砣晒太阳，一称少七斤。十月收租谷，他用秤砣泡过水，一称多占七斤。他恶像皇帝，他富像天皇，有十三仓米，有十三仓谷。吃不完，穿不尽。用银制鹅槽，用锡造鸭槽。他放债到英朗，放债到的东，放给中哥妈，放给如受婆。她们借债赔不起，借吃还不了。元海去讨债，清扫她谷仓，强抢她锅头。中哥妈，如受婆，气在肚里，恨在心里，上山吃了毒药，找绳子吊了颈，死她一个人，就像烂她蛋一个。但地方不允许，村寨不容许，三十三埋岩不允许，四十四埋岩不容许，聚众到陪叔，聚众到松高，杀元海垫底。立埋岩在上，埋个放债岩，立了放债规，乃朱埋岩，仲娃埋岩，利钱每元收三角，利谷百斤收四十，不准利大过本，不准利滚利，有借有还，欠债别拖延，讨债不准刮粮仓，追债不准端锅鼎，如果谁不依岩规，不照古理办，塞水冒田埑，吃草过山界，地方不允许，村寨不容忍，要他像元海，死也要服从埋岩规，死也要遵守埋岩规。地方无冤，村寨无仇，讲条做生意，说条做买卖，卖的当面卖，买的当面买，九就九，十就十。筒要合秤，秤要合筒，别卖假货，莫欺骗人。古老那时候，荣刚的想斗，开铺做生意，他卖盐渗沙，卖酒渗水，买一斤盐，有半斤沙子，花育的公行，开蜂窝取蜂蜜。他卖给想斗，称有七斤，退皮八斤，他俩吵架惊全寨，相骂惊全村，地方不容许，村寨不赞同。群众相邀，去处罚想斗，罚九十九两银子，罚八十八两银子，就像赶猴子离山，还赶他离村寨。从今以后，做生意，做买卖，哪个卖假货，哪个哄骗人，要他像想斗一样，罚九十九两银子，罚八十八两银子。各地各宣传，各地各牢记。

融水苗族埋岩歌

埋岩由来

古老那时候，远古那时候，妈住在何方，爸住在何方，妈住浑水河，爸住浑水河。妈嫌地方差，挑起纺织机，又带棉花篮，爸扛打猎枪，又背把尖刀，妈过浑水河，爸也过浑水河。一天过一寨，妈见整海美，爸见整海美，妈下大山来，爸也下大山来，来到整海寨。妈开荒种菜，爸开荒造田，定居整海寨，整海大盆地，圆像个铁锅，形状像鹅窝。整海人穿好，短衣平肚脐，长衣拖到地，有穿苗服穿汉服，有穿兰衣服，脚穿板鞋走，整海人吃好，鸡鸭养成群，餐餐有鱼肉。七座山坳像七副马鞍，七座山坡像鹅冠，环绕整海寨，整海稳当当。吹十二把唢呐，敲八个铜钹，整海寨热闹，哪个祖先造鼓，同刀造的鼓，同刀不管铜鼓，给模力管铜鼓，模力公敲的鼓，鼓声震整海。有人说是涨大水，有人害怕是失火，半夜逃离村，颠倒背小孩，以为整海受难。但早晨天亮，没见涨大水，没有火烧寨，原来是模力打鼓，沙爹这样讲，水桶没有箍实，爸的水桶会丢散，村寨没有埋岩。爸的村寨会出乱，水桶要上箍，村寨要立岩，沙爹这样讲，埋岩原是天上物，天上立有岩，该上天分岩，来治整海寨。哪个祖先最聪明，王超最聪明，王超上天去，走到天上寨，上到党公岩，踏在天桥讲，踏在党公岩，踩破党公岩，分一个下地方。立在整海寨，不立整海寨，可立赌图寨，不立赌图寨，立在五亿田。王超人聪明，请王超讲埋岩规，十七杆粉枪，十七把梭标。王超把话讲，我们住在整海寨，有穿苗服穿汉服，人人都想生活好，不许苗欺客，客也不欺苗，不准高欺矮，不准人欺人，不准嫂乱叔，不许伯乱婶，不准人乱人。治理整海寨稳定，苗死客来帮，客死苗去帮，敲七个铜钹，吹七把唢呐，轰动整海寨，青年穿绸缎，颈戴九个项圈，脚穿合适鞋袜，饭菜吃不完，欢笑乐无穷。整海寨原已不乱，整海为何又乱，就因小孩子，手里拿把刀，在龙坳砍藤，砍断山水龙脉。整海寨儿童，相继就染病，牛最怕跌崖，最怕滚陡坡，做人怕送命，最怕染大病。富人死了留下良田千亩，留下鱼塘万亩；穷人死了留下个烂篓，仓底遗下烂竹筒。沙爹把话讲，真钻整海寨。沙龙家产大，他有钱财多，他买水牛来，又请巫师来。祭寨头龙脉，祭山水龙脉，摇一个铜铃，叮当叮当响，祭龙醒过来，整海寨太平。为何整海寨衰落，诺样是一个，诺样和皂历，两人两把剑，沿河去走寨，来到敌东寨伴妹，和美妹对歌，换得一把剑，带到整海寨，整海寨遭劫。诺样举起箭，整海剑闪光，整海寨衰败。沙爹他怕死，沙龙也怕死，沙爹沙龙把话讲。他告诉族人，逃离整海寨，弃万亩良田，丢下大楼房，丢下闹鱼河。穷人攒掉烂篓，仓底遗下烂竹筒，妈见船轻便，爸也见船轻便。妈坐木船来，爸也坐木船来，八万走陆路，八万乘船来。竹篙顶石崖，木船慢慢移，船只逆水上，伸篙去顶石，船只慢慢行，船只往上行。爸划四五桨，船过四五个水潭，妈划四五桨，船过四五个水潭。妈爸沿河来，妈到久育寨，爸到久育寨，两年能相处，五年能相处，十年久育人厌烦，怕偷久育人柴草，怕开久育人田鲤，怕挖久育人禾仓。妈离开久育寨，爸离开久育寨，回不到原地方，只来到五千寨，心想五千寨是好地方，怎知五千寨不是好地方，这里人多田地少，牲口多青草少。爸种田不成，爸又叹大气，连饭也不吃，妈酿酒不成，妈也叹大气，饭也吃不下。妈又把话讲，爸又把话讲，又得离开五千寨，再不到久育寨，也不去整海寨，分散住各处，一个家族住一寨。

整高汪欧埋岩

哪里吹芦笙，在松相吹芦笙，在整些寨吹芦笙，达亨在松相打铜鼓，达配在松奴采蓝靛，九芦笙裕七芦笙，五芦笙吹嘟嘟响。育英心里想，为何七月吹芦笙，急忙来问妈，老人告诉英。今天人过年，人们在松相拉鼓，在七月拉鼓。达配着装又打扮，拿把短纸伞，快步上整高，像龙女走路，讲到整高村，就到整高寨。达配跟众人踩鼓，在整高踩堂，只有达配育英最漂亮，美貌超过看鼓人。富家达亨想娶她，达配怎么也不愿嫁。富家篷车心最毒，用绳捆妹手，一端系马背，用鞭来抽马，把姑娘拖死，死在整高坪。那天人最多，有千千万万，众人都说做不对，人人都哭泣，哭声震动整高村，搞得整些乱。公奔在沙育，公东在整海，公新在整高，公尼在棒桨，王叔和皇实，他们四五个头人，相聚一天半，商量做埋岩，传送木额到各方，写信给汉人。姓陈的劳力，姓龙的劳由，他俩去到下游叫，上游也来很多人。他俩又到上游叫，下游也来很多人。他们去波行凿岩，沿了学河抬来，抬过节些寨，埋在整高坪。汪欧有个岩，汪欧岩规严，十七杆粉枪，十七把梭标，喊得震天地，治理地方得安宁，不准强欺弱，不许欺笨人。不准苗人欺客人，不准客人欺苗人，莫去偷人田鲤鱼，莫去偷人鸡和鹅，莫去偷人菜和柴，莫去坪上偷马，莫去坡上偷牛，莫强占别人妻，立那样的埋岩。七个头人立清楚，在整高寨做埋岩，汪欧地方得太平，若哪个不走正道，走进一条荆棘路，荆棘勾他裤脚。他去偷人菜和柴，去捉人田鲤，去坪上偷马，去坡上偷牛，去强占别人妻，寨寨齐擂鼓，众人聚在坪。去推倒他房屋，去掳光他家产，都依整高埋岩规，汪欧岩规好。岩规治理九支人，七群地方好起来，坪远马辛苦，坡远牛辛苦，田远鹅辛苦，岩远人辛苦，背来的水喝干。带来的米吃尽，还未到埋岩，九支九头人，商量九天半，商量埋岩事，才将布分块，才将鱼破开，才将岩分小，各分一个去。立在两欧寨，立在龙寨村，都按照整高埋岩规，汪欧岩规好。那里立岩成好地方。又分出一个埋岩，立在整帮寨，立个敌东岩，敌东地方好起来，又分出一个埋岩，聪明人送去，去整浪立岩，立个生苗岩，整浪好起来。又分出一个埋岩，立在引拿岩。立个松奴岩，松奴好起来，哪里三级岩，榕登三级岩，哪里三层寨，当郎三层寨，哪里五次立埋岩，松奴五次立埋岩。有次立防外客岩，不准官方进苗寨。那次有皇依、沙真他们立。有次立婚姻埋岩，把族内婚改为族外婚。那次有沙行，当中他们立，有次立防盗埋岩，治理地方就太平。那次有皇行、沙相他们立。有次立粮税埋岩，不准层层加纳官粮。那次有皇尼、龙汪他们立。那次有两卡、金色他们立。有次立婚礼埋岩，结婚要双鱼，两二奶母钱，都依整高埋岩规，汪欧岩规好。

族外婚

古老那时候，远古那时候，族外不通婚，对象在古培，在古谷那边。到远方娶亲，去要走九天，来也走九天，饭硬像砖块，肉干像腊蛇，爸妈啃不动，祖宗难领情，小孩不愿吃，不知是哪个。送木额四方，去哪里立岩，是哪个立岩，改成族外婚，邻村有饭吃，吃得暖烘烘，有整高公行、公量，有整依，传木额四方。去松奴立岩，要公行立岩。公量这样讲，公行也这样讲，到远方娶亲。去要走九天，回又走九天，饭硬像砖块，肉干像腊蛇，爸妈啃不动，祖宗不领情，小孩不愿吃。有人接才回，有人送才去，人人要干活，谁有空走寨，走亲戚喝酒。英梅同妈生，繁衍天下人，族外可通婚，与族外通婚，族外结婚得软饭。饭还暖烘烘，爸妈喜欢吃，祖宗乐领情。到时生小孩，舅爷挑米送外甥，过寨坪到家，到拉鼓那天，共大坪拉鼓。到闹鱼那天，共条河闹鱼，到打猎那天，共条路打猎。打得猎物大家吃，不得猎物大家散。公行把话讲，你们回到村，讲给青年吃，青年男女情相投，不论远和近。族外可成婚，在本村结婚，头人回到家，把话对人讲，告诉本族人，这是什么肉，这是破婚规的肉。族外可通婚，这是什么肉，这是改婚规的肉。族外可结婚，老人认为最合理，老人乐哈哈；青年认为改得好，青年笑哈哈。全村老幼都欢乐，地方都遵循，结婚在近邻。

结婚彩礼

古老那时候，远古那时候，结婚要七牛，妈用竹篙量，不平竹篙妈不要。是什么原因，现在人结婚，不用七头牛彩礼，只要一两二银子。古老那时候，远古那时候，上游发动九千人，去整些埋岩，立整高汪欧埋岩，结婚只用两二银，一钱二银办酒，地方人人都成婚。哪个达配良心坏，哪个达亨良心坏，破坏古岩规，结婚又要七头牛，结婚又送七头牛；又要千两银。又送千两银，洋翁村配乃，她娘家富有，配乃银子多，耳环带五对，手镯白皑皑，踩堂让人看，众人都羡慕。她爸拉头牛，立个培些岩，结婚五头牛，拉走七头牛。配乃把话讲，哪个要娶我，赶来五头牛，拉走七头牛，要千两银子，百两给我妈，才和他结婚。培些的种略，种略家急这事，他家银子多，赶去五头牛，拉去七头牛，挑去千两银，百两给她妈，和配乃结婚，那样犯岩规。各地都叫苦，富人有田地，富人娶得妻，穷人成单身。昏头又昏脑，出工不懂回家，在家不知出工，穷人这样讲。对情妹诉说，我俩情投又意合，我真心爱你，因我家贫苦，筹不起七头牛，送不起五头牛，筹不出千两银，送不起百两银，才不能成婚。姑娘痴痴听，抬头望情哥，跟情哥诉说，此规真害哥。若哥真爱妹，若妹真爱哥，我俩不如寻死路，阴间做夫妻。在那个时候，穷人受苦多，爱也不能婚，只有寻死路，阴间做夫妻。穷人把话讲，我们嘴巴会吃，舌头也会讲，肩膀也会挑，手也会种田，为什么寻死路？娶不得个妻，穷人愤恨多，气得直跺脚。当浪的想波，培些的董拉，足西的皇海。他们三个人，培些议一天，送木额四方，要立一次岩。古榕出拉楼，古培出奶丢，花家出相良，加些出些行，久东出根行，加娲出母力，霞吴出量卡。他们九个和七个，到培些寨去，再商议一次。大家齐鼓气，去倒培些岩，倒埋岩来敲，岩断成两节。丢下闹鱼河，到了洋翁寨。罚配乃头牛，拉牛到能东，再立一次岩，在坳上杀牛，摘树叶垫肉，杨梅木来做砧板，肉切成片片，用篾串起来，串成一份份。当浪的想波，想波最聪明，要想波立岩，立能东埋岩。讲话苗夹侗，想波这样说，洋翁的配乃，结婚五头牛，拉走七头牛，还要千两银，百两给她妈。配乃犯岩规，罚她一头牛。到能东埋岩，以后结婚不用牛，只要一钱二办酒，要四钱四给舅爷，一两二给妈，报答她抚养之恩，感谢她生育之情。众人回各村，各地做埋岩，人人都叫到齐，大家都遵守，结婚依照能东岩，各地人人都成婚。才变好地方，分成一份份，一份送上面，告诉久育寨，一份送下面，告诉整行村。一份送半坡，说给良双良龙，大家带回村，每地立一岩，地方才治好。内东用头牛，立个能帮岩，结婚要双鱼，两条鱼就成婚。一两二银子，送给老妈妈，由内空立岩。地方得太平，地方坏变好，量卡回到家，当尼做埋岩。量卡这样说，方东那一边，结婚要银子一两七，一两给亲妈，我们这地方，也得这样做。结婚一两七，还要带红蛋，还要挑糯饭，还要挑酸鱼，这个婚礼代代传。量卡样样立，他沿河上去，去整梅办事，鲁能出姑戈，人懒不到会，转回高武村。量卡妈骗戈，结婚七头牛，银子一两七。姑戈回到家，整芒做埋岩，立个婚礼岩。鲁能办婚事，要头牛给妈，银子一两七，鲁能穷人多，家贫出不起，改为五两银，银钱给老妈。鲁能穷人多，家穷出不起，改按高武岩，当尼那个岩，穷人也能婚。

从江加勉苗族习惯法

习惯法主持执行者

一、该歪

为群众调解纠纷及主持执行习惯法的领袖,加勉苗语称为"该歪"(意思是当官人)。"该歪"有大、小的区别,但无上下隶属关系。除了重大的事件(经群众同意)须由最大的"该歪"主持执行(如一九三九年王家富韦该森领导反抗国民党统治阶级)外,其它的纠纷或事件,"小该歪"都有权调解、处理,如果解决不了,再请最大的"该歪"进行处理或调解。

"该歪"所调解、处理的事件有以下几种:第一,争执田、土、山林所有权的纠纷。第二,婚姻纠纷。第三,偷窃事件。第四,违犯禁忌。第五,有关民族内部纠纷。第六,有关内勾外引互相残杀事件。第七,其它。

"该歪"的产生,不经群众选举,也无财产多寡的限制,只须具备如下条件就可充任。

第一,办事公正,为群众解决纠纷或处理其它事件时,不以亲友关系而有所偏袒。

第二,说话要具有说服力,能掌握有理无理的原则,并能把道理讲清楚,及熟悉古老古代流传下来的陈规和现行习惯法。

第三,年龄在三十岁以上。

"该歪"为群众处理事件及解决纠纷时，在有罚款的情况下，多少有一些经济上的酬劳（详后）。

"该歪"所辖地区计有：长牛、加亚、肖恶、雷家坡、廖家坡、加都、达让、加月、加翁、白多、羊念、党港、白岩、扬铃、加冒、党翁、杨薅、别通、羊汪、羊娃、巫娃、埃岩、埃浪、独榜、埃龙、埃梭、平坡、平芒、别解、昂晦、南梭、别作、羊九、寨平、别牛、埃夜、埃俄、加勉、岩大、别邦、郎由、理昌等四十多个村寨。在这些村寨里（较大的）都有一个"该歪"。凡在上述这些村寨中裕居有其它民族（汉、壮、水）发生纠纷或其它事件时，均须请苗族的"该歪"协助调解或处理。

国民党反动势力深入加勉以后，施行了"保甲制度"。"伪保长"由伪政府委派充任，"甲长"是轮流充当。"保甲长"只管派兵、派款、当群众不接受他们执行"伪政府"的"命令"时，"保甲长"还得去请求"该歪"协助，如果"该歪"不说话，"保甲长"是一筹莫展的。据韦该肖说：保甲长不了解古老古规的办法，所以要请"该歪"帮助，相反的"该歪"处理事件可以不通知保、甲长，但为了给一点面子，有时也请他们来参加。如有纠纷发生，到保长处去告状，当进行处理时还得请"该歪"来参加帮助。由此可知解放前"该歪"在群众中的威望是居于伪保甲长之上的。

距今二十年前，加勉寨最大的"该歪"是王家富、韦该森（均住加勉大寨）。一九三八年王家富、韦该森因领导群众反抗国民党反动统治阶级，韦被杀害。继承者为韦该肖、韦该耶（两人均住加勉大寨）。

二、活路头

"活路头"在苗族中是有着一定地位的。但是他的职权只限于带头开始播种、插秧,并主持执行违犯生产禁忌的习惯法(详后)。此外别无特权。

加勉乡的"活路头"是由龙姓世袭。世袭的方式,是父死子继,无子由兄、弟(包括房族中的兄、弟)继承,无兄、弟由族中子侄辈(包括亲侄)年长者继承;女子无继承权。

据当时苗族老人传说:远在三十四代至三十五代的祖公名"该休",生有六子:长该哈,次该候,次该昂,次该年,次该机,该嗓。"该休",先命长、次子播种,秧苗长得很好,当年禾谷丰收。及三、四、五六子先后长成,"该休"各叫他们播一年种,秧都长得不好,收成也差。"该休"再叫长、次子播种,秧苗仍然长得很好,禾谷又得到丰收。因此"该休"每年都叫长、次子播种,秧也由他二人先插,习以为常。"活路头"的来源即由此而起。加勉龙姓是"该休"长、次两子的后代(三子姓梁,四子姓王,五、六子姓韦),所以"活路头"由龙姓世袭。

现在的"活路头"名龙老友,住弄活寨,贫农成分,他已加入农业生产合作社。他管辖的地区计有:加勉大寨、老寨、小寨及爱耐、白通、羊娃、给扛、昂牛、白邦、弄活、党翁、阳丢、阳汪、加磨、福草、爱务十六个自然村(加勉乡还有一个"活路头"名龙老纽,他管辖的地区只有加趸上、中、下三寨。此外加翁乡的"活路头"是潘老外、韦老堂。寨平乡的"活路头"是李老格。其余地区不详)。他有一丘作为每年带头播种插秧的"专用田"名叫"爱寨"。据说,这丘田也是他们的祖公"该休"遗留下来的。（田不能出卖，"活路头"的生活，如有困难由群众替他解决。）

据加勉苗族老人韦该耶等说：从前如有人违犯"活路头"职权内的生产禁忌（详后），无处罚条规。自某年起（说者记不清年代），因加勉、党翁"踩秧堂"（参看民族节日部分），连吹十几天的芦笙，违犯了祖宗留下的规矩。"活路头"龙老友出来干涉，群众不听。恰好是年禾谷歉收，群众认为是"活路头"带头播种、插秧有问题，叫他赔偿粮食。龙老友说："你们踩秧堂吹芦笙超过了规定时间，我说你们不听。今年禾谷收成不好，怨我不得。粮食我赔不起，只有不干这个'活路头'。"于是徙家他处，走到半路为群众劝阻回来，并向他表示认错，同时还规定了违犯"活路头"职权内的生产禁忌必定处罚的条规。这些条规，任何人都得遵守，即使"该歪"也不例外（条规详后）。

立石的传说及其作用

一、曰巴匠。

加勉老寨（即下寨）附近的"呆恶"立有一个石头，苗语称为"曰巴匠"（"曰"是岩石，"巴"是女，"匠"是男。合译即"岩女男"）。据说：这个石头是管理婚姻的，同时也管理生产（一说，这个石头事事都管）。立石年代不详。但据说，这个石头是加勉乡最古老的一个。

加勉寨韦该肖说：从前男女在"性"的关系上很乱，争夺妇女，经常闹架。老辈们为了制止这一不良习俗，就由"德雪郎些"（即现在的摆里）分一个石头来这里竖立，管理婚姻。并议订有关婚姻纠纷的处理条规（详后）。如未婚女子与男子发生"性"关系怀孕生子时，按照条规男的就得给女的以经济上的赔偿。如果男的坚决否认，只有由女的把古老古代流传下来的话到"日巴匠"这个石头边去念，即作罢休。这篇话按原意译成汉语如次：

我俩（指男女双方）不乖（意指不听老人的话），现在养崽（指生小孩）。他（指男的）不答应我（指小孩男方不承认是他俩生的）。第一害我；第二害崽（指小的）；第三害爹娘；第四害我养饭（指抚养小孩）。现在我拿他（指男的）来报石头，让你石头帮我做主；请你（指石头）向上"雷"报（指报告"雷"），向下"龙"报（指报告"龙"）。他（指男的）害我一辈（一世），他以后生产不好，打野兽也不得。我坐月只四十天，他记（记他）四代人。

韦该肖又说：从前这个石头还有一个铜鼓协助他管理生产。当老鼠吃禾穗、麻雀吃谷米时，就敲铜鼓三下，但必须拿到别娃（地名）去打，不能在石头边敲（原因不明）。敲铜鼓时还须念话语。这篇话语按原意译成汉语如次：

我（我说）最老（古代）的话，也是"该局"的话，"该匠"的婚姻法规。我（我的）鼓是最老的鼓。我打三手"下"塞老鼠"洞"，我打三手（下）塞麻雀（窠）。我（我的）鼓（和）石头都很紧（意即很结实）。我造场（意即立石头的场所）给（在）老寨，竖立这个石头也很紧（意即石头立得很稳当），使我的场也很稳（意即立石头的场所也很稳固）。现（现在）哪个（任何人）不能跨过我的岩（指"日巴匠"这石头）。现在我们的禾把熟。现在我们的庄稼都很好。

二、曰吕空、曰义卖。

加勉大寨立有一个石头，苗语称为"曰吕空"又称"曰义卖"〔"曰"是岩，"吕"是摸（偷窃），"空"是食（粮食）。"义"是偷，"卖"是衣服（包括一切什物）。合译全意即"岩摸（偷窃）食（粮食）"，"岩偷衣"〕。

据韦该耶、韦该肖说：这个石头是管理偷窃的，同时它也管理战争事件。"该歪"处理偷窃犯时，情节重大者还要杀牛去敬它（具体事实详后）。遇有战争事件也要杀牛去敬石头，如一九三八年十二月，白岩乡（包括加勉寨）九个保，在王家富、韦该森领导下去宰便反抗伪区长欧连时，就杀了牛一头敬过这个石头后，然后出兵（详见历史部分）。

至于竖立这个石头的原因和年代则无从稽考。

三、曰必或、曰被那。

由加勉寨去蕨菜坪的途中地名"曰龙晦"，立有一个石头，苗语称为"曰必或"、又称"曰被那"（"曰"是岩，"必"是保，"或"是"官"。"被"是卫，"那"是发财人。合译全意，即"岩保官"，"岩卫发财人"）。

据韦该耶说：这个石头是管理庄稼的。禾谷受到自然灾害时，都要杀牛去敬它。如一九五三年秋苗遭受虫灾，群众就买牛去敬。

又说：因为这个石头在"曰龙晦"地点适中，距离寨平乡和加勉都不远，所以人们去敬它（意思是加勉老寨"曰巴匠"这个石头也管理生产庄稼的。但是地点不适中，所以庄稼受到天灾时，人们就不去敬加勉老寨的"曰巴匠"，而去敬"曰龙晦"这个石头）。

至于竖立这石头的年代和原因，据当地苗族老人传说：距今约九十年前，壮族的首领"古红"想做"皇帝"。来调派加勉这个石头所管辖的人去参加。当时苗族的大"该歪"（姓梁）不同意。于是由加勉大寨分一个崽（意即加勉大寨"曰吕空"、"曰乂卖"这个石头的儿子）来竖立在曰龙晦。表示"坐在这里很稳，可以抵抗外来的调动"（意即大家团结一心，不服从外族的调遣）。

又说：宰便莫玉的祖父（统治阶级）叫加勉苗族买枪抵抗"土匪"。群众不答应，曾集中到曰龙晦来开会，并杀牛敬了石头，表示大家同心不接受买枪。

加勉苗族习惯法

一、婚姻纠纷。

同姓通奸、结婚的处理：同姓不婚，是此地苗族的传统禁例（参阅婚姻部分）。违犯禁例时，除遭受人们的指责、唾弃以外，还有下列习惯法的处分：

凡同姓通奸生子，如果子死，则双方必须（强迫）离异。

子女尚在，男女虽然可以结合，但须处罚猪一头，宰杀后，以之款待族人，认错赔罪。

婚前通奸的处理：男女未婚前发生"性"关系怀孕生子时，则处罚男方牛一头（折六十六毫），禾一百五十觔（一说，是三十觔。每觔重五斤），作为女方生育期间（四十天）的生活费用（一说，牛是给女方的兄、弟，这头牛苗语称为"西岭母务正"即是私生子赶出之意）。

婚后通奸的处理：有夫之妇或有妇之夫与人通奸，当场为配偶（夫或妻）捉住时，夫捉妻奸，夫可以把妻责打；妻捉夫奸，妻也可以把夫责打，但都不能以此为离婚条件。与有夫之妇通奸的男子，无论其已婚未婚，均须受处罚牛一头折六十六毫，以三十三毫给女方的兄、弟作为请其教育其姐、妹之用；其余三十三毫作为承办人（包括大、小"该歪"在内，下同）的酬劳。但捉奸必须是亲夫或妻，方能按照习惯法处理。

订婚后悔婚的处理：订婚后如一方提出悔婚，则处罚牛一头（折六十六毫）给予对方，作为赔偿他的损失。

离婚的处理：男方主动提出离婚，除女方出嫁时由娘家带来的东西全部退回，并赔偿结婚时女方父母送给男方的猪以外，另罚男方牛一头（折六十六毫），"脚板钱"十余毫给予女方。如女方在离婚前遭受男方殴打，则多罚牛一头（折六十六毫）给女方作为医药费用。

如女方已有身孕，则再罚牛二头（折价）禾三十觕给予女方作为产期费用。以后无论生男生女，男方均无权过问。如男方已另有情人因而提出离婚时，则再罚牛二头（折价）给予女方（一头称为"断亲牛"，表示断绝亲戚关系之意。另一头称为"推牛"，表示把女方推出门去之意）。

如女方主动提出离婚，除在结婚时由娘家带来的东西一律不带走，男方也不负任何赔偿责任外，并罚女方出"麻板钱"十毫给予男方。如女方已另有情人，因而坚决提出离婚时，则另罚牛一头（折价）给予男方。

如女方随人私奔，并与情人结成夫妇，除罚其新夫出田禾一百二十觕（或折银二十四两），牛一头（折价）给予原夫作为赔偿结婚时的费用外，另罚其新夫出一头"办事牛"（折价）

及负担排解这次纠纷的一切费用。

如双方自愿离婚，则彼此互不退还或赔偿。但须共出牛半头（折三十三毫）给予"该歪"作证。

离婚后，子女一般都留在男家。如子女年幼，女方又自愿抚养时，则由女方带去，每月由男方给禾三十三斤作为抚养费用。

夫妻间一般纠纷的处理：丈夫无理打骂妻，致妻不能忍受，因而回娘家长住。事后丈夫自知理屈，请"该歪"前往劝息她回来时，须受罚牛一头或半头（折价）给女方父母作为赔礼。

妻在夫家无理吵闹，致夫妻情感破裂，因而回家娘家长住。事后，妻在自知理屈的情况下想回转夫家时，则以猪一头给夫家，表示重来开门。

"泥娘"（苗语，即偷娶老婆之意）的处理：男女的感情已十分融洽，但是女方父母不允许他（她）们结婚。在此情况之下，男的只有把女的偷娶来家，加勉苗语称为"泥娘"。事后，在亲友及"该歪"的劝息调解下，女方父母同意了。但须罚男方牛一头（折价）给予女方父母，作为赔偿女方父母的脸面。

其它有关婚姻问题的处理：挑拨别人夫妻不和，事实昭著者，罚牛三头（折价）。

男子纳妾，必须先取得妻的同意，否则不能进行。纳妾时，丈夫须以牛二头分送妻、妾的兄、弟，谓之"分夜牛"，表示夫在妻、妾间"性"的问题上已经讲清楚了。今后丈夫如有偏爱，妻、妾的兄、弟均可据此为干涉的理由。

二、关于偷窃事件的处理。

一般处罚：偷牛，偷衣、物，偷粮食，初犯除责令退回原物外，并处罚一百二十毫。偷铜鼓，偷鹅，初犯除责令退回原物外，并处罚牛三头（每头折三十三毫）。偷鸡、鸭，初犯罚三十三毫，再犯罚六十六毫。偷柴、偷蔬菜、偷田鱼，初犯、再犯予以警告，犯到第三次则处罚三十三毫。

判处死刑：处死刑的执行方式有二种：一是用木棒打死，一是活埋。偷窃别人财物累犯到五六次时，"该歪"即召集群众到"曰吕空"、"曰乂卖"这个石头边来开大会进行处理。如罪犯买不起牛，则由群众（合寨）共买牛一头来敬石头，表示对罪犯作最后一次之警告教育。今后如再偷窃别人财物，则判死刑。

如梁古瑞、韦古局偷窃别人鸡、鸭多次。"该歪"即召集群众开大会处理。但两人已贫无立锥，于是由各寨群众出钱买牛一头来敬石头。当敬石头时，先将两犯带来石头边，随即将牛宰杀，接着"该歪"宣布说："你俩偷人家的东西七八次。田地也卖完了，群众替你买牛。你俩犯多了，今后再犯，就像这头牛一样处死。"处理以后，不久两犯又到加索去偷禾，被罚了六头牛的钱，都是两犯房族弟兄代出。之后两犯的房族弟兄来问"该歪"："他俩又再偷别人的东西如何办？""该歪"说："群众已在大会上警告他们了，现在由你们自去处理。"于是房族弟兄们就把两犯用木棒打死。这是距今约六十年的事。又如王金榜的弟弟（是个哑巴），因乱拿别人的东西，结果群众把他活埋了。

上述各种罚款的分配有两种方式：

第一，罚款较多，如为六十六毫，则以一半作为伙食费，一半作为办事人的酬劳。其分配方式以办事人的多少和"该歪"

的大小而定。据韦该肖说:"大该歪"可分得六毫,其它的"该歪"分得四毫、两毫不等,其它经办人有两人共分一毫的。

第二,罚款较少,如为三十三毫则以之买猪宰杀后,分给群众吃,或买盐分给各户,以示对群众作一次普遍性的教育。当分肉、分盐时,"该歪"宣布说:"今后谁要偷东西,都照遗老规矩处理。"盐是平均分配;猪则头、脚归"该歪",肉和肚杂平均分给群众。

违犯禁犯:

违犯农业生产禁忌的处理:每年播种、插秧,均须由"活路头"带头先做,任何人不能先于"活路头"插秧或播种,违者即须当众承认错误,并罚鸡一只,三十瓣的粑粑,一瓣禾的酒给"活路头"及反映情况者共同享用。如违犯以后又强词狡辩,则罚牛一头折六十六毫,以之买猪宰杀后分给群众,表示进行一次普遍性的教育。

播种以后,即禁吹芦笙、烧砖瓦、烧死人骸骨及"破蛋"看"鼓藏"(因为"破蛋"要吹芦笙)。违者罚六十六毫。罚款的处理同上。

违犯一般禁忌的处理:寨子的周围禁止挖土。如加勉大寨四周的别冈、别累、龙客、摆九、注高都是禁挖地区。在禁区中如有人挖动土时,寨内有人生病经"鬼师""看卦"认为是挖坏"龙脉"时,即须"安龙谢土"(苗族称为"消野")。敬品需一头猪、十二瓣禾、银币十二毫。如病人未愈,又须搞第二次,敬品需黄牛、猪各一头。如寨中仍有病人,则须搞第三次,敬品需黄、水牛各一头,猪一头。"安龙谢土"经过三次以后,如寨中还有病人,则只有听其自然了。三次"安龙谢土"

的用费，群众负担一半，处罚违犯禁忌的人出一半。

寨边的古树禁止砍伐。违者罚一百二十毫，以之买牛或猪、羊宰杀后分给群众，以示警惩。

全寨"安龙谢土"、"拖舍歹"、"退火殃"的当天，寨子的四周路及寨门都插着"草标"，表示"忌寨"（即禁止外村人入寨）。如有违犯，即罚其负担这次"安龙谢土"的全部费用。个人的家里请"鬼师"来"退野鬼"，也要在门口插上"草标"表示"忌屋"（即禁止外人进屋）。违犯者处罚与上同。

苗族（加勉）的火炕边都有一个"酸汤坛"（苗语称为"六耶冈"）。"吃鼓藏"时，"鼓藏师"以芭蕉叶盖上，表示请祖宗来享用敬品（芭蕉叶盖上"酸汤坛"后，即须以酒、肉等敬供）。平时任何人（包括家里人）均不能以芭蕉叶、"草标"、布（包括布制成品）、麻放在"酸汤坛"的上面。否则必须宰鸭一只敬祖宗。外人违犯时，鸭子由他出钱买，即至亲好亦无例外。

"吃鼓藏"时，从宰猪之日起，两天内禁止外族（本民族不忌）的人进屋。违者罚猪一头给主人敬祖宗。

产妇未满月前不能走人家。满月后须先到外婆家去"出月"，然后才能走别的人家。违者罚鸭子一只给主人请"鬼师"退送"坐月鬼"。

神权裁判："该歪"为群众调解纠纷或处理其它事件时，在双方各持己见，又无有力人证、物证足以核实谁是谁非的情况下，则采取"神权裁判"的方式来解决。"神权裁判"有下列三种形式：

宰鸡：宰鸡前，先以树桩两棵竖立两旁，然后用绳子三根把"该歪"拉起坐在两棵树桩的中间，双方当事人则站在树桩两旁，周围站满亲友。先由"该歪"来"念鬼"完毕后，即将鸡宰杀抛在两棵树桩的中间，任其跳动，看鸡临死时跳到何方，何方就是无理。如因争执田、土，除将争执的地方（田、土）无条件让给对方外，并须受罚一百三十二毫。如鸡死在两桩的中间，则双方和解了息。但是一百三十二毫仍然要出，不过在负担上是双方当事人各出一半。这笔罚款除以一半作为伙食费外，其余的由办事人分用，作为报酬。此外，宰鸡时，双方当事人还须各出十毫共请一人作证，以免今后再发生纠纷。

踩斧头：遇有偷窃事件，失主发觉两人都有偷窃嫌疑，而两人相互推脱，在找不到任何有力证据"证明"其中一人是真犯时，则以"踩斧头"的方法来解决。"踩斧头"时，须请"鬼师"来"念鬼"。先以斧头三把放入火坑中烧红取出，"鬼师"赤足先从斧头上踩过去，次及由两个嫌疑犯赤足踩上斧头走过。当时检验，谁的脚肿起泡，谁即真犯，由"该歪"按习惯共理。如两人的脚不起泡，则证明均非偷窃者，失主即须杀猪煮饭款待大家，表示赔礼。

煮粽粑：寨中失物无法查明是谁偷窃，"寨老"（"该歪"）则采取"煮粽粑"的方法来识别。"煮粽粑"时，由"该歪"亲自主持。先通知各户各自备未煮熟的生粽粑一个，并于粽粑外面自作记号，然后以大锅一口烧火来煮。煮时"该歪"还要"念鬼"。煮到相当的时间即取出检验，谁家的粽粑不熟，就认为东西是他家的人偷的，即按习惯法进行处理。如大家的粽粑都熟，则证明东西是外寨的人偷的。

生产禁忌

一、插秧到"祖公田"（较大较好的称祖公田，不分祖遗或自置）时，须宰鸭或鸡到田中敬供，同时还要讲吉利话，否则当年禾谷无收成。

二、田中如有老虎走过，或老虎进田洗澡，谓之"有虎鬼进田"。须请"鬼师"来"退鬼"，这丘田方能再种，否则任其抛荒。据说："未退送虎鬼以前，如果勉强去种，不到三年家中必损人口。"退送"虎鬼"的敬品用单不用双，并按月份计算，如正月有虎进田，用狗或猪一头退送，二月与正月同，三、四月有虎进田，则用三个牲畜退送，五、六月用五个，七、八月用七个。九、十月用九个，冬、十二月用十一个。

三、妇女禁忌跨越"牛耙"。因为"耙"是牛拉着种田的工具。牛是怀胎十二个月生小牛，妇女如跨越"牛耙"，将来怀孕时，也要像牛一样——满足十二个月才生孩子。

四、农历除夕，全寨农户都打"草标"（"草标"，苗语称为"袖非"。用巴茅草结成，形如丫角，是苗族中的一种标志。他们用来代表语文。如柴火等东西搁在山上，插上一个"草标"表示这是有主之物，别人即不敢拾取。又如禁止外人入寨或入宅时，也以"草标"作标志。不许别人地田埂某处开缺口放水，也打"草标"示意。以上是用"草标"表达意见对人的例子。此外还有用"草标"不意对鬼。如播种插秧时，折禾折起第一把禾时；拔秧拔起第一手秧时，均插上一个"草标"，表示这些东西都是"人"所有的，鬼们不能来侵犯）。在秧田中，其用意即是标志这丘田是秧田，鬼们不能来侵犯，老鼠不能来拔秧。

五、牛、猪、羊怀胎将产前数日,以青杠树叶遍插圈的四周。据云:青杠树(苗语称"呆哉")能避一切鬼魅,可保母畜、幼畜平安生长。

六、六畜产幼畜后,门前悬挂"草标",禁忌外人入宅(本宅的人不忌)。据说:"外人脚步重,恐怕踩死幼畜(不是真的去踩,怕他的魂影踩着幼畜)。"但为使邻舍便于来往,幼畜产下以后,即请"脚步轻"(所谓脚步轻的人,是他们平时试验出来的,如某户生下幼畜,别人不知禁忌走进他家,事后幼畜平安成长,他们就认为这人脚步轻,如加勉寨韦老娘、韦老明,都是经过试验,认为是脚步轻的人)的人来家踩第一次。之后,任何人都可以进屋了。在未请"脚步轻"的人踩第一次之前,如果外人不知禁忌误入其家,主人也不嗔怒,只是当其进屋时哼一声,即作罢论。

七、雄鸡未到四更即鸣,母鸡学公鸡叫(苗语称"富接给告"),他们都认为有妖魔附在鸡身作祟。如仅一户的鸡如此,主人即将鸡宰杀,割下鸡头,用木棒穿起插于路旁,表示妖魔已退送出去。如全寨的鸡均如此,即须请"鬼师"看卦,全寨凑钱买狗一条由"鬼师"主持"扫寨",否则可能发生火灾,或其它意外事件。

八、牛吃人粪(苗语称"富接借略"),或在圈中旋转不停,都认为是妖魔作祟。即须将牛宰杀,否则人口不安。

九、牛在圈中夜间无故吼叫(苗语称"富给略"),他们认为是有"野牛妖"作祟。如仅一户的牛如此,户主即将牛宰杀,请鬼师退鬼。如全寨的牛均于夜间吼叫,他们认为将有大祸临头,即请"鬼师""扛童过阴"去看。如"鬼师"说是龙脉被破坏，或是野牛妖作祟时，均须宰牛一只由"鬼师"主持"安龙"或退送"野牛妖"。

十、母猪将小猪咬死吃掉（苗语称"富别务登"），狗吃孵抱的鸡、鸭蛋（苗语称"富庄耳"），他们都认为有妖魔作祟，即须将猪、狗宰杀。否则人口不安。

十一、鸭放田中无人惊扰无故飞数丘田（苗语称"富及俄养"），他们认为鸭子遇着了妖魔，即须请"鬼师"退送。否则人口不安。

生活禁忌

一、亲戚来往以鸡、鸭赠时，须先用麻吊死，然后赠予（只有女儿女婿回门后第二次来省亲可以活鸡、鸭相赠）。据说："如以活鸡、鸭送给亲戚，恐怕他拿回家去饲养，亲戚家的鸡、鸭繁殖起来，就会影响自己家里的鸡、鸭的繁殖。"

二、饭甑（苗语称"真该"）、饭包（"两该"）、饭盒（"董该"），这三种用具每年农历"吃新"时洗涤一次，表示一年一度，推陈（陈米）出新（新米）的意思。此外的时间均不能洗。据说："如果随便洗涤，就是洗家财，同时饭比往日吃的多，又饿得快。"

三、孕妇禁忌与产妇见面，同时不能到产妇家中。否则怀孕期要延长一月才生孩子。

四、女婿到岳家时，禁忌上二楼，进内房，到牛圈撮粪。否则触犯岳家的祖宗，就要害急病。

五、家里的板凳、桌子无人使用时，必须把它立起。否则怕鬼来坐，怕鬼来找饭吃。人就会生病。

六、少妇生小孩后禁忌进"秧堂坪"和男子跳舞。否则触犯祖宗，就要生暴病。（未生过孩子的少妇不禁忌）

七、已结婚的女性禁忌背蓑衣。据说："蓑衣是棕丝制成的，上面毛，结过婚的女子背在身上就触犯祖宗，祖宗就会叫老虎来咬她。"（未婚的女子不忌）

八、发现空中有火球（流星殒石）坠入寨中时，他们认为是有"火殃"进寨。请"鬼师""看卦"后，各户凑钱买狗一条，由"鬼师"主持退"火殃"（苗语称"银野"）。日期选用"虎"天，年月则无限制。退"火殃"的狗是不能吃的，事后以之掩埋山上。据说："鬼师已将一切鬼魅都咒在狗的身上了。谁吃这条狗的肉，鬼即跟着谁。"退"火秧"的当日，禁忌外村人进本寨一昼夜。插"草标"及处罚犯禁人的规例详"习惯法"中。

九、"踩歌堂"的地基，禁忌修建房屋。否则入宅居住后即会损人口或发生意外不幸事件。

十、家中病人不断，请"鬼师"看卦后，如"鬼师"说是有"野鬼"（苗语称"冷把"）作祟，则须宰狗一条请"鬼师"退送。狗肉不能吃，以之掩埋坡上（原因与"退火殃"的狗同）。退送"野鬼"的当天，送鬼之家亦须禁忌生人入宅一昼夜。插"草标"及处罚犯禁人的规例详"习惯法"中。

十一、在坡上或途中见到蛇交媾（苗语称"明低柳"），他们认为是遇到"妖怪"。回家后即刻请"鬼师"退送。否则就要生病。

十二、飞山坡的坳上或三岔路口，如堆有石头（苗语称为"务略呆"，从江汉人称为"老太婆守路"），行人经过时，须拾小石或树枝抛掷其中（或吐口水）。据云：这样作是向老太婆借马骑，可以增加气力。

十三、行路时遇到泉水或沟水，均不能就随便喝。须先结"草标"抛入水中，然后才能喝水，据云：恐怕"龙王"在井、沟中喝水，触犯了"它"，就会痛肚子。因此先以"草标"抛进水中，是表示通知"龙王"，人们要来喝水的意思。

赫章海确苗族习惯法

习惯法执行者

习惯法主要是由寨头（又称老寨）和寨老掌握。解放前，本寨处于残余的土司制度和国民党政权的双重统治，国民党在这里安置保甲长。保甲长只起着摊派兵夫粮款的作用，对于寨内事务无权处理。

寨头制：寨头由王姓长子世袭。据说王姓最初到此是三兄弟，老大就是这里的第一个寨头。以后代代都由长子继承，已沿袭了九代。寨头被称为大哥，一般尊称为老寨，有较高的威信，无特殊政治权利，更不能进行经济剥削，或政治压迫。

老寨的职责：

一、掌握全寨各民族间地界，与寨老一道调解地界纠纷，或其它纠纷。寨众有问题，自己不能解决时，都征求老寨的意见，或请他帮助解决。

二、寨头对外代表全寨，负责交涉有关全寨的对外事务。如（一）一般摊派，由寨头负责在寨内进行。（二）作为十户正佃的代表，负责收交租赋或率众赴役。（三）在土目喜庆，或年节等机会，带领各户前往贺拜。

三、按群众意愿或要求，发动追山打猎，宣布封山，主持祭祀"神山林"。

在寨头调解纠纷时，有寨老参与其事，无论寨老寨头，都没有把自己意志强加于寨众的权力。年轻寨头在处理问题上，必须尊重老寨头意见，向老寨头请教。

寨老的组织，没有规定的形式，一般是由年高德劭、为人公正，富于经验的老人当任。在处理全寨事务或调解纠纷时，都采用极为温和的、民主的、群众性的办法，在辨别是非、讲清道理后，以批评教育的方式，并辅以一定程度的经济上的处分，如"请酒服理"等。

婚姻纠纷

一、男女双方自愿离异，又经双方父母劝阻无效者，由双方父母私下商量解除婚姻关系。在这种情况下，双方父母都情谊绵绵，互相请酒致歉，并进行得很机密，事后才为外人所察觉。

二、男方提出离婚而不为女方所同意者，女方就要求老寨帮助，进行调解。经调解后无挽回希望时，男方就出酒十斤，杀一只羊来请客，这叫作"羊酒服理"。经此之后，就算婚姻关系解除。但如果女方不愿离婚，且由于男家过度逼迫，造成女方自缢、服毒等而丧生者，男方就要被处以"五牛分尸"。

三、女方提出离婚，而不为男方所同意时，男方就要求老寨调解。调解不能挽回时，女方就出麻衣两套、花衣两套、酒数斤，或麻衣、花衣各一套，酒十斤，羊一只。衣服作为赔偿男方，羊、酒作为"请酒服理"。经过这些之后，就算婚姻关系解除。

构成离婚事件原因，主要有以下几种：

一、女方不会缝制花衣服，或作小偷小摸。

二、男方不做活，或去赶集时乱花钱，而不买回盐巴。

三、败家，如出卖家畜等（这里饲养牲畜是不能随便出卖的）。

四、男方殴打女方，或乱搞男女关系。

五、公婆对媳妇不满。

家庭纠纷

一、已婚男子是禁止参加"长房"活动的，如果违禁，就由其父母教育，或交老寨公开教育。情节严重的，经老寨教育之后，还罚以十斤酒、一只羊作"羊酒服理"。

二、已婚男子与妇女通奸，分别情节，或公开批评，或罚以"羊酒服理"。受罚的费用由双方分担。

三、已婚男女通奸，被亲夫或族人捉获者，分别情节，或处罚男方，或男女均受"裸体仗"的处罚，并罚"请酒服理"。请酒服理所杀的牛、羊、猪，均由男方负担。

四、外寨男子强奸了本寨妇女，则通知其父母进行讲理，由双方老寨共同解决。一般是，奸夫不仅要受批评，还受"羊酒服理"的处罚，本寨男子强奸外寨妇女，处罚如之。

五、未婚男子与已婚妇女通奸者，如为亲夫捉获，处罚与已婚男子同，即"裸体杖"。如系强奸，只杖男方。

其他纠纷

一、小偷小摸，或偷割别人的庄稼（称为"捞黄豆"）被发现者，除批评外，还罚一两斤酒作"请酒服理"。

二、侵占地界者，受害一方向老寨诉告，经调查后，归还了事。地界内庄稼由种植者收获。

三、地主或其它财产纠纷，由寨头与群众共同解决。在明辨是非后，进行合理处理。如果纠纷为有意制造，且得罪了受害者，出罚一两斤酒服理了事。

四、如果无故殴打人，则由出手者请酒赔不是。如果因殴打致伤，除请酒赔不是之外，还要负担医药费用。

情节严重的，要罚十斤酒和一只羊作"羊酒服理"。斗殴者双方无正当理由者"服理酒"的费用由双方分担。

五、出口伤人而受害者不服时，可请寨头调解，并由输方打酒赔不是。

六、抢劫者处以吊打。

七、行凶杀人致死者，处以活埋。

八、诬陷者，在是非辨明后，罚以"请酒服理"。

纠纷事件经寨头调解不服者，则交由土司（后来是交由杨竹铭）发落。但在实际生活中，交由土司发落的情况是很少的，就是轻微的犯禁行为，也是不多；即使偶尔发生，也都听寨头调解。

调查时间：一九五八年四至七月。

调查人：陆思明、李钟浩、赤日摩岭、万斗云。

整理人：陆思明。

修改人：龙济国、杨通儒。

那劳乡约与习惯法[①]

乡约

一、牲口损害庄稼

牛马损害庄稼一般照量赔偿,但只损失十苑八苑的,不用赔偿,对畜主提醒一下就行了。猪糟蹋农作物时,物主可以把它打死,并把猪头割回来自食,随即报告村众自己检查,由畜主到田里去取回猪身。这个规例一直延续到解放前夕。这种事情屡有发生,姑爷打死岳家的猪也有,没有什么怨言。可是岑家地主并不受此约束,养的二百多头黄牛和五六十匹马,一年四季到处流放不管,谁人种地须得自己围栏,否则吃光也无可奈何。民国三十三年七月,那劳街班成义拿个戈矛往田里巡视禾苗是否被害,被岑立意的妈看到了,便骂道:"你拿这个(戈矛)想杀死我们的牛马吗?快给我拿来!"随即被没收了。

二、偷窃

(一)偷牛马:除令偷窃者退回赃物(或按价赔偿)外,并看其家当加以罚款,没有钱就送官府监禁。看见强盗挖屋行窃或路上拦获拒不受捕时,当场开枪打死无事。一犯再犯的处

[①] 那劳地区自民国初年以来,因为伪官府的统治力量较为雄厚,绝大多数纠纷案件都到官府打官司,所以过去的一些老例,便逐渐被排挤了。这里所写的乡约与习惯法,绝大部分是从老人们的传说而来,他们亲眼见的不多,所以缺乏例证。

分办法也是如此，只要有钱便可。

（二）偷谷物：除令偷者悉数退回赃物外，视其家当予以罚钱或当众批评。

（三）偷衣物与其它农作物，令偷者退回赃物并当众严加批评。

习惯法

一、抢劫。

凡是有土匪在那里抢劫，土匪没被抓到，就由该地的人负完全责任。在荒野上，也是看这个地方是属于哪一村屯管的（过去是划界限清楚的）则由该村负责，故有"打破油落问地主"的俗语。

清咸丰年间，有土匪在板桥乡那竹村附近抢劫杀人，抓不到凶手，便由那竹村负责赔偿人命及其全部被劫财产，因而全村被迫卖去一百四十斤谷种的水田。到民国七八年以后，因为土匪抢劫太多，处处发生，这个规例逐步被打破了，但有势力的人家被抢劫后仍然沿用不变。如民国二十二年，定安人文扬义到西平当伪乡长，回到半途被抢劫，伪政府便命令该处近屯共同查究，后来随便把两名瑶民抓来关押。

二、离婚。

（一）女方提出离婚，任何嫁奁不能带走，并由女方赔还男方礼金一百至一百五十元，其它礼品不计。如有子女统归男方，但子女尚未断奶时，则由女方带走养大后送回男方。

（二）男方提出离婚，女方送来的嫁奁一律退回。在女方未再婚之前，生活费用由男方负责，一直到她有新夫之日为止。

如有子女，统归女方带走，男方要留子女，须得女方同意。

（三）男女双方自愿离婚，则将女方到男家后所置下的一切产业（原有财产除外）均分，然后各自分离。

如有子女，则男随父、女跟母，男孩尚未断奶时，由女方带走养大后送回男方。

三、招赘与再嫁。

（一）女子招赘：筵请族内、村老等会饮一餐，取得全族公认即行，不用立字。赘夫有继承女家全部财产权，但须以女方姓氏为主承顶世代香烟，以自家的姓氏为次。

（二）寡妇招赘：筵请族内、村老等会饮一餐，取得全族公认，亦不用立字。赘夫有继承该家全部产业权，所生子女亦可承继，但随父上门的子女，则无财产继承权。

（三）寡妇再嫁：不受原夫家任何限制，但随母出嫁的子女则无继承新父财产权，长大了回原父家，可以照管原业，任何人不得侵犯。地主阶级的寡妇一般不准再嫁，如岑毓琪的媳妇周氏，从十六岁守寡到如今，已经八十多岁了。

四、拐妇案。

（一）女方由夫家被拐出去，由原夫家出花红找人，找不着也算了。

（二）女方由岳家被人拐走，男方通知岳家要人，要不回，即纠合几十人到岳家杀猪、牛坐食，并视岳家家产多少而加以罚款，到收足罚款后才回去。

五、奸案。

（一）强奸：男方要被女方的丈夫纠合几十人前往他家杀牛、猪坐食，并视其家当加以罚款，交完款后，才收队回家，否则继续坐食。这样，女方的名誉非但不受损失，反而受到社会尊敬和丈夫的爱戴，说她坚贞妇道，心思耿直。如果事情被其丈夫发现后，男方被打死无事，此时免受罚款了。

（二）通奸：如果当场发现，可把男女双方一举打死，后抓到男方即拿去关押，而女方一般被送回娘家，不再合婚。此时，她的丈夫可以另娶，而女方须得原夫允许，立字为凭，方可再嫁，否则别人也不敢和她结婚。女方嫁时，不得与原奸夫合婚，并忍受社会舆论耻议，出嫁时所得礼金要交一半以上给原夫。

（三）私生子：通奸怀孕后，水落石出，女方必须承认和谁通奸，否则被拿去五马分尸。如果承认出来，则免极刑，但也被送回娘家守寡，至原夫允许出嫁时才可再嫁，而原夫则可另娶别个。至野夫，则受到原夫方集队前去杀牛、猪坐食，并视其家当加以重罚，交清罚款后才收队转回。女方再嫁时，礼金须全部交给原夫。

（四）杀夫奸妻：野夫要被杀死，夫方洗光家当，野夫本人要被押送来垫尸。女方被送回娘家，再出嫁时，由原夫家收取礼金。

六、杀、伤人案。

（一）明打死人：凶手要被洗光家当，并被拿来垫尸。两人互相械斗，谁受伤、死亡谁有理。

（二）错打死人：由错手者负责开吊和埋葬死者，并供养其家属。如系父母，则养到死为止，子女则养到成年。

（三）明打伤人：打者要负责医疗费和养膳费（餐餐好菜），如医不好，则按明打死人办理。

（四）错打伤人：亦由打者包医包养，若不痊愈，则按错打死人办理。

七、夫妻相打。

（一）丈夫打死妻子，岳家组织几十人到他家杀牛、猪坐食，并视其家当进行罚款，交完款后，还要押他到官府监禁。

（二）妻子打死丈夫，被拿去垫其死夫尸体活埋，或实行五马分尸。

喜乡乡约与习惯法

乡约与习惯法，据说是古来的老例，其产生的历史条件已查究不出。这里所述的法律内容，绝大部分是老辈的口头传说，同时老人家们对时间观念与人的姓氏记忆看来好像略差一些，明明亲眼见过的事情，只能说出它的经过情形，至于在什么时候和什么人搞的事就记不上了，所以例子十分贫乏。此外在兵荒马乱之时，乡约与习惯法也不起什么作用。如李有光在光绪二十七年养黄牛二头，被人偷到近两琶二十多里的喜乡那梅村拴住，明明找到牛了，但也无法牵回，后来用光洋七块二去才赎回来。

乡约

一、牲畜损害庄稼，不管多少，一般照数赔偿，以儆重犯。

二、窃盗：

（一）偷牛马：照数退赃，或按价赔偿，赔不了即按其价款数量按月定期送官府监禁，即一块钱关一个月。至赔完钱后再罚做公家工作若干时间。如属再犯，这里偷那里也偷，这回抓到了，有人入呈告状达两年以上，就关到死或者直接拿去枪杀，杀了后则免退赃。

（二）偷谷子、玉米及其它内外对象者，亦按价赔偿或退回原物，并罚做公家工作若干时间。如属再犯，除退赃外，则按上一次已经处罚的数量加倍处分，余此类推，不得杀人。

习惯法

一、招赘和再嫁。

（一）女子招赘。

过去和现在在两芭区均很普遍，几占一半以上。招赘时，双方立字为凭，永远承顶香烟，并宴请老族内一餐，取得社会公认，赘夫才能承管全部产业，不由旁族过问。在民国初年以前，男子必须改用女方姓氏，否则不予过赘。后来人们一般在女方父母过世后，转用自己的姓，所生子女亦用父姓，旁族也不加干涉了，现在仍是如此，父姓的观念很强。

（二）寡妇招赘。

寡妇招赘据说在清朝时代须得全族同意，不能自作主张，特别是田地多的人家。但到民国年间，则不受任何限制了。其招赘的手续亦与女子招赘手续相同。招赘后所生的子女，有权继承该家全部财产，但赘夫及随父上门的子女则无权继承。但在民国时代，由父亲当家做主，随父的子女亦很务正业的情况下，则可适当分享产业权，他们有"独木不成林，独人不成家"的俗语。

（三）寡妇再嫁。

不受任何限制，所谓"塘崩不得拦鱼，田垮不能制谷"，亦是他们的古语。再嫁时，所有过去送来的嫁奁可以全部带走，新夫亦可不费任何礼金礼品，但为了和谐原家公婆，一般亦备些酒肉来会饮一餐。

二、离婚。

（一）女方提出离婚，必须赔还男方过去所送去的礼金和礼品的全部或一部分，并且不得带走嫁奁。如果女方先与别人勾通后才和男方闹离婚的，则由其新夫备办原夫以前所用礼金的百分之二百和礼品的全部或一部分赔还原夫，才准离婚，否则原夫不予立字打押，谁也不敢娶她为妻。此外一切嫁奁、财富均不退回或不给分文，所生子女统归男方，要是孩子尚未断奶则由女方带去养大后送回男方。

（二）男方提出离婚，要退回女方一切嫁奁，如果已生子女，统归女方，但女方在男方时所积下的财富不得带走分文，男方亦不负责女方在未再嫁时的生活费。俗语所谓："好汉丢妻不要钱。"

光绪二十三年，田丁屯黄亚荣受父母之命娶黄驮宁为妻，因为双方年幼无知，过门时仅十一二岁，至二十三四岁时，黄亚荣不爱她了，即让她回娘家生活，不负责任何生活费用。但到民国元年以后，这种规例已改变，男方无故提出离婚，女方回去娘家后，在她未再嫁时，由男方负责其生活费用，如不再嫁则养到老死为止，死了由男方备棺材并吊。

三、奸案。

（一）强奸：强奸案之处理，罚钱三块六或七块二，并做洗面子酒一席，事后又罚作公家工若干时间。如果女方丈夫当场发现强奸，奸夫被打死无事。到了清末民初，处罚得的款子，全归保正、团长占有，女方仅得一个面子回去。但要是一犯再犯，即送官府监禁若干年，并打屁股二百至三百板。如这里犯那里又犯，人家告达一二件以上者即行枪毙。

（二）奸妻杀夫：发生这个大案，生擒不了凶手，可以开枪打死，如果仍打不到他则没收其全部家当。抓到了人，除令其赔人命价外，还看其家当进行罚款，有多要多，交完了罚款又拿去关押。在关押时，一个礼拜拿出来打屁股一次，如果赔不了钱即拿去杀头或关至死为止。

（三）通奸：发生通奸事情，如果被其丈夫发现，当场将两人打死无事。如果抓到奸夫则由原夫毒打。但并不进行罚款，因为这是女方有意，但女方被送回娘家去，原夫可以另娶第二个。女方不得自由出嫁，要是出嫁也不得嫁给奸夫。在出嫁时，须得原夫写字打押，并要负责退回原夫以前娶时所费礼金的百分之二百和礼品的全部或一部分。而原夫在退婚书上打押时，十手手指每指要收一块钱（两手押才行，否则别人也不敢要）。到民国年间，通奸的女方被送到团董那里去，由团董代嫁，所得的礼金和礼品分给原夫一部分。

（四）对私生子之处理：发生私生子案，野夫被罚款三十六元或七十三元，岳家被罚送给姑爷一个公牛，并负责判案前后的两次酒肉费。如果男方不要女方，可以送其回娘家，由娘家另找第二个。如果奸夫愿娶女方，则备办前夫娶时所用的一切礼金礼品送回给前夫，把她娶过去。

民国六年，六黑村内的林家上韦家（名叫韦妈山）之门，因为林不够灵巧，韦很不满，便暗中与者架村卢□通奸，生了个孩子叫韦亚山。后来被告到保正，村老和保正合作罚韦家杀个大猪，食了三天，第四天才审案，并罚卢□光洋三十六元（全归保正等占有），又罚韦家送林家大公牛一只，并要韦家杀一条猪二十斤作为洗案酒。

四、拐带案。

（一）发生拐带案时，要是抓到拐者，当场打死无事。光绪末年，江甸有个姑娘叫韦五妹，嫌她丈夫不好，勾通了外地的人把她拐走。到了田丁村旁的路上，被她夫方几人拦路抓到活活把拐者打死，并不发生任何事情，夜晚有人把尸运走就算。要是不打死他（或她），则看女人的身价（即过去丈夫娶时用去的礼金礼品）赔还钱。据说民国年间以赔还钱，只是认为他无法赔才拿去杀害。

（二）如果抓不到人，无踪可寻，以后发现她落到哪里可以直接带回，要是该女已经生男育女，亦可将母子一举抢回，买者不得阻拦，否则被指名为强盗，直接没收其家当。民国四年，田丁村班□见她的丈夫蠢些，便通过两个老太婆拐到近百色的赖好村去卖，几个月以后，有人看见了她，便通知其家里把她带回，并向买者罚若干元。

（三）如果女方从夫家被拐走，岳家就来夫家闹要人，说女方不愿跟你，我们可以赔回，有"鱼不成送回塘养，女不成退回父母"的俗语。此时，男方只好出花红找人，要是三年后找不到人，则要赔回人命钱，但不得以"夫打死妻"案件处理。

（四）如果女方在岳家被人拐走，男方就向岳家要人（壮族有不落夫家的习惯，生了孩子才来当家），或者要岳家娶第二个，年龄与前个一样，否则就要赔回过去娶时所费的礼金和礼品。

五、抢劫案。

抓到了强盗，令他退回赃物或按赃物价格赔款即了。要是一犯再犯，除令退回赃物外，还要按该赃物的价格每元关一个月，倘若不愿赔或赔不完，则关到死去为止，罪恶过于严重者则直接拿去杀害。

六、谋财害命。

这是特大的案件，要凶手填人命，或赔人命钱，并由他或他的家属赡养死者的父母和未成年的子女。

两人一同外出作生意，如查有一个不归来，三年后生死不明，则由归者负谋财害命案。

不管什么案件，如果抓不到，则由其近房的哥哥叔伯（年纪大过他的）负其责任。要是不懂得是谁人干的事，则由近肇事地点的村庄负责，肇事地点处于两地交界中心，则由双边村屯负责。

七、杀、伤人案。

（一）杀人案的处理一般是以命填命，如果抓不到凶手，则由其家人赔人命价和赡养死者的父母及其未成年的子女。在事情刚发生之时，死者的亲朋纠合几十人到凶手家里去杀猪、牛等坐食，至赔完罚款或和议成立之后才离开。所谓"有钱钱当命，无钱命当灾"。

（二）伤人案：由打伤者负责把受伤者包医包养，至医好为止。如果医不好，则按杀人案办理。即使医好了，但致成残废终身，不能劳动，亦由打伤者包养到死为止。

（三）错死人案：由错者负责开吊掩埋即算。据说这种事情过去屡有发生，特别是在打猎时发生最多。

民国二年，大琶村陆□和罗□相争十斤谷种的水田，闹到头人处，头人判不下，照例将案解呈保正团董办理，并且自己到场证案。当时陆□头人和罗□互相对质，你指我，我指你，罗□一指错中了陆□头人的要害处，陆当场倒下死了。后扛回来由罗负责开吊，并把十斤谷种田转判给□头人，说陆为了他们两人而死。此外，并不发生任何后事。

（四）错伤人案：由错者包医包养，医不好则按误打死人案办理。虽医好而残废终身也算了，因为事情并非出于有意，双方均有损失。

（五）丈夫打死妻子，将丈夫活垫死尸而埋。在民国时代则以赔人命钱为主，赔多少由岳家提出，要是赔不了钱也要以命填命。丈夫虐待妻子，至发生"自尽"惨案，亦按打死妻子论。

（六）妻子打死丈夫，则拿妻子去作五马分尸。

（七）主人虐待童养媳至死者，仅按过去买来用多少钱（这里习俗卖孩子按年岁计价），则罚多少钱交回死者的父母。地主打死长短工亦按其身价（由大家商议），则罚多少钱交回死者的父母。地主打死长短工亦按其身价（由大家商议）赔款即算，要是属卖身奴，亦按买卖时的价款赔偿即算。俗语说："卖给你做工，不是卖给你拿去做鬼。"

八、其它习惯法：

（一）犯龙脉、方向之处理：谁人在别村背后或别人墓地开荒，要是有地理公说是犯了该村的龙脉或方向等，该村可以劝阻不准动土。如果不听劝阻，可以将骨尸挖掉，但以后村内不管人畜患难或损失，概由动土者负完全责任。

（二）打死别人的狗，要照狗价赔偿，否则由打者保护其全家安全，在未继续养到狗时，有强盗偷东西亦由打者负责。

（三）私自越界开荒砍木，业主可以直接收回。

贵州苗族汤粑理词

叙古理

迦完又起始，理完又开头，唱歌要唱新歌，叙理在叙古理。我们村有三十户以上，我们寨有四十户以下；（我们来）收银收米，（我们来）收线收麻：一户收一杯米，一家收一支麻；每人缝一个袋，每袋袋一个粑；袋上写有名，袋上书有姓；写好来喊龙，书好来叫雷；喊龙来就说，叫雷到就讲："龙你不要遮，雷你不要护；你烧就真烧，你焚就真焚；人人的粑都蒸熟，个个的粑都煮透；谁的粑煮不熟，谁的粑还夹生；他就是游寨鬼，他就是半夜贼！"随这样才好，顺这样才对，众位高龄父老！对！（众人应）德高望重的理师，众望所归的师傅；白天他来说，夜间来讲："烧就真实烧，捞就真实捞；寅日我们就烧，卯日我们就焚；有那白天贼，有那夜间盗；我们就放在里边；他的粑就煮不熟，他的粑就熟不透！我们编鞋一只，我们搓绳一股；定要他倾家荡产，定要他家业耗尽！"我们九个同一妈生，我们九个同一娘养；同是蝴蝶妈妈生，同是蝴蝶老太养。到烧的那天，我们要说同一句话；到焚的夜，我们要发同一句言。谁要各说一句，谁要各讲一语；谁要说假话，谁要讲谎言。回到家里，转到屋内；他天天在村边诅咒，他夜夜在寨头骂人；说我们不正直，讲我们不公道。我们听见就不答应，我们知道就〔不〕允许！我们编鞋一只，我们搓绳一股；我们要同说一句话，我们要同发一句言！到寅日就烧，到卯日就焚！那个香勾劳，那位巴勾养，碓边来开口，簸边来开发言："到烧的那天就真烧，到焚的那夜就真焚，我们请有理师，我们聘有中人；理师鸡心待，中人鸭肝款；种粮按季节，请师配中人；我们安有目标，我们定有对家！到烧的那天就烧，到焚的那夜就焚；谁在我屋前挡道，谁在我坳口拦路；我心不高兴，我意不安逸！我们编鞋一只，我们搓绳一股！那样才好，那样才善！"新理不知如何结束，旧理就结束在这里，众位高龄父老！对！（众人应）

道新词

天空恨叼鸭的鹞寨，人间恨抢夫的妇人，恨那白日盗，憎那半夜贼。我日忙田里活，我夜忙家中事，忙季忙犁田，闲季忙生意，该用五两留五钱，该煮五碗留半碗，勒肚以积米，露体来积布。积粮养双亲，积粮扮儿女。有老才幸福，扮儿才配友。点滴积十年，制得十两链，恨去恨来，憎来憎去，恨那好吃懒做，憎那白吃空喝。偷我十两链，盗我百段裙，只好进入牯牛屋，寻求高师，为我做主，为我判断。狗咬外人不咬主人，人防生人不防熟人，见近不见远，见人不见心。画眉嘴巴，狐狸心肝，我拿他当好人，他把我当傻瓜，白天探我门，夜常转我屋，骗我儿外出，暗地进我家，翻我橱柜，撬我箱子，偷我首饰，盗我衣裙。自知齿有虫，自明手赃屎，害怕操家，输散赃物，外逃七天，七夜方回。我请寨老，我求兄弟，帮我进门搜家，为我进屋查赃。人人都在家，只差他一人，不是他偷，又是谁盗!

寨老皆齐,理师都到,理师依理讲,寨老洗耳听,是直是曲,定自有理断。恨那"谷简"鬼,忿那"嘎冬"魔;恨那狠心人,忿那恶意汉。我关门家中坐,他闯门来寻衅,白粉抹他脸,黑烟涂我面,帝王名难得,盗贼名难背。蛇咬药可医,你诬我偷银,我要你洗净;砍我树倒地,我要你接活。不由你道黄就是黄,不依你说黑就是黑。天上有神灵,人间有理师,他直如黑线,他稳如山峰,为我作利刀,砍掉害人刺。

你喷血着我脸,你椒粉抹我面,要我身倒地,要我命归天。我手不摸屎,稳如香炉山;我脚不踩烘,稳如牛倒坡。你见我偷银,为何不抓住?你见我盗裙,为啥不喊人?是谁告诉你,叫他来对嘴。全村百多户,全寨千多人,见我笨可欺,看我软好吃。神灵积压看见,理师各知道;神灵不怕凶恶,理师不欺善良,给我作主,帮我作证。

请咱才来,喊我才到,不是见水想淋浴,并非见火想烘烤,也非来走亲,无非来喝酒脚踏烧汤场,眼看烧汤锅,以耳听话,用嘴说理是"金"是"铜",我心有数两家烧汤户,两位当事人,各想各的心,各思各的意,是直或是曲?是善或是恶?你俩在明处,我们在上,切莫相躲藏,脱裤子遮脸牯子牛相碰,总有一头输会水〔先〕死于水,玩火终自焚;莫聪明一世,莫胡涂一时。走路看头,临崖即止步,思前想后,有错认错,互相忍让,和睦相处。牛拉到鬼场才回不了厩,争端到汤场火还可扑灭。有本才有利,有理才争执;做农活熟多得多,争端事明赢暗输,去得来得,莫做极端。牛怕过冬,人怕结冤。有冤睡不着,结仇坐不安。父辈结仇,子孙难解。为十两银,结十代仇。水牯顶角我拉腿，人闹争纷我劝解。铸锅是为煮食物，不是煮粽断纠纷。蛋不裂缝，蚊蝇不巴。会起会结束，谁错谁改正，思前想后，顾及一切。细听老人言，走哪条路好？放水来冲，水车才转；石碾飞转，才碾成米；火要烧大，骨才熬烂。铁锅高架，干柴一堆，两方各包粑、粽子四斤米，同入一锅煮，看谁的粽熟，看谁的粑生，谁的熟谁胜，谁的生谁负。小孩做玩，大人认真，一方称银二十两，量五斗米，交给寨老，代为保管，煮粽来判断，谁胜谁收取。议一致就烧，捆紧了就煮。人不依劝，用粑判断。粑入锅底，尽力加火。明火知情，不烧正方；清水明理，不护歹方。粽同一锅煮，各翻各的粽，天地神明，公正判断：粽子一熟一生，熟方赢，生方输；两个都熟，两个都生，没有输赢。依理师话，双方息事。新理不知何处起，旧理即在此结束。

贵州苗族油汤理词

迦完又起始，理完又开头，唱歌要唱新歌，叙理要摆古理。叙迦要完整，叙理要无缺。从前的时候，以往的时期，有个香勾劳，有个勾巴养，他将栋以喊，他把栋良叫；还要叫阿加，还要喊阿理，金少包也喊，理茅高也叫；统统全喊来，统统全叫到，喊来拦流言，叫来挡生非。他们来了不像阿学，他们来到不像阿蛤；他们来了不散流言，他们到来不传蜚语。一来就说话，一到就开口。我们走拢屋，我们来到屋，你叫我们做什么，你喊我们做什么，你喊我们干哪样？这是一层，这是一段，众位高龄父老！对！

那个香勾劳，那个巴勾养，那个理师，那个中人；听完就开口，听后来答言：有人起心不良，有人存心不善，肚子黑黝黝，肝子花里胡哨；心歪如牛轭，意曲似鱼钩，半路去抢人，场上去行窃；拿去背地吃，拎往远处吞；我屋有官司，我家有战祸，我屋有佳肴，我家有美酒，请你们来断官司，求你们来平战祸！

那位香勾劳，那个巴勾养，开口继续讲，张嘴接着说："我请你们来，我喊你们到，我们订有规章，我们立有条款。我拿鞋，你们也拿鞋；我撞脚，你们也撞脚；我上虎岭，你们也上虎岭；我去山间背处，你们也去山间背处；我吓他一句，你们也吓他一句；我问他一声，你们也问他一语；我们讲有根据，我们说有凭证！我们慢慢点火，我们慢慢烧油锅。冲里的栋以；烧火的栋良；挑盐的阿加；拾油的阿理；还有金少包，还有理茅高，他们齐答言：你喊我们就来，你请我们就到；我们来了不像高坎，我们到了不似深冲！来不像阿学，到不像阿哈；来不像丢尤，到不似丢优；丢优翻小话，丢优播是非，三年不说话；三载不吭声；祭鬼鬼不走，打仗不见赢；是水不向下淌，压战祸压不平！我们是好就说好话；我们是好汉就敢直言！"那个香勾劳，那个勾巴养，簸边来开口，碓旁来发言："基哈的龙王，觉里的雷公；下方的龙王，上方的雷公；寨中的百姓，村中的寨老；（你们）千耳来听，（你们）百眼来瞧；是贼的他各知，是盗的他各明！我们大家来议，我们共同来讲：（我们来）订规章，（我们来）立条款；下方用马背；分给每个寨，散给每个村；人人来听，个个来聆；大家都知道，个个都明白。我们慢来烧，我们慢来焚！"那个香勾劳，那个巴勾养，他们又开口，他们又发言，一句是一句，一语是一说语："今天我们来议，今晚我们来评；订有规章，立有条款；人人都听，个个都知，人人靠近火子，个个挨近燃炭！哪个心不正，哪个意不轨；哪个肚子黑，哪个肝子花，哪个两重牙，哪个两层唇，一会向外吹，一会朝里吸；哪个心不好，哪个意不善；烧他定要烫，他捞定受伤！"村上的师傅，寨中的头人，开口来说话，张嘴来答言："哪个起心不良；他拿棕来遮，他拿银来盖；白天参加议，晚上又逃跑；我们定有目标，我们定有中人。烧的定要烧，捞的定要捞；烧他定要着，捞他定烫伤！"村上的师傅，寨的中头人，开口继续讲，张嘴接着谈："我们订有规章，我们立有条款；找个场说话，寻个坪议理；理场要干净，理坪要整洁；寅日就点火，卯日就大烧。哪个白天来，夜间他又躲；我们知道不答应，我们见了绝不依。陡处定要变平，高处定要变低；定要他倾家荡产，定要他钱财耗尽！我们要扭成一股，我们要拧成一报！"迦要有头尾，理要有始终，那个香勾劳，那个巴勾养，碓旁来答言："基哈的龙王，觉里的雷公；下方的龙王，上方的雷公；你们要看准，你们要瞧好，哪个白天做小偷，哪个半夜当强盗；哪个行踪如雾，哪个露头如露；他躲在山丫口，他躲在山冲冲；白天开屋基，夜间往里占；是个偏心人，是根弯曲树；白天去偷银，晚上去盗米；烧他定要烫，他捞烫定伤，定要他倾家荡产，定要他钱财耗尽，大家心才甘，大家才满意，村村才安宁，寨寨才太平！"这样做才好，这样作才善，众位高龄父老！对！（众人应）

贵州苗族烧汤理词

　　唱完一节，又起一章。今日天昏地暗，人心惶惶，怕垮半边天，怕掉半边岩。温暖季节，尚刮寒风，我不摆季节理规，我不说季节理词，季节理教耕耘，季节理教做人，我说纠纷理词，纠纷理最厉害，人听人怕，鬼闻鬼惊；你要我怕，我要你倒，不如走亲，不像喝酒。我不为银两，我不为名望，因为鬼临门，不断怕引起是非，不断怕带来人命，才来挑水扑灭火；不是点火烧房屋，不断枝败叶，不砍茎折芽，只是壅脚蓄茎藤，只是培根护穗。恨去恨来，怨来怨去，憎那"山奴"鬼，恨那"发过"怪；憎那怂恿鬼，恨那害人精；憎那鸬鹚嘴，恨那天鹅颈，它做竖尾雌，它做拍翅雄。我当太阳来收雾，我做斗笠来遮雨，捕那叼鸭鹰，抓那夺夫妇，不是来白吃，更非空抹嘴。憎那白天窃窃私语，不恨必角的老免，不憎兜远的贡欠。他们夜间打牌，白天写字。我不讲老免的理，留他做种；我不究贡欠的词，留他作样。不愿讲纠纷理，但愿双方息事。评纠纷不会恨人，断祸事将会恨理师，恨去恨来，怪来怪去，恨那利齿两条舌，憎那蚂蝗两头嘴。那头一语，这头一言，怂人争吵，诱人闹事，相杀结冤，相斗结仇。肉挂在钩上，事悬衙门内，肉挂久就要出人命；肉入水生蚂蝗，祸不息地方乱。两户主人家，两头当事人，家有祸事，屋惹事端，唤地方兄弟，求地方父老，讲理师说理，请中人通话。入村求能人，选个好理师，才不做极端，把事乱翻天。有力去做活，有智做生意；力大莫相斗，明智不相争。各做各的事，各吃各的饭。你退三尺，我退三丈，莫以角相顶，不用头相碰。两公牛相斗，总有一头跑，并非力不足，只因一处吃草。家出纠纷，人遭祸事。祸事大如牛，人力壮如虎，主人心如烈火烧，主人身似热水淋，白日坐不安，夜里睡不着，碓边无米簸，床头无利剑，心伤及手心，意冷到脚板，只好进村请能人，只好入林集干柴。巧妇教会半边村，能人维护一片区。挑花数经线，理师求理真。断不成才"烧汤"，劝不依才"捞斧"，不做尖利水牛角，不作恶毒的恶人。水牛角根牢，黄牛角根利。鼻孔一喷，头顶狠碰，一撬一块肉，一挂一堆血。狠毒理师，断事不平，寅时评事，卯时死人，地方不用，众人不请。"肢鸡"没他的分，"马腿"没他的股。叙理似绕丝，讲理像理麻。都得从头起，结束在末稍，歌有新编，理仍照旧。斧能吹倒树，不能砍倒理。岩崩有洼纳，理输以身当。指你左手，导你右手，你右手扪心，左手摸肾，心房急跳，胸怀颤抖不？背有虎旋纹，口有蛇涎否？不说三道四，不巧言护己；会调味不涩，善配味不酸。太阳有升有落，心里有怒有消，相携走宽路，互让走上前，莫要相推堕悬岩，尤须互相拉上岸。息事不蚀本，胜事亦非利。认真不掺假，正真不伪造，要说内心话，不说掺假语，人不知鬼知，地不见天见。母教不乖，父教不从；家无贤母，屋无智父；村有母鸡翘尾，寨有公鸡拍翅；母猪拱厩，公猪爬栏；损村坏寨，成为兽村。才去请尼必，才去求包丢，简欧的包丢，不以理评，以势压人；尼必扁嘴，包丢心毒，他心斜如弯弓，他意恶如毒箭，好事做不成，坏事做有余。

　　家有卧虎，屋有伏豹，他心长刺，他胆生毛；心大如仓，胆大如簸，吃一腿扛一半，吃生肉屙毛屎，弄事大如山，搅絮如乱棕，主人无力担当，主人无力承接，才请来寨老，才求来理师，我才脚登他门，他才身临他家，耳听两头话，以理辨真伪，是真则护真，是伪就责伪。小错以言劝，大错用理断，直如墨线，平如"丁班"。我控事端"鼻"，我握真理"纲"，要双方满意，使地方信服。两头若不依，村寨尚议论，请雷烧错方，求龙护对方。两头主人家，两位当事人，争纷压头，祸事缠身，身不能翻，气不能出，才登我门，请我动身。我非见水争沐浴，不是见火想烘烤，不来反怕说拗价，讲我理师太难请，只得执杖而来，脚跨大步，天黑地暗，攀登龙坳，别人坐下会吃惊，站立心头跳，我来稳如必轰，坚如必角。我来拍竹片，来就说理。天垮有峰撑，事大有理评，鬼来减鬼，事来理事。不像那里比，不如那包豆，里比少说话，包豆不涉事，来如走亲戚，如同赴酒席，大碟小碗都是肉，这餐那餐都喝酒，尽说好话，不及事端，水不入沟，稀泥遍地。我来如阿学，也像阿哈。阿学探理柱，阿哈试理梁，探访曲直，摸清真伪。事端闹轰轰，吼声震隆隆，响如嘎栋水，鸣若下暴雨，像那酉年洪水，像那寅年战乱。酉年洪水冲村寨，寅年战乱焚苗村。落雨莫法止，纠纷有理辨。天昏一半，地震一方。为何天昏，为何地响？不响在必瓮芦笙场，不响在党兜铜祭鼓会；不响在请客肉上桌，不响在喜酒席间；不响于量米升边，不响于称银戥上。为这为那，天响地动，为抢田边地角响，为争边界石桩闹。恨去恨来，恼来恼去，恨那白日贼，憎那半夜盗，恨那恶心人，憎那狠心贼；恨那抢田角，憎那占土坎；恨那白天拗门，憎那半夜掘屋。为了这些事起，仇怒由此来，才发生争吵，才动手相打；争端从此起，响动由此来，我像阿学，如同阿哈，按照笙声踩脚步，依照鼓音跳拍节。若讲你不听，若劝你不依，做雾遮山岭，做云遮太阳，用兽来挡我箭，拿鱼来受我药。各讲各狠，各说各强，他上天我以理拉住脚，他入地我以理拉住头。还有深锅，又有长斧，他真想钻深底锅，天有雷公，水有龙王。理师以理断，雷公有眼见。我断得合理，龙王有耳听；是真还是假，龙雷会理断。理师只劝人和事，不愿双方来烧汤，不愿犁牛进鬼场，不愿拖羊入浑塘。人欲步白云，沟想跨高峰，天地不许，全是梦想。两户主人家，两位当事人，各讲各对，各说各狠，只有架深锅，放入长口斧，我等五大人，我众六理老，好话说完，善语讲尽，不逼猴吃酸果，非迫猿喝苦水。苗人好辣椒，汉人爱酸醋，我众五大人，我等六理老，嘴来偿苦甜，眼来观黑白，看你手脚，察你分毫，放银入窑吹，置铁进炉炼。唤来四"马腿"，请来四桌人，分为"雌"一方，划为"雄"一方。一批父老，双方媒人，坐地如"木桩"，撑伞像"新娘"，固不可移，贵不能戏。梨木作碓身，茶树作粑槌；当簸扬糠，当炕炕谷；长刀杀水牛，重槌击肥猪。一方来烧，一方来捞，理师请水中龙，理师求天上雷，龙王公道，雷公正直。冤枉者烧不烫汤，受屈者捞不伤手；错在捞方烧就烫，捞方有错捞即伤。小孩小做玩，大人就认真，爬坡坳要翻坳，下坡要到沟。话不乱讲，手不乱指；我眼界开阔，耳闻宽广；眼见就讲，见错即指；要按规矩办，要明察是非，我明如太阳，我亮如明月，指石石崩，指岩岩垮。他要登天，理追上天；他要入地，理随入地。我要天落雨,我要水下流,要茎分枝,要枝长叶。谁的手肮脏,违犯我古理,要他分散如星点,要他粉碎如砂石。恨去恨来,憎来憎去,恨那引火烧房屋,憎那挖放水堤成灾;恨那抢田,憎那夺地。我的黑泥上,我的肥泥土,祖宗耕耘已九代,占人十代地种。他手中银多,他怀里金足,目中无人,心不愿理,仗其父子多,踏我千金理。天上有灵神,人间在理老;天有雷公,管业传到十代孙,下无鼠啃,上无鸟啄。

今年来临,此岁来到,有人仗银多作祟,有人仗粮多作怪。他心长刺,他胆生毛,心狠占人山,意恶抢人田,夺人九代田耕。地有龙王,述来给龙听,讲来请雷评,理明如纸写,理牢像刻文,烧不费劲,他捞就吃力。沸水冲锅盖,争端白热化;不要大它各大,不想坏它自坏。祸事冒出,事端急起。他说旧祸事,我说新争端,办如新生芽,嫩如初长草。坏人贼心,夺田抢地,讲的不是前年,说的就今天,就是新"鬼",并非旧事。三千年来未听讲过,三百年没听说过,昨天你抢田耕,今天你抢地种。牛蹄夹石你知道,狗舔冻水你明白,蜈蚣含宝你也见,负子蟾仰翻你也知。你耳不听老人言,你心不服理师讲,就用深锅烧,就以长斧来判,用"天油"熬粥,用铁叉拨火,置斧于锅底。我求天火烧,熬粥稀又绒,我方有理烧,你方敢捞斧?我方洁如白米,我方如豆粒;理真像真金,洁净如真银;金不掺铜。银不掺锡。经碓春谷才成米,用理判事才平息。你仗祖宗能干,你仗父亲势力大,场中来抢妻,田坝里夺田。我的里泥田,我的肥泥塘,我祖血汗开,我爹骨肉耕。你祖作龙搅水,你爹作雷劈树,见大掠大,见好抢好,人见人怕,鬼见鬼跑,抢我祖田种,夺我祖地耕。我祖老实,软弱如粥,讲不来，说不出，气忿到脖颈，忍受在心中，父告诉子，子告诉孙，一代传一代，深记不曾忘。人有代宽代窄，天有冷暖季节。鱼该返河水，田该归故主。我树根牢固，我绿叶密茂，索还我祖田，收回我旧地，是据古理，并非新词。天地正直，讲给天听，我依古理，捞不会伤。笼竹关雀鸟，理笼关"虎豹"。我转三转，我摸三摸，三转摸着脚，三摸摸着头。我围像围墙，砌像砌城城堡。我脚踏根底，我手抓末稍，如见日时时圆，见月时盈时亏，银多能收买坏人，买不到真理；有银拿去制首饰，有银莫用来告状。坏人如雪见太阳，理真如金不怕炼，公正理师护正人，歪斜理师护坏人。人有两种，各行其道。我方是白米，你方是秕糠，簸米米聚集，秕糠遍地飞。我用理"笼"来等虎，我拿"理"套来安豹，地牵理绳，天布理网，坏事来网坏事，坏人来网坏人，邪来我捉邪，歹来我捕歹。跨不过我天银索，逃不过我地金套。谁要过我天银索，就倒在天门前；谁要跨我地金套，就倒在龙脚下。我烧粥必烫，你捞必断手，跌在锅旁，倒在梯脚。教育大众，告诫地方。吹笙要合调，好话心就暖。裁判争端事，讲理要合情。建屋先看基，说理要抓纲，长疮寻药医，争端请师断，路滑靠拐杖，遭冤有理护。扯耳遮不住头，拉指盖不住脚。小孩做玩意，大人就认真，不许离理纲，把水来搅浑。祭神分男女，断事分雌雄，按"香沟劳"典故，依"巴勾养"古理。咱用天火烧，要用地水灭。共刀把筒劈，同斧来劈柴，勿须你说你高，不用我说我强，烧汤场上相咒骂，烧汤桌旁相斥责。理片拍桌，口出恶言，是憨人话，非理师言。雷听雷退，龙听龙回，蠢人见就怕，明人见便笑，不是药毒鱼，不是烧汤理。害主人白费饭，枉主人空耗银。要照古理讲，要以善言说，雷才三思考，龙才三动脑。我只会说理，不会出恶言。理师以理辩，不会出恶言，鬼听鬼害怕，人闻人信服，善方烧即烫，恶方捞就伤。誉传千里，理服天下，才是好事，才成正道。井不冒水，圹才开裂。蚂蜂的尾，你以戏法来，我用理法挡。有理只一句，无理枉千言。我那垃老祖田，我那块传宗地，年年我管理，岁岁有耕种，天有雷瞧，地有人见，我握争纷之正理，我掌弹建屋的墨线，合情合理，勿须多言。主人错主人败，理师斜理师倒，中人步跨双方门，败伤理师不伤媒，断事无真理，建屋无墨线，如以砂烧灰，用茅草烧炭，白费工夫。白费力，错方烧汤不烫，正方捞斧不伤。有理不须多说话，自有舆论来补足；无理说千句，如狗屎返入嘴，如搬石头砸脚，磨刀割手，稀泥涂衣，烟灰抹睑。五村十寨，汤汤万人，千手指你鼻，万嘴骂你娘，理师护无理，自找苦水喝。众多父老，众多村公，分成"马腿"八股，组成"鸡肢"十四分，议定一方三百两（银），讲好一方十三石白米，赢方则不出，输方全负担，赔赢方粮银，田是赢方的。尧人要正派，强者莫欺弱。四月栽秧，八月收谷，空望做不成活路，不依理断不成事端。一方说：田耕已十代。一方说：是他公抢去。耕种十代有人见，代代相传不曾忘，只有天知，只有地明。你有腿粗，他有裤大，我是雌方，你是雄方，不怕手断，把斧捞出。请天来执"戥"寸，请地看"斤两"，这里不是养鱼圹，这儿不是喂鸡坪，是斗殴场，是拼杀坪，来者即着，不死亦伤。我架锅等，你来爬梯，伸你右手，捞我大斧，脸色不变，谈笑如故，是天地告诉人，是高祖传到孙，真是你的田，雌方该认输。你家中藏虎，你屋里卧豹，坏人一群，臭汉一伙，全是心长刺，尽是胆长毛，诱人争纷，怂人争执，靠哄人吃，靠骗人喝，得多平分，得少共吃。你假虎威，你仗豹爪，像群魔鬼，头上长角，一个为首，十个随后，想黄即做黄，想黑就弄黑，只知伸手抢人，不懂有理制裁，还有深锅熬"虎"，还有长斧杀"豹"，深锅熬坏人，长斧砍歹徒。我的养老田，我的养鱼塘，是母根基根，是父根基根，夺我的去，说是你的。你做"雌"方烧，我做"雄"方捞，雷不助你烧，龙要护我捞，你烧白费劲，我捞手凉爽，田归原主，猪还故厩。小孩做玩，大人认真，双方"肤鸡""马腿"，鸭笼饭团，全部到齐，来得齐整，理师已述三天理，中人已传多次话，谁高谁低，谁扁谁圆，各自心明如灯，各自意亮如月，坐着用眼看，歇气仰头望，看他上梯"拔"虎齿，望他跳进恶豹"嘴"，伸手即烫，捞斧断肢，他来时四肢，回时缺臂。痛才悔改，告诫大众：莫惹争纷结冤，要相劝勤劳积财，各种各的田，各管各家业，团结共处，切莫相争。争端你挑起，我来结祸尾；你请雷烧我求龙护。五大人耳闻，六理老眼见，你烧三天，我捞片刻，开昏三日，亮来一时。你把水搅浑，我放清水冲，牛喝足盐，马吃是草，刀已出鞘，箭已上弦。我站锅旁，稳如高峰，捞你钝斧，斧凉如冰，手不发痒，皮不起泡。你心不服，恶意未消，许你再述理，我再以理追。我护正直方，我在高处站，要你心服，使你意消。长你去量，短你去卡。双方理师公，两头通司人，理师回方，中人归家，人人长寿，个个平安。各开鲜花，各结硕果。我方理如泉，你方词穷尽，牛已喝足盐，马已吃足草，你已爬我锅旁，捞我锅底斧，伸手即烫，一捞即伤，脱皮如蛙脱衣，剥皮如蛇脱皮，跌在锅口边，倒在梯脚下，明早梯脚下，明早天亮，旭日东升，请六寨老，求五大人，众多前辈，全都来看，看是哪方赢，看是哪方输。各做各当，自作自受。魔鬼已赶去，纠纷已了结，大众平安，人人长寿，鲜花各去开，硕果各去结。新理不知在何处，古理即在这里。众多前辈们！对！（众人应声）

门巴族习惯法[1]

在西藏错那县贡日乡门巴族的现实生活中，习惯法仍在发挥着相当的作用，其中一些仍在影响人们的价值观和道德观，制约人们的行为，规范人与人之间、人与自然之间的相互关系。

习惯法的渊源

贡日乡门巴族的大多数习惯法来自宗教，有佛教的，也有原始崇拜的。

（一）佛教信仰中的习惯法因素

佛教的五戒是贡日乡门巴族习惯法的一个主要来源。

"不杀生"是勒布地区门巴族的根深蒂固的观念，无论男女长幼都自觉地遵守此戒律。他们认为，生命是世间最可珍贵的，一切生命形态都是可以转化的，因此从根本上来说都是平等的，都应该得到尊重、关爱和维护。杀生者是"底巴"，即野蛮人。当地门巴人不养猪、狗，传统习惯上不吃猪肉、狗肉、驴肉，认为吃了这些肉，菩萨不高兴，会发怒，就会让人病痛。他们说，那些患精神病发疯的人，就是吃了这些肉所致。饲养的牛主要是挤奶做酥油和奶渣，虽然也吃牛肉，但绝不亲手宰牛。

---

[1] 选自吕昭义、红梅主编《门巴族——西藏错那县贡日乡调查》，云南大学出版社2004年版。

牛、马等牲畜任其老死、病死，然后才吃它们的肉。宰牛要等错那的藏族屠户来操刀动手。每年错那的藏族屠户到屠宰牲畜的季节就到勒布地区走村串户，帮当地的门巴族宰牲。不杀生的范围也包括野生动物。门巴族不上山狩猎，山上的野兽窜到村子附近偷吃和践踏庄稼，则派人守地，在庄稼地周围堆柴烧火，把野兽吓走，绝不伤其性命。他们对生命的珍重达到了令外地人难以理解的程度，地里的庄稼长虫子，他们也不灭杀。虫害太严重了，就到地里捉虫，轻轻地把虫拣出来，装进纸盒中，放入娘江曲，任其漂流而下，让虫子听天由命。"不杀生"的最高戒条是不伤害人命，尽管村民间因种种原因会有纠纷，酒后也会争吵，但绝不相互斗殴。自从民主改革以来，在色目、贡日两村没有发生过持械打斗，更没有行凶杀人的刑事案件。

"不偷盗"是贡日乡村民尊奉的一个道德底线。村民从很小就受到这方面的家庭教育。不论家庭如何困难，但绝不允许拿别人家的财物。村子中门虽设而常开，门上有锁，但即便家中没有人，也只是把锁挂在门上，并不上锁，是防止牲畜家禽进入家中，而不是防贼。杂货店主人不在，没有人会去动他们的商品，来不及搬走的货物即便过夜，仍旧如数原样摆在路边。

"不诳语"，"不虚言"，"不恶语伤人"。门巴族人说话细言慢语，未说话先开笑口，很少高声争辩。在我们调查期间，村子中没有发生一例争吵。村民说争嘴还是有的，多数是酒喝多了，说话没有顾忌，嗓门子粗，言语冲撞，就会争吵。发生这种情况，往往双方的妻子就会赶来，各自把丈夫扶回家歇息，第二天就和好如初。从来不会一家子蜂拥而上，临街吵骂。

"不邪淫"。色目、贡日两村较为流行的是红教，喇嘛可以娶妻生子。民主改革前当地传统风俗女子在婚前有较大的自由。村民对这一戒条的理解是成家以后就要忠实于对方，不能与其他异性乱来。现在，婚前自由比较少了。父母在家庭中教育男青年与女青年交往要有限度，不能乱来，乱来是要承担责任的。教育女青年则是要自尊，做事不能随随便便，不自尊最终受害吃亏的还是自己。在家庭中，忌说粗话，不能讲男女生殖器等。

"不私财"。在当前现实生活的理解中是对村中共有资源的自觉维护，包括遵守对森林资源、牧场资源的共同使用的规定。传统上，如上山放牧、伐木依据对某种自然现象的观察来决定，全村人共同行动，任何人不得抢先占据草场、树林。现在则是统一按照乡里布置的时间出动。据我们了解，没有发生过抢先上山的。除了乡、村两级的有效管理之外，传统习惯对人们的约束也是一个重要的方面。

色目、贡日两村门巴族在信奉藏传佛教的同时，也保存了不少原始崇拜。原始崇拜中若干信仰和禁忌，也是传统的习惯法的来源之一。

(二) 原始崇拜中的习惯法因素

在门巴族原始崇拜的信仰体系中，天、地、地下三界中居住和游荡着许许多多的神灵、精怪、厉鬼。如山中有拉神，石头中有格波神，水中有妖女，等等。人为行为不当就会得罪了这些神、精、鬼。如动了山上的某个石头，会得罪拉神；砍了某种树，会得罪格波神，把水弄脏，会得罪努神。得罪了他们就会遭受他们的惩罚，或生病，或遭横祸，或庄稼被冰雹砸，或牲畜染疫病。因此，在生产、生活中要小心翼翼，循规蹈矩，不可乱动山石，乱伐树木，乱投脏物到水里。

在原始崇拜中还有一种说法，即认为某些女人会放毒。其施害的对象是两类人：一种是与她有仇的人，施放毒药以除仇人；另一种是有福相、有权势、聪慧能干之人，据说毒害他之后，就可以将其福气、权势、聪明才干转移到放毒者身上。过去，对被视为放毒者的家庭，全村断绝与其往来，严重的则驱逐出境。现在，没有这么恐惧了，但是也尽量不吃或少吃该家的食物或茶水。

此外，在村社成员之间，家庭生活中也有若干与原始崇拜相关的禁忌，用以规范村社成员和家庭内部的关系。如，家里有人患病，要在门口放有刺的树枝，外人看到，就不会进家；家里有人出门，当天不得扫地；家长为离家远行的人在鼻尖上抹烟灰，等等。

习惯法的主要内容

（一）有关生产的习惯法

在色目村、贡日村，民主改革前，森林、牧场是属于领主所有的，但由村民共同使用，如何协调和统一村民对森林、牧场的使用，是牧业和林业正常有序地进行的必要条件。而且，两村均为农牧林并行的经济结构，对林业、牧业的规定也牵涉到农业生产，因此，两村的整个经济活动须有统一的进程。在漫长的生产实践中，色目、贡日两村形成了一个生产活动时间安排，以习惯法的形式来统一各个家庭的生产活动。其主要内容是根据植物生长的情况和某种自然现象来规定生产的进行。当"万尼花"开放之时，全体村民开始播种晚荞。在贡日乡对面的基巴村有两条水沟，在贡日村可以看到这两条水沟。如果，太阳快落山时,照到其中一条水沟,就意味着山上的牧草长高了,可以上山放牧了,同时也是播种早荞的时候了,村民开始上山放牧和播种早荞。具体上山及迁移牧场的时间由村民根据牧场牧草情况共同商议决定,统一行动。下山须等全村地里的庄稼收割完毕,才能赶牲畜回村。违反者要受到处罚。

两村有一项规定,禁止在牧场挖掘草药,以保护牧草的正常生长。

关于放牧还有一条规定,即每年必须屠宰一定比例的牲畜,以限制牲畜无限增加,超过牧场的承受限度。

上山伐木也受习惯法的制约。如不得上山狩猎,不得随意砍伐柏树,不得开山挖土掘洞、搬移山上的崖石等。

(二)处理村民关系的习惯法

在村民日常的交往中,不辱骂、不打架斗殴、不偷窃,邻里和睦,在两村已蔚然成风。

贡日村中一条小溪穿村而过,该村生活用水都来自这条小溪,人畜的饮用水、洗菜、洗衣服、清洗工具等皆在这条小溪进行。关于小溪的使用,村里有不成文的规定。早上6—8时左右为各家各户取饮用水时间,禁止任何人在这段时间内在小溪洗脸、漱口等;洗衣物须在9时以后小溪的下游,任何时候不得在上游洗衣物;任何人不得投放脏物到小溪中;任何人不得堵塞小溪,不得改变小溪的流向,或开沟引水。违反小溪使用的习惯的要受到全村舆论的谴责,受到村委会的批评教育,直至罚款。我们进村调查,见到溪水清亮透明,十分清洁。小溪两旁没有堆放任何垃圾灰土。村民洗衣、洗生产工具都自觉地到村尾的小溪。

（三）处理婚姻关系的习惯法

1. 通婚的限制。禁止近亲通婚，直系亲属须隔五代，或者至少四代才能结亲。舅表婚较为普遍，但禁止姨表婚，勒布的一些地方禁止姑表婚，但我们调查的贡日乡两村并不禁止。

2. 关于婚姻方式的规定。传统习俗允许一夫多妻或一妻多夫，现在已没有这类婚姻。

3. 关于婚约的解除。双方如举行订婚礼仪，表明这桩婚事已得到社会承认，具有相当于法律的效力，如一方提出解除婚约，须按一定的规定办理。属女方提出的，必须退还订婚时男方给的酥油、青稞酒等。属男方提出的，须向女方支付一定的赔偿。在民主改革前，如上告粗巴，双方都要受到惩处，往往对提出解除婚约一方的惩处重于另一方。惩处有两种形式，一为体罚，打板子；二为罚款。

4. 对离婚的处理。夫妻不和，提出离婚，首先由亲属或村中有威望的老人调解，调解无效者，可离婚。离婚时，主动要求离婚的一方赔偿婚礼费（在民主改革前为10—20个章嘎）和相当于结婚时做青稞酒的青稞。离婚案如告到粗巴那里，也要受到粗巴的惩罚，打板子和罚款。离婚时子女的抚养通过协商确定，一般情况下，如只有一个子女，往往由母亲抚养，如有两个以上，则分别由母亲和父亲抚养。在离婚时进行的财产分割（详细情况见关于财产的习惯法部分）。

5. 对不正当性关系的处罚。对私通等不正当性关系的处罚采取对等的原则，即私通的男女双方都要受罚。如甲家庭的丈夫与乙家庭的妻子私通，那么甲家庭的丈夫必须向乙家庭中与他私通者的丈夫送哈达、酒和章嘎，表示赔礼谢罪；同样，乙家庭的妻子也必须向甲家庭与她私通者的妻子送哈达、酒、章嘎，赔礼谢罪。如果已婚男子与未婚女子私通，私通的女子必须向该男子的妻子送礼赔罪。反之亦然。如与未婚女子私通而生子，私生子由女方父母抚养。

（四）关于财产的习惯法

1. 离婚财产的分割。夫妻不和，调解无效离婚时，家庭财产按对等的原则进行分割。单独成家的，丈夫和妻子各占一半，领养孩子，或领养孩子较多的，则在财产分割时可稍多占一些，视情况而定；如尚未分家单过的，则将婚前财产划出，婚后财产按家中主要劳动力进行分割，离婚后离家另过的一方带走其分得的财产。妻子的嫁妆归妻子；入赘的女婿带来的财产，也由他带走。

2. 财产的继承。民主改革前，色目、贡日两村门巴族群众家庭财产较少，因此对于家庭财产的继承并无明确和严格的规定，仅有尚不成熟的习惯，而在实际操作中也往往视具体情况，作临时性的变通。大体上依照以下习俗进行。

（1）原则上来说，男女均有继承权。

（2）在民主改革前，对土地、牲畜等主要生产资源的继承与交差、支乌拉等封建劳役、租税相联系。继承者在继承财产的同时，也就承担了相应的差和乌拉。在财产分割的同时，也对继承者应当承担的差和乌拉进行分割。

（3）已出嫁女儿，或入赘到其他家庭的儿子，如在离家时已给了嫁妆，或分给了财产，则在分家时不再继承财产。

（4）在一般情况下，财产在有继承权的子女中平均分割；女性继承者与男性继承者享有同样的权益，分得她应得的份额。

(5) 如果家庭中只有一个女儿，招赘女婿上门，女婿也有继承权。

(6) 在个别情况下，也有的父母将其财产由他最喜欢的儿子，或女儿来继承。

(五) 关于处理纠纷程序的习惯法

1. 家庭内部或村民之间发生纠纷，依照以下程序进行处理和解决。

第一，如是家庭中有纠纷，首先由家庭中的长者进行调解和处理。

第二，村社成员之间的纠纷，或家庭内部的纠纷经长者调解无效的，则请村子中办事公道，享有相当威望的人对双方进行调解。

第三，调解无效的，再由根保调解和处理。

第四，产生纠纷的任何一方对根保的处理不服，可以向粗巴控告、申诉，粗巴进行裁决。

第五，对粗巴裁决不服者，可向错那宗宗本控告、申诉，由错那宗判决。需要指出的是，虽然在事理上来说，可以向错那宗上诉，但在实际中，粗巴的裁决，往往是最终的判决。

2. 村落之间关于牧场、林场的纠纷，遵循以下处理程序。

第一，由发生纠纷的两个村子的根保和长者协商解决。

第二，协商不能取得一致，则由粗巴裁决。

第三，对粗巴裁决不服的，可向错那宗宗本提出申诉，要求其解决。

毛南族禁忌与习惯法[1]

婚姻方面的习惯法

1949年以前，广西环江县南昌屯等地方的毛南族择偶传统习惯是"门当户对"和"父母之命，媒妁之言"。其程序首先是提亲。有双方父母给自己的子女提亲的，有姑嫂伯叔来提亲的，有至亲朋友提亲的。提亲后，男方遣媒人带一把面条和几个鸡蛋（煮熟染红）到女家，取女方的生辰八字。然后，家长把男女的生辰八字给算命先生"合八字"。如果两人八字不相克、不相冲的话，双方父母和媒人便可议定日期和地点，带上儿女见面相亲，看双方的身材相貌是否中意。若是中意，便给媒人几文钱，称为"送典"，是一种形式，多为双方父母包办。经过合八字和相亲后，即可定聘。定聘，毛南语称"讲魁"，意即讲"牛钱"或称彩礼。清末民初。以100串钱为一头黄牛，一般聘金为600串到1000串制钱；又以10块银毫为一头白水牛，一般要100块到200块银毫。穷家以黄牛为聘，富豪家以白水牛为聘。根据各个时期的货币和双方经济状况而定聘礼，聘礼越多，嫁妆越厚，婚礼越隆重，变成了变相的买卖婚姻。定聘后，即可择吉日送聘礼，称为定亲。送聘礼时男方派一位

---

[1] 选自匡自明等主编《毛南族——广西环江县南昌屯调查》，云南大学出版社2004年版。

长辈族亲和媒人，带"牛钱"和糖糕、阉公鸡、猪肉、酒、红糯饭等礼品送到女方家。女方将送来的礼物办一桌酒席，请房族至亲一餐，以示男家来定亲，女儿有了婆家，不再是无配偶的女孩子了。女方收"牛钱"后，备办嫁妆，待迎亲时送往男方家。就婚仪而言，以婚礼厚重分为男婚礼和女婚礼。举办男婚礼的多为富豪之家，有花轿、乐队、新郎、伴郎的"背书人"（有名望的长者把一条黑布绞成小孩状，内装新婚男女生辰八字）等骑着马，抬着礼品去迎娶。一般家庭或再婚的办女婚礼，没有花轿、乐队，迎亲者步行。婚礼这一天的上午在女家举行送嫁仪式，新娘的母亲把办好的嫁妆拿出来，由一位福分好（丈夫健在，子女双全）的叔伯娘负责"折被"。每折一张被子、棉胎、蚊帐等，就分别把红鸡蛋、糖果、粽子、甘蔗包在里面。这时，男女歌师们便唱起了"折棉歌"，每折一件唱一首歌。吉时一到，新娘出门下阶，与父母兄弟惜别，新娘含泪唱"出门下阶歌"。新娘到了夫家，男家请道公来做"招魂"与"敬梁祝"（梁山伯与祝英台）的法事，还根据新娘的八字，在门前摆设"竹桥"或"纸屋"让新娘踢开。要进男方的家门时，脱右脚上的花鞋，由男家一个福分好的叔伯娘扶着拾级登梯进门。新娘登梯进门时，忌踩门槛，有孕的妇女和她的丈夫以及新郎、家公、家婆要避开，亲朋燃放爆竹庆贺至"新人室"（洞房）。当晚举行热闹非凡的对歌活动，通宵达旦。第二天清早，新郎的房族叔伯兄弟设宴招待新娘、伴娘。由伴娘中的女歌师代表唱"答谢歌"。中午在新郎家厅堂举行开棉仪式，众亲友及客人围观，由男女歌师各唱一首歌。开棉结束后，男家重新设宴请客人及伴娘吃"送别餐"。随后，新娘的母亲唱一组

"嘱咐歌",有嘱花神、嘱亲家、嘱女婿、嘱女儿。歌罢,新娘给家公、家婆、叔伯、哥嫂敬茶,长辈则给封包作"敬茶钱"。随后,新娘和母亲、伴娘一同辞别亲友回娘家,婚礼到此结束。婚礼后3—7天,男家择日把媳妇接回来,发半斤到一斤加工过的棉条给她用于纺织,寓意新媳妇接受了家婆的生产任务,男耕女织,情意绵绵,百年偕老。这种仪式,毛南族称之为"发棉"。

中华人民共和国成立之后的毛南族婚姻既存在着1949年以前婚姻的一些习惯做法,同时在一些方面已经发生了明显变化。南昌屯村民,小学教师谭中意认为靠媒婆介绍而结婚的情况如下:

男女双方若同意登记,则各送1—2元钱或手帕给媒婆,表示双方同意登记结婚,也可由女方到男方家来"踩门",当事人双方同意,双方的父母也同意后,男方给女方彩礼,一般给1000元作底,2000元或3000元也有(以前只给100元或200元),作为女方置办嫁妆的一部分费用(女方也还要自己拿出钱来买嫁妆)。随后就向道公问男女双方的八字,看好日子后登记。然后选择吉日,男方派男女青年送3担东西,每担120斤,含油、米、面、豆腐圆、酒、烟、鸡(上述东西必须按女方父辈人数来送),请一个未婚女子陪新郎至新娘家迎娶。东西送至女方家,女方将东西分送给叔伯,叔伯招待男方娶亲者吃一餐,吃完这一餐后再到女方家吃一餐,然后请有男有女的一位妇女叠被子,每个被子上放点糖果、粽粑、红鸡蛋。将棉被放置于箱子之上,同时上放脸盆、茶壶、热水瓶,用大红布做成大红花,将红纸剪为"喜"字。女方在自己亲朋10多人的陪伴下与男方娶亲队伍一起回来至男方家。女方母亲可当天一起到男方家（远处），或第二天上午由男方亲属去迎接至男方家（近处）。婚宴在晚上举行，新郎家的大门两旁写"迎亲待客"，大门口由一女子抬茶迎接女方亲属，新郎在大门口分烟招待女方亲朋。然后男方家摆餐桌。吃饭时新郎的舅舅必须坐于中堂，吃饭过程中，新郎新娘向客人敬烟敬酒，分糖分瓜子。吃完饭后，客人们划拳、唱山歌，若男方村屯的女歌手厉害，女方村屯就请男歌手来比赛，若男方村屯的男歌手厉害，女方村屯则请女歌手来比赛。唱山歌比赛一直持续到天亮。其所以如此，其中的一个原因就是男方家的床铺有限，不可能让所有的客人都能够睡觉，而唱山歌可消磨时间。结婚宴席的第一餐吃饭时间是晚上6—7点，这一餐一直吃到8—9点；第二餐是晚上10—11点。这一餐要求是边喝酒边对歌边猜拳，天气冷了则加火，菜吃完了则加菜。结婚不闹洞房，不拜天地，不拜父母，夫妻也不对拜。第二天的早餐时间是8点，请客人吃面条，正餐时间是上午10—11点，餐毕，女方送的嫁妆摆放在村人面前展示，展示的方法是拿一根竹竿放在中堂前，一件东西一件东西地展示，不时有糖果从嫁妆中落下，让孩子来抢。婚礼至此时，新娘与女方家人回娘家，第三天新娘又回到老公家。解放前曾有过"不落夫家"的习俗，现已经不存在了。

另外，结婚当天，新郎家要请道公来念经。道公边念经边将活鸡在中堂前宰杀，保佑男方平安，然后将鸡煮熟后供于中堂，又念经，待熟食供完就结束。中堂之上还另有糖果、封包之类的东西，封包内装3.6元、10元钱不等。道公拿封包和三分之一的鸡肉，同时还另给其误工费20元。道公的这一活动前后约需 1 个半小时至 2 小时就结束。同时，南昌屯村民谭崇高说，从毛南族的传统来讲，新婚晚上，新娘进夫家时，如果她的一只脚踩着了夫家的大门门槛，就一定要叫其夫将门槛砍断。并且，新娘进夫家，坐的方位是面向"方亮"（毛南语）位置，红纸张贴处即是。一年四季的方亮是不相同的，如 7 月的方亮在北面。而新郎到新娘家就不讲究方亮了。具体而言，谭崇高认为所谓方亮位的内容如下：

正在南方，二在西南，三在西北，四在东北，五在西北，六在东北，七在北方，八在东北，九在东南，十在东方，十一在东南，十二在西南。（正是指一月，二是指二月，以此类推。）

南昌屯村民谭贵正告诉我们，屯里若有喜事，由主家根据经济状况通知屯里的人，通知到的就去参加，未通知到的就不参加。

丧葬中的禁忌与习惯法

南昌屯村民谭崇高认为丧葬中也要讲究方亮位。村民谭会庆的妻子在 2003 年 7 月 19 日凌晨 3 点去世（57 岁），村里人要在 2—3 小时内为其洗澡、梳头、戴帽、穿衣，洗澡时要将其抬到椅子上并将其面向北方。洗澡和穿衣结束后，要将其睡的床拆除，用 2—3 块床板按方亮摆好，将死者按方亮位放置。将死者于 20 日装入棺材停在房内或放置于院内都必须按方亮位停放。21 日午时出殡，在墓地停放时仍然是按照方亮，而坟墓的方向则不一定要按照方亮位设置。

南昌屯村民谭崇高、谭贵正、谭合棉等若干人还告诉调查组成员，屯里的丧葬地点的选择十分重要，他们认为有一些地点是绝对不允许作为墓地的，因为全屯的人们都相信在这样的地方葬人会影响到全屯的人与牲畜的安宁，因此，屯里葬人也绝不会葬在那些地方。并且，全屯的人对外屯的人前来"偷葬"在那些地方也保持高度警惕的态度，因为他们认为，外屯的人在那些地方来偷葬，对于偷葬者来说是十分有利的，其家庭的运气也会十分的好，而对于南昌屯的人和牲畜而言则会导致极大的危害和灾难，鸡不叫狗不叫，全屯人畜都遭殃。几年前就曾发生过一外屯的人将其死者葬于南昌屯人认为绝不允许葬人的地方，结果确实导致了南昌屯的鸡不叫狗不叫，最终南昌屯的人强烈要求外屯人将其死者迁葬别处，迁葬后，南昌屯的鸡才叫狗也才叫。据调查组成员观察，南昌屯的坟地主要集中在两个方向，一个是屯的西南方向，另一个是屯的东北方向，而其余的方向是不能葬人的，屯里人也不会考虑在那些地方葬人。

包括南昌屯在内的毛南族在丧葬方面的习惯法还具体体现在丧葬的整个过程之中。买水浴尸是第一个环节。老人断气后的头一件事情就是买水浴尸。由邻里两人抬一只水桶，孝男孝女手持谷穗、香火、纸钱和一条白布巾等物，到水井或山塘边，向井里或塘里投下一两分钱，为死者买沐浴水。沐浴水只取一大碗，抬回家烧热，倒入陶瓷缸里，掺米草碱，然后用一块白布蘸水为死者洗身，按男左女右由上而下象征性地抹3次，抹一次倒一次水。洗毕，给死者剃头戴帽（女的梳辫包头巾），穿衣和鞋袜。报丧是第二个环节。父母去世时要给舅家报丧。孝子身穿麻布孝服，手持点燃的香，陪的人携带纸钱、一斤酒、三斤黄豆，到舅家报丧。把死者亡故情况加以说明，并向舅父征求丧礼要求。舅父认可后，设素饭相待。入殓是第三个环节。

由孝男孝女3人将尸体抬进棺材,一人抬头,一人抬腰,一人抬脚,头在棺的大端,脚在小端,用7尺新布条垫在棺底,称为"衣祖",用3块瓦片作品字形伏放在死者头部下面以固定位置,一般要仰放,用一张白纸(白巾)蒙上脸部,双手放在腹部,让死者一只手握纸吊子,一只手握着一团饭,意为亡人上西天的路条和盘缠。尸体上覆盖儿女辈送来的白布条。然后盖棺。停柩是第四个环节。人死的当天,请道公测卜,以死者失魂之时测吉凶,择定出殡的吉日。停柩期间,请道士五六人来念经打斋。经书分为"经"和"忏"两种。念经书有"早经夜忏"的规定,一般从死者去世的当天晚上开始,以后看停柩的天数,昼夜连续地念,直到出殡。在此期间,请道公3人前来念经,同时,在主家中堂的桌子上放有封包。另外,桌上还放有糖果、烟、茶、面条、食盐等。桌上的东西全部由道公取走。念经时挂8幅图,每一幅图下面都用袋子装着半市斤米,也归道公取走。出殡葬入是第五个环节。出殡前,在丧家门前举行奠祭仪式。一般主家办一到三堂,孝子一堂,女婿一堂,侄儿一堂。一堂一桌供品,每堂由大唱、司尊、司爵、读文、主祭者等人组成奠祭庭。大唱先生俗定由舅家来人充任,如舅家无人能担当者,舅家可请邻村内行的人代理。届时,孝男孝女及房族侄、孙辈跪在灵前,主祭者从行"上香礼"到行"终献礼"随大唱行动。读祭文先生要求读音准确、抑扬顿挫、富有感情,直至声泪俱下。司尊先生要点准供品。最后一堂,主持大唱先生宣布"执事者酹酒降神,颁赐福酒,饮福酒素,焚财化帛,礼毕退班,扶柩归山"。接着凑着哀乐出殡。出殡队列由孝男手持孝幡灵牌领前,亲属随后,哀泣且行,随着道场锣鼓和爆竹声，姗姗步行到墓地。棺木抬到墓地时，先放在一边稍停。地理先生手拿一只公鸡，点上一炷香画符，口咬鸡头至鸡死，将鸡血淋入穴内四周，并手撒白米。在场的孝男孝女，用衣服接过撒来的米粒和灰土，带回家中装入神台和香火炉内，作为死者留给晚辈的土地和粮食，保佑他们丰衣足食，代代相传。这时，把棺木放入穴内，校正方位，地理先生拿起铁铲，铲上一些泥土分3处（头、腹、脚部位）撒于棺木上。接着孝男孝女也3次铲土撒于棺木上，最后众人一齐动手填土。填平地面，四周用片石将坟墓砌起。砌好后，仍用泥土填满压紧，悬挂纸幡，将死者生前戴过的雨帽覆盖在墓顶上。至此，丧仪结束。调查组成员也看到，南昌屯去世的谭汉坤的棺木于下午1点抬至墓地后，并没有马上埋葬，而是将棺木停放在墓穴上，棺木上面用红毯子、树枝和塑料布覆盖，直到第二天下午才将其棺木完全埋葬，砌成坟墓。原因是出殡的当天不是埋葬的吉日，而棺木又不能停放在家中，因此，只好先将棺木送至坟地停放，等待吉日到来再埋葬。

祭祀活动中的禁忌与习惯法

每年从农历七月七日开始至十四日，家人都要为死去亲人的灵魂回家作各种活动，包括请道公来做道场，嫁出去的女儿都要带着猪（15—20公斤）一头，鸭、鸡各一只回娘家来，做好吃的饭菜供于中堂之上，请祖先来享用。而对于刚去世的亲人的祭祀则要等到丧期满4个月以上才能请道公来做道场。

还愿活动中体现的习惯法

（一）还愿活动的来历

南昌屯的毛南族群众的还愿活动又叫"肥套"（肥套是向万岁娘娘求子或向其他神祈求人丁、家畜、钱财旺盛的还愿活动），是毛南族群众一生中最主要也是最普遍的敬神祭祀活动。传说在远古的时候，有一个名叫韩仲定的毛南孤儿，家里很穷，讨不起媳妇，看见人家妻子儿女济济一堂，常常为自己的孤寒处境而唉声叹气。有一次，他的悲切哀叹，给万岁娘娘听见了，问他为什么这样？仲定把缘由讲了一遍，祈求万岁娘娘给他降福，写好了文书，画了押，向万岁娘娘许了愿，并把许愿书放在屋里的柱头上，表示收藏稳妥，长久不忘。不久，万岁娘娘果真降了一位仙女配给他为妻，继而生了5男2女，日子过得挺好。从此，仲定越来越神气，忘乎所以，竟把柱头上的许愿书取出来放在鞋里当垫纸踩。万岁娘娘十分气愤，把仲定的7个子女收了回去。仲定失去子女，悲痛至极，整天号啕大哭。后来被一位秀才家仙知道了，把他带到万岁娘娘的住地。仲定在空中楼阁下望见自己的儿女，却无法要回来，双方眼泪汪汪地诉说父子父女别情。这时万岁娘娘对他说："你吃了甜果吹了根。如有悔心，先得还愿，我才让孩子们跟你回去。"仲定听了，连忙脱下鞋子，把许愿书取出来交给秀才家仙还与万岁娘娘，回家杀牲办酒敬众神，还了先愿。事毕，万岁娘娘才叫善良的土地神带上7个孩子，回到仲定夫妇的身边，使他们阖家团聚，重新获得了幸福。这就是在毛南族群众中流传很广、扎根很深的传说故事，同时也是在毛南族群众中延续到今的还愿活动的来历。毛南族群众认为他们能生儿育女，都是万岁娘娘赐的福。因此，他们生下儿女后，为了摆脱灾难，祈求幸福，每人一生中都要举行一次大型的还愿活动。当他们结婚娶媳后不久，就要在神灵前口头许愿，然后在"新人室"的房门上围起红布条，插上花枝，名叫"搭红桥"，表示向万岁娘娘许愿"求花"（即求子女）。到了生下孩子独建家业以后，便要在适当的年时里择吉还愿（即肥套）。还愿时。一般要杀18头牲设宴敬神，如这一代不还，下一代就要补还。补还时杀牲就要加倍（即36头牲）。如果拖到第3代再补还，杀牲就要递增2倍（即72头牲），第3代的还愿，毛南人叫"套三朝"（即三代总和的还愿，"套"是毛南族举行"还愿"等宗教活动的其中一个名称）。

（二）还愿活动的过程

毛南族群众的还愿活动集中通过木面舞表演及相关的祭祀活动来体现。木面舞是毛南族的民间舞，因戴面具而起舞，故名。它不是一个独立的舞蹈节目，它是穿插在民间的"还愿"（"肥套"）的过程中，由师公表演的一种跳神舞蹈，因而又称"帅公舞"、"还愿舞"，毛南语称为"条套"，意即还愿时跳的舞。据民间口头传说及一些文物资料表明，"条套"已有300年的历史。毛南族的"条套"影响较大，流传面广。"条套"的过程主要有以下：

1. 准备

师公们到主家主持还愿仪式时，白天先做摆供桌，搭神坛的准备工作，晚上才正式开始祭祀。

供桌要摆六张：

（1）许愿桌。摆在屋檐下靠右一边。桌上放 7 个碗。7 个酒杯。其中 3 个碗分别装饭、豆腐和熟猪肉，每碗插 3 炷香；3 个碗装生鸡血；另一碗装白米；7 个酒杯横排摆在最后。桌的两头各摆一只鸡，桌下放一个簸箕，供师公甩符诰（卜卦的法器）用。师公坐在桌前，头戴乌纱帽，左手持简笏（师公们说它是护身符），念咒语，打符诰，其意是向神灵宣告：今天主家向你们还愿了，请你们入筵领愿吧！又向四方八面撒白米，表示向神引路。

（2）亲官桌。摆在屋前的左角。桌上摆一串生猪肉；一个碗，里面有饭、豆腐和熟猪肉，插 3 炷香；1 个酒壶，6 个酒杯。桌边摆 1 张靠椅，用红毯覆盖，上面撑开一把伞。这桌是专为来贺筵的宾客准备的，万一宾客在途中被阴鬼附身，进门之前，先到这桌上敬一杯酒表示驱除阴鬼，洗净身躯，然后入筵才安然无事。

（3）保筵桌。摆在中堂神龛下，专为敬请三界公爷来保筵而设的。桌上放 3 个碗，其中一个装饭，饭上插几枝柑子叶（代表果品），还有一些零钱；另一个装饭、豆腐和熟猪肉，插 3 炷香；再一个装白米。师公念咒语、撒米引路，敬请三界公爷来保筵。

（4）敬宗桌。摆在祖宗灵位前，桌上除碗盏外，还有一头乳猪，两只鸡，敬请祖宗返乡入筵。

（5）洗面桌。摆在主家卧室门边，万岁娘娘一降临，先到这里洗脸用餐。

（6）剪花桌。摆在主家卧室门的另一边，与洗面桌相对。一个子女双全的族公坐在桌边专门剪花，一个子女双全的族婆在主人的卧室里绣花。

神坛用几张大方桌合成，搭在屋里一处较宽敞的地方。坛前用4条竹子扎3道门，中门上的横幅写着"恭迎圣驾"4个大字，侧门上用红纸各剪一只梅花鹿和一只凤凰贴上，两边对称。神坛后面的板壁上挂花林仙官（女神）、万岁娘娘、三界公爷、雷王、三元共5幅神像。神台的中央，安放一座竹扎纸糊的花楼，红门绿窗，专供万岁娘娘降临安居。神台上的祭品有糍粑、糯饭、白米饭、豆腐、熟猪肉和酸肉。神坛上还挂着两盏菜油灯（毛南人叫清油灯）。神台、供桌准备就绪，晚饭后正式开坛祭祀。

2. 过程

还愿的全部过程由主唱师公掌握并指挥，跳神舞蹈（即木面舞）都穿插在仪式过程中表演。主唱师公念咒语，唱神书，念唱到哪个神哪个神就出场舞蹈。虽然各个班子所表演的场次和顺序不尽一致，有些大同小异。但总体来看，一般表演的顺序如下：

（1）接祖师。由一师公扮三元神（三元神是唐、葛、周三位祖师的合称，是帅公们的祖帅。升坛后首先请三元神到场，既做师公们的后盾，又负责将祭品分配给其他诸神），右手执铜铃，左手持简笏，先到"许愿桌"边站立。主唱师公坐在桌前念咒语、唱神书，敬请三元神下凡，这时，主家拿一条蓝布铺在楼梯上（毛南族的住屋多为干栏式的石楼，先登梯才进入屋堂），其意是给三元神铺路。然后，主唱师公和主家各在三元神的一边，扶他踏着蓝布登梯入门，到了神坛前，三元神就跳起独舞。

（2）三光带众神。由三位师公分别扮三光、瑶王和土地神跳起舞蹈。三光是日、月、星三神的合称，众神的带领者。表演时。外面穿戏服，里面贴身穿"本身"（还愿中的专用术语。即主妇的上衣）表示代表主妇去向万岁娘娘"求花"。瑶王为众神开山辟路。土地到各神驻地通知各神赴筵，并为众神扫清路面。

（3）三元召度。三元神召集社王、灶王和家仙（主家祖宗的代称）出场表演四个"穿针舞"（以场面穿插调度为主的舞蹈俗称穿针舞）。社王是保佑村上人口安宁的大神，请他入筵是要他做主家和各神的中间人，向众神证明主家已经还清了债，向主家证明各神已经领到了自己应得的祭品，从此两边无冤无债，大家平平安安过日子。灶王传说是保护家中烟火和人畜健康的神，请他来的目的，是让筵场的祭祀活动能够顺利进行。家仙即祖宗，不管做红事、白事都要请，一来祈求祖宗保佑家中老小安宁，二来也表示主家对祖宗的怀念和崇敬。

（4）仙官架桥。这是瑶王、鲁班、陆桥三神的戏剧表演。陆桥是专管架桥的仙官，又是护桥的神灵；鲁班是架桥的工匠；瑶王是森林的主管者。一段三人舞后，接着是戏剧性表演，先由陆桥向瑶王说明架桥原因，瑶王同意献木材，接着鲁班做模拟劳动生产动作，表示伐木架桥。架桥时用红、白、蓝三条布。红布铺在一条长凳上，通向"天德方"（天德方是师公专用术语，即罗盘上按地支分成12个方位，1年12个月，每个月的天德方方位都不同。如正月午、二月未、三月亥，等等，即正月的方位对午，二月对未，三月对亥。还愿在哪个农历月，天德方就对哪个月的方位），称为"红桥"，是瑶王、万岁娘娘和花林仙官等神送花及引花入室时必须通过的桥。白布、蓝布铺在地上,各在长凳的一边,白布表示阴桥,蓝布表示阳桥。阴间从阴桥过,阳间从阳桥过,表示主家阳世生人和阴间祖先的道路畅通无阻。

（5）太子六官押凶。这是太子六官独舞。太子六官又名莫六官、太师六官。传说他原住毛南山乡附近的木论乡,壮族,是个神箭手,专为毛南人斩豺狼擒猛兽,后因打猎从山上跌下而死。请他入筵,是为筵场压凶驱邪,不让妖魔入筵捣乱。

（6）瑶王拣花踏桥。这是独舞。花即红纸花枝,代表小孩；踏桥即走过桥。这段独舞是表现当初瑶王拣花送给失主的情景。传说,瑶王是个多福的好心人。古时候,万岁娘娘给一个无子的毛南人送了一枝花（代表小孩）,因其不小心在路上把花丢了,后为瑶王拾到,他想,这枝花是送给毛南人的,我不能要。于是他把花枝拾起来,爬山过河,不辞劳苦,终于把花送还了失主,失主感激不尽。从那以后,毛南人还愿时都请瑶王赴筵,一方面表示感谢之意,同时也以防万一,要是筵中又把花枝丢失了,就会有瑶王拾起来还给主家。表演时,地上铺一条蓝布,一头连着神坛,一头伸向屋堂,表示阳桥,桥上放有几枝花。先由一位师公拿一竹篮（篮内装红糯饭,饭上放一盏菜油灯,灯的周围有几块糍粑和零碎纸币）放在桥的一端,主人面向神坛蹲在竹篮前等候接花。突然间鞭炮齐鸣,瑶王在热烈急速的鼓点伴奏下,从神台后出场舞蹈,做观花、玩花（即男性求偶的动作,表示吉利和子孙兴旺）等动作,然后拾起花枝在篮里,将花篮送给主人,并陪同主人一起把花篮放在剪花桌上。

（7）家仙贺筵。这是指众家仙出场,一般为4人,跳穿针舞。他们对自己的子孙吉祥得福表示祝贺，气氛十分快乐。

（8）三界保筵。这是三界公爷、蒙官二神的双人舞。三界是毛南族最崇敬的一位善神，他在毛南山乡为毛南人惩恶神、保禾苗，引导毛南人饲养牲畜，还能为民治病。请他入筵是保护筵席平安。蒙官是三界的朋友，是毛南人最敬畏的一位恶神，凡有人生病，都认为是他作祟。还愿中筵请蒙官，其目的是供奉他，让他和三界一起保筵，不要发怒，使老少平安无恙，并请他代表众神领愿，为主家作证，表明众神已经领到还愿品了。

（9）杜丹纳亭。这是杜丹社独舞。杜丹是管理红带的神，纳亭是分红带的意思。还愿的主家备有许多约3尺长、2寸宽的红布条，分赠给每一个前来贺筵的宾客，宾客将红带扎在腰间，意思是和主家分享洪福。

（10）土地配三娘。这是土地、小土地和三娘的三个歌舞。土地拿扫把，小土地（跟土地自小就在一起长大的朋友）执纸扇。三娘右手拿手帕，左手拿红蛋（表示未来的小孩）。小土地不时地用纸扇为三娘扇凉，边歌边舞，赞美三娘的美貌，为土地向三娘求爱帮腔打气。这是表示主家求花（即求子）的心愿。

（11）花林仙官送银花。这是独舞。花林仙官又叫林娘，是一位风流的女神，是花山上管花护花的神。她入筵是给主家送银花（女孩），同时给祖母（还愿主家的母亲）送长生鸡。花林仙官独舞后，主人到神坛前，躬着身，师公将一只鸡抱在胸前，对着鸡冠默念咒语，然后把鸡放在主人的背上，同时撒一些白米（白米撒成宝葫芦形或一个人举手半蹲的图案），让鸡啄吃。师公在一旁扶着主人，慢慢走向祖母室，这只公鸡表示吉利，寓意家中老人健康长寿。这一段，人们最担心的是那只公鸡是不是听话。它是整个还愿凶吉的试金石。如果公鸡老老实实地在主人背上吃米，直至送进祖母室，就表明主家福气好，全场的人就同时欢呼起来："大吉大利，大发大旺，一切都好！"若是中途公鸡飞走了，人们便不安地互相耳语，为主家日后出事担心。还愿中所供的牲畜，唯独这只公鸡不被杀掉，要留给主家养起来，至少要三个月后才能杀给祖宗吃。

（12）万岁娘娘送金花（男孩）。这是万岁娘娘和瑶王双人舞。在舞蹈过程中，人们把第 4 场用作架桥的蓝布、红布、白布连接起来，绑成一条长带，红布在中间，里面包有几枝纸花和两根竹片（此竹片在开坛前一段时间，主家先到竹林里找一对生在一起的，节数、大小、高矮相等的孪生竹子，用一小红布带绑起来，以作标记。开坛前夕带一只鸡到竹林下并作烧香祭祀，再砍回修整）。长带的两端都用竹篾绑紧，一头连在神坛上，一头穿进主家的卧室，长带似天桥悬在空中。瑶王提着花篮走在主人前面，万岁娘娘跟在主人的后面，两位师公各在一边扶着主人，慢慢走向卧室。同时有人将长带慢慢拖进卧室，表示万岁娘娘和瑶王给主家送花。瑶王进房把花篮放在床头后，师公们对着花篮唱吉利的欢歌，瑶王则从房内跳出，在厅堂内跳舞。他左手拿一个三角粽，粽上插三枝花（代表女人），右手拿一把用稻草扎成的一尺多长的草束（代表男性生殖器），舞蹈中，草束找花枝做求偶动作。舞毕，将草束烧毁，瑶王继续做赶猪仔、抓麒麟、捉山鸡等诙谐风趣的舞蹈动作，一方面给观众逗趣，另一方面预示着主家六畜兴旺和吉祥幸福。此时，另一师公把红布里的竹片弯成拱桥形，搭在卧室门上，红布围在桥上，两端各缝成一个三角袋，分别放一个三角粽和一个红鸡蛋，花枝插在桥的两边，这也叫"红桥"，预示主家子孙繁荣。

（13）良吾二帅点榜文。良吾是专管家禽牲畜的神，榜文指还愿所用家禽牲畜的清单。良吾持刀舞蹈，表示清点主家的还愿品。

（14）雷兵点席。雷兵持两把单刀独舞，检查应供的祭品是否齐全。

（15）雷王坐殿。雷王是一个凸额鼓眼、红面獠牙的凶神，他持刀起舞，恶狠狠地巡视坛场，如果他认为所做的仪式和供品都已完备，最后就大吼一声，跃身跳起，蹲在凳子上。

舞蹈表演至此为止。接着烧坛，即把祭祀所用的剪纸、对联、花楼及搭坛用的竹子木条全部烧毁，整个还愿仪式到此结束。

生活方面的其他禁忌与习惯法

南昌屯的毛南族在生活方面的禁忌主要包括以下方面：

（1）除丧事外，穿外衣禁忌白色。妇女不能穿白色或红色的外裤。

（2）在过道上晾晒衣裤犯禁，认为人往下面走过会中秽气。

（3）妇女禁忌袒胸露乳，违者，被认为缺少妇道。

（4）外来夫妻（包括女儿女婿）借宿，禁忌同房，违者被认为主客双方均不懂伦理道德，被旁人耻笑。

（5）同一宗族的青年男女禁忌对唱山歌谈情说爱，更不许通奸、成婚。

（6）妇女坐月子，禁忌外人进入卧室。

（7）住户大门插有草标，表示禁止外人进入屋内。

（8）除夕、大年初一禁忌向人借钱、借粮和进入他人的家里要火种，禁忌洗晒衣被和使用石磨、石舂。

（9）大年初一，禁忌往屋外倒水，认为犯者失财破财。

（10）外出远行，禁忌煮饭不熟或破碗，犯者，可能路上会有危险的事发生。

（11）赴喜宴时，与主人相会要说好话，禁忌讲不吉利的言语。

（12）客人到家里来，禁忌叫穷叫苦，犯禁被视为不好客。

（13）过节杀牲，进餐前要供奉祖宗，若犯禁被视为对祖宗不忠不孝，得不到祖先的保佑。

（14）自己穿过的衣服，烂了也不能乱扔，违者被认为被别人拿去作祟，会身体衰弱或长期患病。

生产禁忌

南昌屯的生产禁忌主要有：

（1）凡未垦种的荒山、荒坡或河边草地，在地块中间翻出约一米宽的土块并用草打结插上，则示意这块地已有主人，禁止别人再去抢种；

（2）已下种的玉米地和种下谷种的秧田，插有草标，示意严禁牲畜践踏；

（3）立春后，第一次用牛耙田，不能在戌日；

（4）立春当天禁忌穿牛鼻子；

（5）在地里下种玉米、黄豆和其他菜种时，禁忌谈到鸟和猴子，也不能学鸟叫和其他兽类的叫声。若犯禁，认为鸟兽会吃掉种子或践踏庄稼；

（6）农历六月初六和立秋这两天，禁忌下地劳动，若犯禁，认为禾苗会受虫害。

宗教禁忌

南昌屯村民谭日胜说，屯里有谭会昌一家6口人信仰基督教，全家人每周要到下南乡的基督教堂去做礼拜。他家中的正堂上挂着耶稣像。虽然村民对他家的宗教信仰没有什么意见，对他家的态度也好，也不劝其改信道教，但是，当屯里老人去世时，村里人不让他家的人来点烟。

族规、家规方面体现出来的习惯法

新中国成立前，在家族和家庭中均形成毛南族自己的伦理道德和生活准则，称为"家规"、"族规"。例如：在长辈面前不能讲粗话，不能在长辈面前跷二郎腿，不能在别人面前吐口水，等等，犯了以上错误，被认为乱了辈分、骄傲自大，看不起长辈。给客人端茶、送饭、敬酒要双手递上，单手被视为不礼貌。在室内不准唱情歌，忌吹口哨。客人到家，要用好饭菜来招待，要拿新被褥给客人睡。在家庭中要求子女作风正派，不能沾染恶习，一不赌，二不嫖，三不吹（吸大烟），四不偷。谁犯了，其他家庭成员就感到丢了脸面，在别人面前抬不起头。青少年中有越轨行为，就罚跪在香火堂前认错，头顶上置一满碗水，发誓今后不再重犯。在家庭中注意言传身教。如男孩跟父亲上山打柴，下地犁耙田，女孩跟母亲学纺纱织布、打鞋。如果父亲是工匠，就跟父亲学木匠、石匠、铁匠。从小养成勤劳的习惯。

　　在历史上，为了维护村峒的利益，家族还有做"隆款"的习惯。由有威望的长者牵头，邀集户主开会协商，订立条款，刻在石块或木桩上，竖在村头。凡参加做"隆款"的业主田地作物或家中财物被盗，就报给"隆主"破案。查出后，除给犯者罚款赔偿外，令其摆酒谢罪。据1987年调查，环江县尚存的解放前"隆款"碑20多块。清代福龙村大脉屯的《大脉隆款碑》中规定："严禁窝赌打牌，有犯者罚钱一千文，生私生子要为本村寨安龙谢土。"清道光年间波川村的下林桥头竖有《协众约款严禁正俗护持风水碑》规定：不许私自药毒鱼虾，不许挖土打石，不许在初种的田块里放牛马猪鸭踏害青苗……"如犯者，罚三十六姓安龙，决不姑宽。"民国期间实行保甲制度后，"隆款"组织在乡村中消失，但它的某些影响，至今还存在。如今各村都制定的村规民约，其功能就是维护村屯社会生产和生活秩序的规范。

　　在明清时期，毛南族聚居的村、峒都有首领人物，分别是村老、学董、武相公等。村老，毛南语叫"匠讲"，不是选举产生，而是自然形成，是村峒的自然首领。由他来处理村、峒的民事纠纷，如婚姻、财产分配、兄弟不和、邻里不睦、小偷、田地山林纠纷等。村、峒小孩要读书识字，就要有人带头办学，负责办学的长者称为"学董"。当"学董"的是村、峒的长辈，他的家里也有小孩要读书。他热心办学，家里住房宽敞，有供教学的堂屋或书房。学董出面聘请塾师，与家长和塾师商议学金、学生学习时间及教学规则等。学董没有报酬，属于义务性。村、峒的武相公，善于拳术武艺，办拳术学堂，除传授武艺外，有外敌入侵，武相公即组织团练抵御。

在母系称谓中，母亲的父母分别称为"达"（外公）、"替"（外婆）；母亲的兄称为"隆"，母亲的弟称为"足"。舅的子女，男的称为"足"，女的称为"肥"。母亲的姐妹分别称为"妮勒魁"（大姨妈、姨妈）。

毛南族对一个人的具体称呼，随着年龄、地位的不同而发生变化。有一生换几名的习惯。

小孩刚生下来时，通称"侬"。男孩叫"米"，女孩叫"别"。出生后不久，请算命先生合八字，如"五行"中那一行缺少的，就要拜"寄爹"或"寄妈"（男的认寄妈，女的认寄爹）。去拜寄爹或寄妈请他们起名。如缺少木的叫木生，缺少金的叫金根或金花，名字要冠以五行中所缺少的一个字。以后上学或进入童年、少年，又取一个名字，叫做学名。成年结婚做新郎时，女家的人不呼其本名，岳父母用爱称，叫新女婿做"外"或"侬"，即"哥"、"弟"；内兄称新妹夫为"侬"（弟），内弟称新姐夫为"外"（哥）。待生小孩后而孩子尚未取名，如是男孩的，年轻的爸妈被人称为"爹米"、"妮米"，如是女孩的被称为"爹别"、"妮别"。如小孩取名建昌，就称为"爹昌"、"妮昌"。有了孙子当上祖父、祖母后，如果孙子名叫国祥，被人称为"公祥"、"芭祥"。夫妻俩也不互唤名字，在未生小孩时，互称对方为"轭"，自己为"海"（即称你、我）。现在，有的夫妻也互唤其名了。

在称谓中，毛南族对长辈特别讲究，如有几个祖辈在一起，虽然知道他的孙子的名字叫建昌，但在众多的人面前，就不能叫建昌公或公昌。必须了解他住的村名。若他住的村子是南木屯，那就叫他"公南木"，另一个是住东信村的，就叫他"公东信"，另一个是住南昌屯的，就叫他"公南昌"。这样称呼，老人就很高兴。新中国成立后，在离退休干部职工中，如他姓谭，就称他为"谭老"，老人就感到亲热，如果称为"老谭"，就被笑话，认为不尊敬老人，不懂礼貌。

家庭财产和权利继承中体现的习惯法

南昌屯的毛南族主要是小家庭制。儿子结婚生了儿女就与父母分炊，另立门户。分家时，父母请族老、舅父、堂兄等临场作证，将房屋、田地及财产分成数份。先由父母选好的一份作为供老送终。再提取一份作为未嫁女儿的嫁妆或已出嫁女儿的"棕蛋田"（节日来应酬之用）。家中谁种那份棕蛋田，谁就负责姐妹来往的应酬。有的可以由出嫁女回来耕种，但不能出卖，只有使用权，没有所有权。长子可多拿一份家产，毛南语称为"份多外"。因为哥哥带弟妹，较早负担家务，做弟妹的没有什么意见。儿子年少未结婚，家境好的也可多分一份，作为将来订婚的聘礼，然后立契为据。未成年的儿子，有随父母居住的习惯，至双亲年老或亡故，小儿子有养老送终之责，也同时继承父母所分得的产业。